KB265982

퀸에이저:
즐거움은 아직 끝나지 않았다

퀸에이저:
즐거움은 아직 끝나지 않았다

인생 전환기 '나'를 찾는 가장 완벽한 지도

엘리너 밀스 지음 | 방진이 옮김

Much More to Come

교보문고

들어가는 말

50이 될 무렵이면 우리 중 절반이 넘는 여자들이 적어도 다섯 개의 중대한 인생 난제를 겪어낸 상태다. 여기에는 이혼, 사별, 해고, 파산, 질병, 10대 자녀 문제, 노령의 부모 문제(간병과 죽음) 등이 포함된다. 게다가 우리 자신의 건강 문제와 갱년기도 겪는다. 이런 난제들이 소용돌이를 일으키며 한꺼번에 우리를 덮칠 때가 많다. 그러면 우리는 호흡이 곤란해지고 낯선 곳에서 옴짝달싹할 수 없게 된다. 게다가 우리는 미지의 영역을 개척하는 여성 세대(우리는 성차별의 급격한 완화로 혜택을 본 첫 여성 세대다)여서 어떻게 버티고, 넘어졌을 때 어떻게 일어나야 하는지를 알려주는 길잡이가 없다. 50살 이후에 우리 삶이 어떤 모습이어야 하는지를 보여주는 지도가 없다.

이 책이 그 지도다. 나는 우리에게 영감을 주는 여자들이 어떻게 살아남고 번창했는지에 관한 이야기들로 이 책을 채웠다. 그들이 중년기의 역경을 딛고서 어떻게 앞으로 나아갔는지를 보여준다. 이 책은 긍정적인 메시지를 담은 책이다. 여자들이 자신의

3/4분기를 최대한 누리기 위해 어떤 준비를 해야 하는지를 알려주는 길잡이다. 중년의 전환기를 맞이하는 새로운 유형의 여성들을 위한 강령이다. 어쨌거나 우리 중 많은 이가 거의 100살까지 산다고 보면 50은 절반밖에 오지 않은 것이다. 그러니 우리가 맞이해야 하는 삶이 아직 많이 남아 있다. 그리고 전환기의 여성에게는 그런 세월을 내다볼 지혜와 힘이 있다. 다음 주기가 어떤 모습일지 알 필요가 있을 뿐이다.

25년간 내 정체성이었던 직장에서 해고를 당했을 때, 나는 중년의 소용돌이에 맞닥뜨렸다. 다음에 무엇이 올지를 알려주는 길잡이를 찾아 헤맸지만 그런 길잡이는 없었다. 다음의 '나'가 어떤 모습일지, 그런 '나'를 찾으려면 무엇을 해야 하는지 알고 싶었다. 영국 국세청 홈페이지의 '해고' 항목에는 내가 필요로 하는 정보가 없었다. '해고당했을 때 해야 하는 일들' 목록을 훑어도 그런 정보는 찾을 수 없었다. 내 인생의 다음 장을 살아나가는 데 도움이 될 만한 것을 어디서도 찾을 수 없었다.

그래서 지난 몇 년이 내게는 발견의 여정이었다. 직장에서 내동댕이쳐진 뒤에 혼자 다시 일어섰다. 엄청난 노력, 굳은 의지, 고집, 그리고 우리가 세상에 기여할 게 여전히 많은데도 내 또래 여자들을 평가절하하는 세상에 대한 분노가 있었기 때문에 그렇게 할 수 있었다. 영국에서 최다 판매량을 자랑하는 시사 주간지의 저널리스트로 10년간 일한 내 경험에 의하면, 내가 뭔가에 대해 의문을 품고 있다면 다른 사람들도 의문을 품고 있을 게 분명했다. 그래서 정오Noon를 설립했다. 정오는 중년기에 삶의 방향을 튼 여자들을 위한 공동체다. 거기서 나는 다른 여성들에게 포기하지 말라는 희망의 메시지를 전달할 수 있는 이야기들을 수집하기 시작했다. 나는 늘 이 구절이 마음에 들었다. '자신이 보지 못한 것이 될 수는 없다.' 나는 방황하고 있거나 폐차장에 놓여 있다고 느끼는 4050 여성들이 정오 공동체의 회원들을 보고 또 내 이야기를 읽기를 바랐다. 그리고 자신이, 자신의 삶이 끝나지 않았다는 것, 재탄생으로 가는 길이 있고 참고할 훌륭한 본보기가 있다는 것을 알기를 바랐다.

나는 50이라는 나이를, 마침내 우리가 늘 되고 싶었던 여성상을 실현할 수 있는 때로 여기고 싶다. 그래서 퀸에이저Queenager라는 용어를 만들었다. 이 용어를 통해서 우리가 이제 전성기를 맞이했다는, 내 본모습대로 진짜 내가 되어간다는 감각을 담아내고 싶었다. 이 시기는 일종의 '번데기를 거쳐 탈피'해서 날개를 펴고 신세계를 향해 용감하게 날아가는 시기다. 정오 공동체에서 한 여성이 "10대 청소년teenager이 된 기분이에요. 다만 내 집이 있고, 좋은 이불을 덮고, 제대로 된 차를 마시죠"라고 말한 데서도 아이디어를 얻었다. 또 내가 자주 가는 자메이카에서 영감을 얻었다. 그곳에서는 여자들을 '퀸queen'이라고 부르는데 그게 무척 마음에 든다. 재밌는 헤드라인을 뽑는 데 집중했던 과거 내 편집자 뇌 안에서 그 두 아이디어가 하나로 뭉쳐서 퀸에이저가 탄생했다. 자랑하자면, 퀸에이저는 2022년 한 해를 요약하는 기사들에서 올해의 신조어로 꼽혔다. 그리고 영국 뉴스 여기저기에서 언급되면서 빠르게 퍼지고 있다. 현재는 〈워싱턴 포스트〉와

<블룸버그>에서도 퀸에이저를 사용한다. 퀸에이저는 여성의 삶에서 이 시기에 하는 경험과 이 시기의 과도기적 속성을 간결하게 요약하고 있다.

나는 이야기를 정말 좋아한다. 저널리스트여서 내 혈관에는 잉크가 흐른다. 그래서 이 책은 내가 새로운, 더 행복한, 더 전인적인 나로 이행하는 과정을 도와준 대화들로 가득하다. 정오에서 만든 중년 여성의 공동체에서, 그리고 미디어 플랫폼 서브스택 Substack에서 가장 인기가 좋은 뉴스레터 <더 퀸에이저>를 통해 수집한 이야기들도 나온다. 다양한 사람들의 '전환'에 관한 이야기는 우리의 재탄생에 디딤돌이 된다. 이 이야기들은 하얀 조약돌과도 같다. 달빛에 비친 하얀 조약돌이 어두운 숲속 사악한 마녀의 집에서 탈출한 헨젤과 그레텔이 집에 무사히 돌아갈 수 있도록 길잡이가 되었다. 이 책은 내가 중년의 숲에서 길을 잃었을 때 찾던 길잡이다. 이 책이 다른 퀸에이저들에게 길을 보여줬으면 좋겠다.

특히 50을 향해 가는 모든 여성이 나이 드는 걸 두려워하지 않게 되기를 바란다. 왜냐하면 50이 퀸에이저가 전성기를 맞이하는 때이기 때문이다. 여자에게는 유통기한이 없다! 오늘날 50이 된 여자들은 개척자다. 우리는 아무도 가지 않았던, 인생 후반기 모험으로 가는 길을 더듬더듬 찾는다. 이 여정에서 나는 우리 인생의 3/4분기에 관해 이야기할 때 소통을 도울 새로운 어휘 목록을 만들었다. 그 목록을 이 책의 마지막에 넣었다.

모든 상실은 구멍을 남기게 마련이다. 그러나 내가 배운 것은 그렇게 생긴 빈자리에서 뭔가 멋진 것들이 자랄 수 있다는 사실이다. 50이 된 여자들의 인생은 계속된다. 그저 새로운 길을 찾기 시작할 뿐이다. 한 퀸에이저가 내게 이렇게 말했다. "이제 겨우 일이 어떻게 돌아가는지 알게 된 것 같아요." 우리는 그들의 이야기를 들을 필요가 있다. 그래야 그들을 따라갈 수 있기 때문이다. 나는 여자의 인생 후반기가 어떤 모습일지 그 모습을 상상하고 재창조하기 위해서 다른 퀸에이저들이 무엇을 했는지 보여주고자 했다.

이 책은 앞부터 순서대로 좋지만, 여기저기 펼쳤다 닫았다 하면서 당신이 오늘 겪고 있는 특정한 뭔가와 관련이 있는 이야기만을 집중적으로 읽어도 된다. 1부터 7부까지 각 부는 당신이 암울한 시기를 거쳐 밝은 미래로 나아가도록 돕는 표지판이다. 이 책은 조각보와도 비슷한 점이 있다. 책에 나오는 이야기들이 함께 모여 하나의 서사를 만들지만, 각 이야기를 독립적으로 만나도 된다.

49살의 나는 내 인생이 순조롭게 흘러간다고 생각했다. 그러다 밑바닥이 열렸고 나는 그 세계를 밑바닥의 밑바닥에서 재창조해야 했다. 나만 그런 것이 아니다. 많은 퀸에이저가 자신의 인생 앞부분을 이루는 두 개의 25년 묶음을 다른 사람의 기대를 수행하는 데 쓴다. 다른 사람들을 보살피느라 자신의 꿈을 뒷전에 둔다. 좋은 소식은, 우리 인생의 3/4분기가 시작되는 50이 퀸에이저의 시간이라는 것이다. 이 시기에 비로소 우리는 온전히 우리 삶의 주인공이 될 수 있다. 아직 늦지 않았다. 그리고 당신은 너무 늙지 않았다!

세계 곳곳에서 4050 여성들이 고난의 시간을 지나 더 나은 시간을 만들어가는 이 모든 이야기가 보여주는 것은, 칠흑 같은 어둠이 닥친 순간에도 늘 빛은 있다는 것이다. 검은 그림자에 의해 화창한 날의 반짝임이 오히려 부각되듯이. 젊었을 때 나는 에리카 종의 장편소설 《비행공포》를 무척 좋아했다. 그 소설은 여자가 성 혁명 혼란기에 자유를 즐기면서도 미지에 대해 얼마나 큰 공포를 느끼는지를 잘 보여준다. 이 책도 그와 비슷하게 신랄하면서도 긍정적인 안내서다.

새로운 각본을 짤 때가 왔다. 내가 이런 중년기의 이야기를 들려주는 이유는 이 여정에 오른 당신을 격려하기 위해서다. 당신이 어디에 있든 말이다. 이 책에 나오는 대화들은 힘든 시기에 내가 가라앉지 않도록 나를 붙잡아주었다. 이 이야기들을 수집하고 나누는 일이 나를 새롭고 더 행복한 삶의 단계로 나아가도록 이끌었다. 그리고 이제는 당신을 붙잡아주고 행복하게 만들기를 기대한다. 세상에서는 중년의 소용돌이를 마주한 여자들을 위한 정보를 찾기가 여전히 힘들다. 이 책이 그런 이들에게 보탬이 되기를 바란다.

이 책이 유독 안 풀리는 날을 넘기도록 돕거나 이 시기 삶에서 온갖 문제가 동시에 일어나는 병목 구간을 통과해 햇살이 내리쬐는 초지로 나아가도록 돕는 조언을 제공했으면 좋겠다. 그 길을 찾는 것이 힘들게 느껴진다고 해도 괜찮다. 원래 힘든 것이다. 그러나 용감하게 꿈꿀 때 우리는 그것을 이겨낼 수 있다. 중년기와 그 이후에 번창해 잘살고 있는 우리 한 명 한 명의 이야기가 중년이라는 삶의 단계가 어떤 모습일지에 대한 완전히 새로운 이해를 만들어낼 수 있다. 완전히 새로운 운동. 나는 이것을 퀸에이저 혁명이라고 부른다. 당신도 우리와 함께하자!

엘리너 밀스

차례

들어가는 말   5

1부 ─── 중년의 소용돌이   15

오십, 전성기는 끝났다   26

다시, 변화를 시작하는 법   33

다섯 가지 중대한 인생의 대전환   44

세상의 기대에 부응하려는 내 모습 내려놓기   51

새로운 소속 찾기   62

2부 ─── 사랑과 사람   71

관계의 재조율   79

꼭 앞으로 갈 필요는 없다   90

사랑은 모든 순간 모든 형태로 온다   98

다시, 만남을 즐기는 법   102

사랑에는 용기가 필요하다   110

우정을 오래 지속하는 법   119

3부 ─── 가족   125

아이가 없는 삶   129

아이를 낳고 기르기 늦은 나이   137

10대 자녀는 외계인   142

10대 자녀와 껄끄러운 주제를 이야기하는 법   152

독립한 자녀의 빈 자리   160

4부	**일과 삶의 목적**	169
	50대 여성 직장인	174
	100세 시대의 50세	183
	일터를 떠나는 퀸에이저들	192
	더 오래 사는데 더 가난한 여성들	206
	찾아야 보이는 숨겨진 힘	213
	그만하겠다는 결심	219
	어렸을 때 당신은 꿈이 있었다	225
	어떤 약점은 경험이 더해져 무기가 된다	231
	삶의 방향을 바꿔 목적을 추구하라	238
	우리는 함께 일어선다	246
5부	**우리의 몸**	253
	외모 경쟁 벗어나기	259
	이대로 나이 들자, 자연스럽게	267
	우리 몸에서 가장 중요한 것	274
	일상처럼 다가오는 질병에 대처하는 법	280
	갱년기, 안면홍조가 전부는 아니다	286
	시작하기에 너무 늦은 때란 없다	294
	나이 들수록 섹스가 즐거워진다	299
	늙어가는 행운	308
6부	**영혼의 성찰**	313
	경험은 직감을 날카롭게 한다	316
	우리는 자연의 일부다	327
	거듭나기	335
	우주는 우리 편이다	345
7부	**내가 되어가기**	353
	새로운 시작	363
	앞으로 올 것이 아직 많이 남았다	367
	전환기 어휘 목록	370
	감사의 글	380

1 부

중년
의
소용
돌이

내 새로운 삶은 공원 의자에서 시작되었다. 우리 집 뒤 지저분한 도심 공원에 있는 평범한 벤치였다. 10대들이 모여 대마초를 피우는 그런 곳이었다. 기진맥진한 부모들이 넋이 나간 채로 어린 아이를 태운 녹슨 그네를 밀고, 개들이 서로의 꽁무니에 코를 대고 냄새를 맡는 동안 개 주인들은 배변봉투를 꺼내느라 허둥대는 그런 곳. 지린내와 아스팔트 냄새가 맴돌았고, 해 질 녘이 되면 낙서투성이 철문에 자물쇠가 걸렸다.

이 지상낙원으로, 코로나 봉쇄 기간이었던 어느 무더운 여름날 나는 오랜 친구를 만나러 나갔다. 모퉁이만 돌면 만날 수 있는 거리에 사는 친구인데도 한동안 만나지 못했다. 코로나가 한창 유행 중인 탓도 있었지만, 실은 내가 친구의 문자를 무시하고 전화도 받지 않고 음성사서함으로 보내고 있었기 때문이다. 막 정리해고를 당한 나는 그 누구도 만날 수가 없었다. 너무 슬펐다. 너무 수치스러웠다. 막막했다. 지금은 그런 말들이 터무니없게 들리지만, 해고를 당한 직후에는 마치 죽은 사람이 된 것 같았다. 해고는 죽음만큼이나 돌이킬 수 없는 것이었으니까.

예전의 삶으로 돌아갈 방도가 전혀 없었다. 끝났다. 그 일은 머리가 핑핑 돌 정도로 순식간에 일어났다.

여느 날과 다름없는 하루였다. 점심식사를 마치고 돌아와 손을 흔들면서 팀원들에게 활기차게 인사하고, 예정된 대로 사장과 면담하기 위해 위층으로 올라갔다. 다음 몇 달을 위한 계획을 잔뜩 세워두었다. 그런데 다음 순간 쫓겨났다. 잘렸다.

법적 서류가 테이블 위를 오가는 동안 모든 것이 저 멀리서 벌어지고 있는 일인 것만 같았다. 정신이 나가 있었다. 대화가 계속 이어졌지만 나는 창밖 건너편 교회 지붕 위 비둘기들과 함께 급강하하고 있었다. 그 아래쪽에서 물보라를 일으키며 천천히 강물을 거슬러 올라가는 예인선을 보고 있었다. 아무것도 머리에 들어오지 않았다. 속으로 이 말을 되뇌었던 것만 기억난다. '울지 마, 울지 마. 저들에게 그런 만족감을 주지 마.' 그때 그 자리에서는 잘 버텼다고 자랑스럽게 말할 수 있다. 그러나 아무것도 이해되지 않았다.

그 순간 내 세계가 멈췄다. 그로부터 몇 달간 내 머리는 불 속으로 뛰어드는 나방처럼 그 몇 분으로 계속해서 돌아갔다. 침대에 누워 있다가도 다시 그곳으로 돌아갔고, 그때마다 심장이 마구 뛰었다. 익숙한 모든 것이 어떻게 끝날 수 있는지 받아들일 수 없었다. 그 모든 것이 사라졌다는 사실이 믿기지 않았다. 이후 나는 끝없이 추락하고 있었다. 혼란스러웠다. 울음을 멈출 수가 없었다. 오로지 집만이 안전한 장소라고 느껴졌다. 침대에 누워 넷

플릭스 드라마 〈더 크라운〉에 푹 빠져 있을 수 있는 곳이었으니까. 그러나 그날만큼은 친구도 물러서지 않았다. … 그리고 나는 저항할 힘이 없었다.

빨갛게 충혈된 눈을 가리려고 커다란 금테 선글라스를 쓰고서 공원에 도착했을 때, 친구는 이미 벤치에 앉아 있었다. 친구 옆에는 테스코영국의 대형 유통업체 쇼핑백이 놓여 있었다.

친구가 쇼핑백에서 칵테일 캔을 꺼내 건넸다. 나는 미적지근하고 달큼한 한 모금을 쭉 들이켰다. 정오였고, 월요일이었다. 더 내려갈 곳 없는 바닥을 찍은 것 같았다.

나는 쾌활한 척하려고 애썼다. 그게 내 주특기였다. 하지만 아무리 애써도 유쾌한 말이 나오지 않았다. 지난 30년 동안 이야기를 들려주는 게 내 일이었다. 어떤 이야기든 멋진 관점을 찾아냈다. 하지만 이 이야기는 좋게 포장할 수가 없었다. 침묵이 길어졌다. 그러다 내 안 깊은 곳에서 커다란 흐느낌이 터졌다. 온몸이 들썩였다. 친구가 나를 안아주었다.

그러자 모든 것이 쏟아져 나왔다. 반평생을 바친 직장이 없어진 나는 누구인가? 그 직장이 내게 부여한 지위가 없어진 나는 무엇인가? 마치 마스크를 벗은 다스베이더가 된 것 같았다. 나는 그 직장을 위해 너무나 많은 것을 등한시했다. 때로는 일을 내 아이들, 내 가족보다도 우선시했다. 상사가 "뛰어내려!"라고 말하면 즉시 뛰어내렸다. 20년 넘게 〈왕좌의 게임〉에서와 같이 권력을 상징하는 망토를 두르고 있었고, 그동안 나는 젊은 기대주에서 중년 여성이 되었다. 나의 일부였던 그 망토가 이제는 사라졌다. 길을 잃은 느낌이었다. 실패자. 굵은 눈물방울이 벤치 위로 떨어졌다. 나는 칵테일을 한 모금 더 들이켰다. 김빠진 알코올이 들어가자 위가 타는 것 같았다. 나는 다시 한번, 더 크게 한 모금 들이켰다.

조금 더 울었다. 기분이 엉망이었다. 실직한 것도 모자라 코로나에 걸리는 바람에 기력이 빠지고 신체적으로 약해져 있었다. 50세 생일을 앞두고 있었고 그동안 내가 살아온 긴 세월이 온몸으로 고스란히 느껴졌다. 첫째 딸은 대학생이 되었고, 그로 인해 우리 집에는 커다란 빈자리가 생길 것이었다. 가정 경제도 걱정이었다(늘 내가 주 부양자였는데, 이제 실직했으니 앞으로 우리 가족에게 어떤 일이 닥칠지 불안해 미칠 지경이었다).

엎친 데 덮친 격으로 바쁜 일상과 세속적인 성공에 묻혀 침묵하던, 대부분 어린 시절에서 비롯된 모든 내면의 의심과 작은 악마들이 이제는 고개를 들어 나를 괴롭혔다. 그 시기에는 내 뇌가 온통 휘몰아치는 칼들로 가득한 것 같았다. 모든 생각이 그 이전에 한 생각보다 더 끔찍했다.

내가 허물어져 내린다는 느낌이 들었다. 화창한 햇살 아래, 친구와 벤치에 앉아, 뜨뜻미지근한 칵테일을 벌컥벌컥 마시면서.

딸꾹질을 하고 기침을 했다. 콧물을 질질 흘리면서 휴지 더미를 쌓아 올렸다. 그런데 그날 가장 좋았던 게 무엇이었는지 아는가? 친구가 "넌 금방 일어설 거야!"라거나 "다 잘될 거야!"라고 말하지 않았다는 점이다. 다른 사람들은 모두 그런 말을 했다. 하지만 친구는 그냥 그 자리에 있으면서 휴지를 건네고 나를 토닥였

다. 상실과 고통을 내가 온전히 느끼도록 내버려뒀다. 때로 우리
는 누군가가 조언해주거나 정답을 알려주길 바라지 않는다. 그냥
지켜봐 주기를 바란다. 안아주고 들어주기를 바란다.

인생의 한 주기를 끝마치고 다른 주기를 시작할 때 뒤따르는
슬픔에서 벗어나는 지름길은 없다. 그저 견뎌야 한다. 동정심도,
정신을 팔 수 있는 다른 무언가(이를테면 드라마, 초콜릿, 술, 따뜻한
품 등)도 도움이 된다. 그러나 진정한 약은 시간이다. 시간과 자기
자신에게 너그러워지는 것.

삶이 다시 시작되려면 잠시 멈춤, 어둠 속에서 기다리는 시기
를 반드시 거쳐야 한다는 것이 가장 오래된 이야기임을 알고 있
었는가? 나는 몰랐다. 새로 사귄 친구에게 인안나라는 메소포타
미아 여신에 관한 책을 받고 나서야 알게 되었다. 인안나는 하늘
과 땅의 여왕이자 문자 기록이 처음 시작된 때에 석판에 새겨진
인류 최초의 신화에 등장하는 영웅이다.

인안나의 언니이자 지하세계의 여왕인 에레슈키갈의 남편이
죽자, 인안나는 장례식에 참석하기 위해 지상의 왕국에서 내려와
죽은 자들의 땅으로 들어간다. 지하세계로 가는 길을 지키는 각
관문에서 인안나는 자신이 걸친 인간계의 장신구를 하나씩 벗어
야만 한다. 처음에는 금반지, 그다음에는 청금석 목걸이. 심지어
입고 있던 여왕의 예복까지 빼앗긴다. 악몽의 시작이다. 벌거벗은
채, 완전히 무방비로 노출된 인안나는 비탄에 빠진 언니에 의해
지하세계의 죄수 신세가 된다. 빛과 공기가 있는 곳으로 돌아갈
수 없게 된 것이다.

그런 다음 에레슈키갈은 인안나에게 죽음의 눈을 고정시켰다.

인안나를 향해 분노의 말을 내뱉었다.

인안나를 향해 유죄라고 고함을 내질렀다.

에레슈키갈은 인안나를 내리쳤다. 인안나는 시체가 되었다.

썩어가는 살덩이가 되었다.

그리고 갈고리에 꿰어져 벽에 걸렸다.

여신은 그렇게 어둠 속에 매달린다. 꿰어져 옴짝달싹할 수 없는, 생기가 사라진 상태로. 부패하는 살덩이로.

그러나 죽음처럼 보인 것에서 뭔가 놀라운 일이 일어난다. 인안나는 죽지 않았다. 다만 쉬고 있는 것이었다. 기다리면서. 겨울의 땅처럼 잊힌 듯 보였지만, 인안나는 묵묵히 스스로를 재생하고 있었다. 어둠과 침묵 속에서. 결국 인안나의 친구들이 그녀를 찾아 나서고 구해낸다. 인안나는 그 어둠의 시간에 훨씬 더 강력한 존재로, 더 지혜롭고 더 밝은 존재로 재탄생한다. 다시 태어난 인안나는 봄, 즉 부활을 가져온다. 갈고리에 매달리는 고난을 통해 인안나는 산 자와 죽은 자의 세계를 통합하는 데 성공한다. 그리고 두 세계 모두의 여왕으로 군림한다.

퀸에이저도 마찬가지다. 중년이 된 우리는 어두운 시기를 지나게 될 것이다. 우리만의 갈고리에 걸리게 될 것이다. 에레슈키갈이 우리를 내리치는 일은 아마도 없겠지만, 우리 대다수는 뭔가에 강타당할 것이다. 나는 거듭해서 보았다. 정오 공동체에서도, 정오에서 실시한 설문조사 결과에서도. 확실한 것은 지난 25년간 앞으로 나아가도록 해준 동력이 무엇이든, 50 전후에 꺼진다는 사실이다. 직장생활 또는 결혼생활의 종료든, 우리 자신이나 자녀 또는 부모의 질병이든, 사별이든, 자녀가 떠난 빈 둥지든, 갱년기의 소용돌이든, 중년의 위기는 대개 한꺼번에 들이닥치고 우리가 알았던 모든 것을 날려버리는 일종의 죽음처럼 다가온다. 그 순간에 많은 퀸에이저가 모든 것이 끝났다고 느낀다. 우리가 죽었다고. 이것이 끝이라고.

익숙한 이야기 같다면 부디 절망하지 않기를 바란다.

내 경험과 내가 만난 수천 명의 여성이 들려준 이야기를 통해 내가 알게 된 것은 우리가 인안나처럼 기다리면, 스스로에게 너그러워지고 어둠 속에서 웅크리고 기다리면, 성찰하고 회복하면, 우리가 고대 신화 속 여왕 인안나처럼 다시 번창할 수 있다는 사실이다. 가족의 사랑과 친구의 격려, 그리고 지원군이 되어주는 새로운 공동체가 삶의 다음 단계로 나아가도록 도와준다면 이런 전환은 더 탄력을 받을 것이다.

쉽지는 않다. 그 길은 초입이 가장 가파르다. 앞으로 나아갈 길이 거의 보이지 않는다. 불안이 우리를 괴롭힌다. 눈물이 쏟아진다. 치아를 뽑은 뒤에 입안에 생긴 구멍으로 자꾸 신경이 쏠리듯이 상실과 고통에 자꾸 집착하게 된다.

나는 기공(태극권과 비슷하지만 더 쉽다) 수업에 참가했던 날을 기억한다. 2시간짜리 수련을 끝내고서(이전에는 그런 걸 거의 하지 않았지만, 이제 시간이 많으니…) 강사가 우리에게 기분이 어떤지 물었다. 수련장을 돌면서 모든 수강생에게 차례차례 답을 들었다. 내 옆에 있는 여자는 영감에 들떠 두 손 사이에 모인 기가 무지개처럼 치지직 소리를 내는 것 같았다고 말했다(퍽도 그랬겠다). 한 남자는 중국 고서에 나오는 현자의 말을 인용했다. 나는 울음을 삼키느라 아무 말도 할 수 없었다. 손수건도 없었기 때문에 눈물 콧물이 얼굴을 뒤덮고 있었다. 나는 나쁜 일이 있었고 이 과도기가 힘들다고 웅얼거렸다.

강사는 고개를 끄덕이고는 당연하다는 듯 말했다. "변화는 어렵습니다." 그러고는 다시 수련장 앞으로 돌아갔다. 그 강사는 아마 자신이 무슨 일을 했는지 몰랐을 것이다. 그의 말이 지각변동을 일으킨 사실 말이다. 그는 내가 어떤 상황에 있는지를 가장 처음으로 알아봤다. 내가 변화를 견딜 수 없을 만큼 힘들어한다는 것을. 변화가 어렵다는 것을. 내가 콧물을 질질 흘리면서 보채기만 하는 골칫덩이라는 것을. 그는 내게 괜찮지 않아도 된다는 신호를 처음 보낸 사람이었다. 내가 정말로 깊은 구덩이에 빠졌고, 그래서 힘들어한다는 것을 알아봤다. 내가 어떤 상황에 처해 있는지를 그 강사가 알아봤다는 것, 그 상황을 하나의 사실로 가볍게 받아들였다는 것이 내게 안도감을 줬다. 마치 수영장 바닥을 찍으면 발아래 단단한 콘크리트가 느껴지면서 그 바닥을 박차고 다시 올라갈 준비를 할 때 같았다.

변화는 어렵다. 그 말과 함께 나는 내가 한심하고 약하다는 사실에 수치심을 느끼고 분노하는 것을 멈췄다. 처음으로 스스로에게 조금이나마 동정심을 느꼈다. 그리고 내가 처한 상황을 받아들였다. 나는 그냥 안 좋은 상태에 있을 뿐이었다. 그 상황을 힘들어한다고 해서 실패자가 되는 것은 아니었다. 힘든 상황이었다. 그리고 창피하고, 불안하고, 혼란스러운 상황이었다. 그 상황을 힘들어해도 괜찮다는 말, 심지어 정상이고 허용된다는 말을 듣는 순간 관점이 전환되었다.

나는 이 말이 당신에게도 그런 관점의 전환을 가져오기를 바란다. 당신도 이 말을 반복하라. 변화는 어렵다. 그 상황을 헤쳐나가고 있다고 자신의 어깨를 토닥이면서 격려해주자. 자신이 그 모든 것을 느끼도록 허락하자. 친구, 배우자, 가족 또는 자녀를 붙들고 흐느끼자(내 딸들은 내가 눈물짓는 것에 너무나 익숙해진 나머지 오늘 '엄마 날씨'는 어떤지를 두고 농담을 한다. 부슬비, 폭우, 홍수⋯). 명심하자. 지름길은 없다. 처음으로 실연을 당했을 때처럼, 오직 시간이 지나야 좋아진다. 그리고 이 시기는 지나갈 것이다.

스스로에게 뒹굴거릴 기회를 주자. 누워서 슬픈 영화를 보거나 제일 좋아하는 드라마를 몰아 보자. 아이스크림을 먹자. 누군가가 당신을 안아주고 있다고 생각하자. 아무것도 하지 말자. 기존의 나를 규정하는 것들과 존재 방식을 탈피하는 일은 힘들다. 만약 당신이 미치도록 바쁘게 지내던 사람이라면 특히 더 힘들 것이다. 나는 인도 여신처럼 팔이 16개나 달려 있는데 할 일이 없어서 그 팔들을 놀리고 있는 것 같은 기분이었다. 그냥 내버려둬라. 갈고리에 매달린 여왕 인안나를 떠올려라. 어둠 속에서 기다리면서 그 상황을 온전히 느낀 인안나를. 이것이 유일한 방법임을 알아야 한다. 그리고 그 최초의 신화가 어떻게 끝났는지를 기억하라.

'높은 왕좌로 가는 계단을 오른다 / 위풍당당하게 그 자리에 앉는다 / 여왕의 권위와 신의 권위가 모두 당신 손에 있다.'

그것이 전부다. 우리는 다시 일어설 수 있다. 멋진 다음 장을 맞이할 수 있다. 빛으로 나아가 자신만의 즐거움을 재발견할 수 있다. 그것이 1부의 이야기들이 전하고자 하는 바다. 이것 또한 지나가리라는 희망.

그러나 가장 먼저 할 일을 잊지 말자.

잠시 멈춤.

오십,
전성기는 끝났다

이 책은 '내가 되어가기becoming'를 다룬다. 자신이 늘 되고 싶었던 그런 사람 되기. 그것도 인생 중반에. 그 과정이 즐겁기만 한 것은 아니다. 모든 변화에는 상실이 따른다. 미래의 가능성을 취하기 위해 과거의 것들을 버려야 한다. 우리는 뭔가 확실한 것, 우리가 이미 손에 쥐고 있던 것이 사라진, 아주 큰 불확실성으로 넘어가고 있다. 물음표로 채워진, 정해진 것이 없는 미래로. 그 미래는 아주 좋을 수도 있지만, 지금보다 더 나쁠 수도 있다.

'내가 되어가기' 여정에서 내가 맞닥뜨린 최악의 순간 중 하나는 해고를 당한 직후에 찾아왔다. 2020년 3월, 나는 끝없이 추락하는 느낌이었다. 하루에도 몇 번씩 울음을 터뜨렸는데, 그보다 더 끔찍한 것은 불안이었다. 내 창자를 끊임없이 갉아먹는, 내 머리를 콕콕 찔러대는 불안. 산책을 나갔다가도 사소한 일에 공포와 아드레날린이 솟구치곤 했다. 주차 위반 딱지를 받을까 봐, 집에 오븐을 켜놓은 채 나왔을까 봐. 다른 한편으로는 주택 담보 대출을 어떻게 갚아야 하는지와 같은 현실적인 문제들도 있었다.

연체된 관리비가 떠오르거나 아이의 대학 등록금을 어떻게 마련해야 할지도 걱정되었다. 이런 현실적인 두려움이 해고당했다는, 퇴물이 되었다는, 이제 끝났다는 더 실존적인 두려움과 함께 나를 괴롭혔다. 내 나이 50이었다. 전성기는 이미 끝났다.

원초적인 공포가 늘 내 안에 도사리고 있었다. 다른 사람들과 함께 있거나, 내 주의를 계속 붙드는 다른 뭔가가 있을 때는 그런 공포와 거리를 둘 수 있었다. 하지만 혼자가 되자마자 공포가 나를 급습했다. 나는 망망대해를 떠돌고 있었다. 꼭 해야 할 일이 없다는 의미에서 정말 쓸모없는 사람이 된 것 같았다. 직장에 다닐 때는 내가 꼭 필요한 사람처럼 느껴졌다. 어느 때라도 내 관심, 내 결정, 내 이메일 답신, 나와의 면담을 원하는 사람이 줄을 섰다. 이제는 내 핸드폰이 울리지 않는다. 나를 필요로 하는 사람이 없었다. 마치 이 세상에 내가 존재하지 않는다는 듯이.

"대체 불가능한 편집자, CEO, 정치인, 연예인은 묘지에 가보면 가득하다." 사람들이 항상 나에게 이렇게 말했다. 정말로 대체 불가능한 사람은 가족밖에 없다고. 그 말이 다 옳았다. 수십 년 동안 충성을 다했는데 내쳐졌다. 마치 쓰레기처럼…. 내 세계와 직장이라는 울타리에서 추방당했다. 솔직히 말해 나는 편집자가 아닌 나로 어떻게 존재해야 하는지를 몰랐다. 이제 나는 그 치열한 분주함이 내 안식처였다는 것을 안다. 그것은 중독이었다. 직장에서 쫓겨난, 쓸모없는 인간이 된 나는 회피 상태에 들어갔다. 마치 마약에 굶주린 중독자처럼 고통받았다. 그리고 그 마약은 내가 필요한 사람이라는 느낌, 대단히 중요한 사람이라는 느낌이었다. 나를 찾는 일로 핸드폰이 울릴 때 나오는 도파민의 끝없는 수혈.

절친은 나를 도우려고 애썼다. 친구는 새 연인과 자메이카 여행을 앞두고 있었는데 나한테 거기에 껴서 가도 된다고 했다. 환경을 바꾸는 것이 내게 도움이 될 거라고 배려해준 것이다. 그러나 산호초에 부서지는 파도를 보는 것도, 펠리컨이 폭탄처럼 바다로 뛰어드는 광경을 보는 것도 도움이 되지 않았다. 평소에는 그런 것들을 아주 좋아했는데도. 나는 그곳에서도 여전히 긴장을 풀거나 잠을 잘 수가 없었다. 혼자 머무는 작은 아파트를 안을 빙빙 돌면서 왜 집이라는 요새를 떠났을까, 왜 남편과 딸들을 두고 떠났을까, 왜 홀로 수천 킬로미터나 떨어진 타지에 왔을까, 자책했다.

밀턴의 〈실낙원〉 한 구절이 자꾸 머릿속을 맴돌았다. '마음도 존재가 있고, 자신만의 생각이 있다 / 지옥을 천국으로 만들 수 있고, 천국을 지옥으로 만들 수 있다.' 아주 적절한 구절이었다. 나는 낙원에 있는 동시에 암흑 속에 있었다.

그러던 어느 날, 중요한 일이 일어났다. 그 후로도 오래도록 지속된 울림을 남긴 사건이었다. 뜻하지 않게 일어난 작은 불꽃이 앞으로 나아가는 길을 비췄다. 마치 음양 기호의 검은색 중앙에 찍힌 하얀 희망의 점처럼.

그날 나는 수영하러 나갔다. 파도가 부서지는 저 너머에 홀로 정박한 배를 목표로 삼았다. 배의 닻 옆에서 다시 해변으로 돌아가려는데, 돛 아래서 금발머리가 쑥 튀어나왔다. 50대 중반쯤 되

면, 그 변화를 스스로 불러들이는 사람도 있다. 변화를 불러들였
든 변화를 당했든, 중요한 것은 우리 대다수가 이 시점에 엄청난
인생 전환을 경험한다는 사실이다. 그러나 이 세상에는 이 전환
기의 소용돌이를 헤쳐나가는 법을 알려주는 안내서가 거의 없다.
이런 변화가 어떤 감정을 불러일으키는지, 어떤 형태로 나타나는
지에 관해서도 거의 논의되지 않는다. 그것이 이 책과 정오 공동
체가 시작된 불씨 중 하나였다. 전환기의 변신이 어떤 모습인지
를 구체적으로 그리기 위해.

"삶에서 이 시기는 초대장이에요." 낸시가 설명했다. "그런데 그
초대장이 늘 안전하게 도착하는 건 아니에요. 때로는 목표에 가
까워졌을 때 발길질을 당하기도 해요. 그러면 고통스러울 수 있
죠. 제게는 이혼이 그런 발길질이었어요. 이혼 자체가 문제는 아
니었어요. 제가 입양아라는 첫 트라우마를 단 한 번도 대면하지
않았다는 것에서 비롯된 결과였어요. 어떤 중년 여성에게는 그것
이 해고, 암, 배신, 가까운 사람의 죽음이겠죠.…우리에게 왜 그
런 일이 일어나는지, 무엇이 우리를 아프게 하는지 대면해야 해
요. 음식이나 술, 분주함으로 마비시키는 대신 우리가 어떤 감정
을 느끼고 있는지 알아차릴 필요가 있어요. 아무리 어려워도요.
무릎을 꿇을지언정 다시 일어나면 되니까요."

낸시의 솔직함, 모험, 즐거움, 그리고 발길질을 당한 후에 다시
일어선 경험이 내 안에서도 불꽃을 일으켰다. 내 삶을 공명하게
만드는 것이 무엇인지 낸시가 물었을 때, 나는 처음으로 내 꿈을
구체화했다. 우리가 여자의 인생 후반기에 관해 하는 이야기들

을 더 긍정적인 것으로 바꾸고 싶다는 포부를 밝혔다. 4050 여성들이 낸시가 쟁취한 것과 같은 '겉과 속이 공명하는 삶'으로 전환할 수 있도록 돕는, 그들을 위한 공동체를 시작하고 싶다는 아이디어의 씨앗을 내놓았다. 나는 중년이라는 삶의 단계에서 여성이 어떤 모습일 수 있는지를 보여주는 새로운 지도를 만들고 싶었다.

그날, 그 배 위에서, 나는 처음으로 내 꿈을 소리 내어 말했다. 4050 여성에게 삶의 주도권을 돌려주는 운동을 시작하고 싶다고 말했다. 그 아이디어 씨앗에서 '정오'가 탄생했다. 그리고 정오를 통해 이 책이 나왔다.

당신 내면의 진실은 무엇인가? 당신에게 용기가 있다면 무엇을 해보고 싶은가? 나는 그 배 위에서 내 새로운 소명을 말했다. 당시에는 몰랐지만, 그것이 내 인생 다음 장章의 시작이었다. 그날 어둠 속에서 진정한 나, 진실 중의 진실을 담은 삶을 찾기 위한 내 여정의 시동이 걸렸다.

다시,
변화를 시작하는 법

당신은 무엇을 좋아하는가? 언제든 당신을 행복하게 만드는 것이 있는가? 당신은 어떤 것에서 즐거움을 찾는가? 나의 경우에는 물이다. 그 안에서 다시 선택한다면 수영이다. 그러나 바위에 부딪힌 파도가 부서지는 걸 지켜보는 것, 그냥 수면 위에서 반짝이는 햇빛과 흘러가는 강물을 보는 것만으로도 충분히 좋다. 다만, 가능하면 물속에 있는 걸 선호한다. 어릴 적 내 별명은 '물고기'였다. 수영장 밖으로 좀처럼 나오려고 하질 않았기 때문이다. 수영장에만 가면 몇 시간이고 물살을 갈랐다.

단 한 순간도 지루함을 느끼지 않았다. 나만의 특별한 무중력 세상 같았다. 물속에서 나는 자유롭고 평화로웠다.

갑자기 시간이 아주 많이 생기자 나는 집 근처 연못_{영국 햄프스테드의 히스에 있는 연못으로 30개의 수역이 존재하며, 그중 세 곳이 남녀 구분 수영장과 혼성 수영장으로 이용된다}에서 매일 수영하기 시작했다. 여름에 시작해서 겨울까지 죽 이어나갔다. 내 삶에서 어떤 일이 벌어지고 있든, 물속에서 시간을 보내면 언제나 활력을 되찾았다. 기분이 좋아졌다.

연못으로 가는 길은 마로니에 가로수길을 굽이굽이 돌아 간다. 그 길을 따라가면서 일부러 고개를 들어 새소리를 듣는다. 더 깊이 호흡한다. 핸드폰을 끄고 온전히 그곳에 머문다. 그 순간, 현재에.

매일 낮 12시, 정오가 되면 길을 나선다. 때로는 그 길에 친구들을 만난다. 그중에는 새로 사귄 친구 해나도 있다. 해나는 나를 '번아웃 언니'라고 부른다. 우리는 해나가 자신이 세운 회사를 떠난 직후에 만났다. 해나는 더 이상 내줄 것이 없어서 회사를 떠났다. 매일 하는 수영이 우리 두 사람에게는 치료였다.

연못의 여성 수영장은 도시 한복판에 있는 여성 공동체다. 내게는 이곳이 지난 3년간 일어난 변화의 배경 역할을 했다. 연못은 변화하는 계절을 알아차릴 수 있게 해줬다. 벌거벗은 가지가 새싹에 자리를 내주고, 그다음에는 꽃, 초록 잎, 빨간 잎, 그리고 다시 갈색 나뭇가지로 돌아간다. 또 나는 친구들을 기다리는 법도 배웠다. 인간과 인간이 아닌 친구 모두. 당연히 해나도 있지만, 그 밖에도 왜가리, 여우, 아주 드물게 운이 좋은 날에는 수영하는 내 머리 위를 휙 지나가는 물총새 한 쌍도 만난다.

어느 무더운 날 나는 평영으로 연못 반대편을 향해 나아갔다. 머리 위로는 버드나무 가지가 흔들거리고, 오른편에는 갈대들이 높이 솟아 있었다. 존 에버렛 밀레이의 그림 〈오필리아〉를 떠올리면 된다. 그때 뱀을 봤다. 1, 2초가 지난 뒤에야 비로소 내가 뱀을 보고 있다는 사실을 깨달았다. 뱀이 연못을 가로질러서 빠른 속도로 다가오고 있었다. 처음에는 가마우지 머리인가 싶었다. 몸은 검은 물 아래에 감춰져 있겠거니 생각했다. 아니면 이상한 물고기가 수면 밖으로 머리를 내밀고 있나 싶었다. 그 순간 수면 아래에서 S자 모양으로 빠르게 움직이면서 점점 가까워지는 기다란 뱀의 몸통이 보였다. 그전까지 연못에서 뱀을 본 적은 한 번도 없었다. 심지어 연못에 뱀이 있다는 이야기도 들은 바가 없었다. 다만 몇 주 전에 풀뱀이 가까운 들판에서 내가 가는 길을 가로질러 가는 걸 본 기억은 났다.

두 번 다 화들짝 놀랐다. 나는 항상 뱀을 무서워했다. 한번은 처녀파티에 갔는데, 친구 한 명이 임신한 자신의 배 위에 하얀 비단뱀을 두르고 있었다. 너무나 끔찍해서 나는 그 자리를 떠나야만 했다.

그런 내가 변한 것 같다. 연못에 등장한 뱀을 보면서 겁이 나는 대신 호기심이 동했다. 두려움에 전율하기는 했다. 아드레날린이 솟구쳤다. 하지만 그런 감각은 재빨리 호기심으로 바뀌었다. 이 경이롭고, 기이하고, 진정으로 새로운 경험에 대한 호기심(50이 되면 그런 경험을 할 기회가 자주 오지 않는다!).

냉철한 글쟁이였던 예전의 나라면 질색했을 것이다. 그러나 나는 야생의 동물과 이렇듯 가까이 마주치게 된 데는 다 이유가 있다고 생각하게 되었다. 이를테면 우주가 우리에게 뭔가를 이야기하고 있다는 생각이다. 위대한 심리학자이자 사상가 카를 융은 그런 만남을 '영혼 인도자psychopomp'라고 불렀다. 영혼 인도자는 의식과 무의식의 세계 사이를 오가는 중재자다. 때로는 현자라는 인간으로, 때로는 전혀 뜻밖의 동물, 도움을 주는 동물로 나타난다. 이 이론을 더 깊이 파고든 나는 삶에 뱀이 갑자기 나타나는 것이 내면의 변화를 상징한다는 사실을 알게 되었다. 허물벗기와 신성한 여성성. 그런데 물과 함께 등장하면 뱀의 변형적 특성이 배가된다. 물속의 뱀은 엄청난 재생과 치유의 징표다.

다음 날 연못으로 뛰어들어 유영하고 있을 때 해나가 나를 향해 헤엄쳐왔다. 해나는 슬픔에 잠겨 있었다. 친한 친구에게 절교당했는데, 왜 그런 일이 벌어졌는지 전혀 이해할 수 없다고 했다. 해나는 그 상황을 바로잡을 방법이 전혀 없다는 사실을 받아들일 수가 없었다. 그런 파국에 뒤따르는 비통함과, 친한 친구가 얼마나 우리를 지탱해주고 규정하는지에 관해서는 (그리고 그런 친구를 잃는 것이 우리 속을 얼마나 헤집어 놓는지에 관해서는) 거의 이야기되지 않는다. 그러나 그것 또한 일종의 상실이다. 우리 삶에 깊이 엮인, 삶의 씨실과 날실의 일부가 된 친구를 잃었을 때는 더욱 그렇다. 해나는 친구를 잃은 비통함을 '놓아주기' 위해 노력하고 있다고 말했다. 나는 '놓아주기'가 전혀 도움이 되지 않는 표현이라고 생각했다. 이 문제는 내가 주관하는 정오 공동체에서도 제기되었다. 정오 공동체에서는 퀸에이저들이 자신이 겪은 전환기의 충돌 사고 경험을 서로 나눈다. 우리는 '놓아주기'라는 표현이 삶에서 중대한 것을 잘라내는 일이, 마치 손가락 사이로 모래가 빠져나가는 것만큼이나 쉬운 일처럼 들리게 만든다는 데 동의했다. 내 경험상 그런 '놓아주기'는 사지가 잘려 나가는 것에 더 가까웠다. 그것도 마취 없이 말이다.

한때는 애정을 듬뿍 쏟았고 애지중지 키웠지만, 현재는 지나치게 무성해진 가지를 스스로 도끼로 쳐내는 것과 다를 바 없다. 그런 가지치기는 고통스럽고 슬프다. 당신의 일부가 뜯겨나가는 것이다. 아프다. 그러나 모든 정원사가 알듯이 시간이 지나면 흉터가 남은 자리에 단단한 초록빛 싹이 새로 돋아난다. 가지치기는 나무가 다시 자라고 심지어 번성할 수 있는 곳만 남긴다. 우리는 '극복'하지 않는다. 대신 그 상실이 우리의 씨실과 날실의 일부가 된다. 우리는 그 흉터 주위로 다시 자란다.

정오 공동체에서는 받아들이기 위해 우리가 벌이는 전투에 관해 자주 이야기한다. 사랑하는 배우자의 죽음을, 영원한 부재를 받아들이는 것이 얼마나 힘든지 이야기한다. 우리를 버리거나 우리를 더 이상 사랑하지 않는 배우자. 해고. 오랜 우정의 종결. 아이를 낳을 수 없는 몸이 되었다는 사실. 자녀가 더 이상 나를 필요로 하지 않는 것. 다 큰 아이들이 집을 떠나는 것. 모두 다 받아들이기 힘들고, 어떤 건 다른 것보다 받아들이기가 더 힘들다.

미래에 대한 생각으로 공황 발작이 가장 심해졌을 때 나는 앞으로 무엇이 닥칠지 모르는 불확실성이 불러일으킨 두려움이 내 몸 전체를 돌면서 요동치는 것을 느낄 수 있었다. 말 그대로 두려움이 맥동했다. 마치 열이 나는 것처럼. 특히 팬데믹 초창기에 코로나에 걸렸을 때 이런 증상이 더 심각해졌다. 나는 이미 불안에 떨고 있었는데, 여기에 죽음에 대한 공포까지 더해졌다. 내 몸은 고열에 시달리고 있었다. 한번은 몸이 너무 심하게 떨려서 남편에게 아래층 세탁기를 꺼달라고 애원했다. 세탁기 때문에 침대가 흔들린다고 생각했다. 그런데 알고 보니 세탁기는 돌아가고 있지 않았다. 그저 내 몸에서 나는 열이 나를 떨게 만들고 있었다. 나는 3주 동안 기진맥진한 채로 침대에 뻗어 있었고, 그 후로도 체력이 좀처럼 회복되지 않았다.

그 당시에는 TV만 켜져 있어도 두통이 왔다. 뉴스는 온통 나쁜 이야기뿐이었다. 그래서 나는 팟캐스트를 듣기 시작했고, 그다음에는 오디오북을 들었다. 이 자유낙하 시기에 나는 끝없이 이어지는 걱정과 불안을 떨쳐내지 못했는데, 그때 동료이자 라디오 DJ 크리스 에번스가 《지금 이 순간을 살아라The Power of Now》라는 책에 관해 이야기해준 게 기억났다. 에번스는 그 책에서 도움을 많이 받았다고 했다. 그 책은 에크하르트 톨레라는 독일 저자의 책이었는데 나는 오디오북을 다운로드 받아서 지금 여기, 지금 이 순간에 머무는 것의 미덕을 이야기하는, 최면을 거는 듯한 톨레의 독일식 억양에 귀를 기울이기 시작했다. 톨레는 우리가 걱정하는 것 대부분이 이미 벌어진 일이거나(후회) 아직 일어나지 않은 일(미래에 대한 불안)이라는 점을 설명했다. 따라서 우리가 그저 현재 있는 곳에 머무르는 것에—우리 얼굴을 비추는 햇빛에, 밖에서 바람에 나부끼는 나뭇잎에, 윙윙거리면서 날아다니는 파리에, 심지어 몸이 안 좋아서 침대에 누워 있는 나에게—집중하면 모든 것이 괜찮아질 것이라고 말이다. 그리고 지금 여기, 현재 이 순간에 괜찮은 것이 우리가 추구해야 할 전부라고 말이다. 궁극적으로 끝없는 '지금'의 흐름이 우리에게 주어진 모든 것이며, 따라서 우리는 과거나 미래를 끊임없이 걱정하기보다는 그 흐름을 즐기는 법을 배우는 편이 낫다는 것이다. 톨레는 명상이 '지금'이라는 순간에 머무는 하나의 방법이라고 설명했다. 나는 그때까지 명상을 해본 적이 전혀 없었다. 내가 명상을 한다는 생각만으로도 나를 아는 대다수 사람들은 웃음을 터뜨릴 일이었다. 나는 단 한 순간도 가만히 있지 못하는 사람이었다. 조용할 때가 거의 없었고, 여유를 용납하지도 않았다. 미치도록 바쁜 내 일정에는 명상할 틈이 없었다.

그러나 극한 시기에는 극한 조치가 필요했다. 누워서 톨레의 말을 듣는 나는, 말 그대로 과거와 미래로 인해 공황 발작을 일으키며 몸을 부들부들 떨고 있었다. 잃을 게 없다고 생각했다. 또 그게 도움이 될지도 모른다고도 생각했다. 그래서 몸을 일으켜 침대에 앉았다. 눈을 감고 그냥 조용히 숨을 들이마시고 내쉬기 시작했다.

눈꺼풀 안쪽에서 춤추는 색깔들이 보이기 시작했다. 짙은 보라, 가끔은 초록이나 노랑도. 평화로웠다. 아롱거리는 연못가 나뭇가지들 사이로 황금빛 햇살이 비치던 모습을 떠올렸다. 아니면 어느 저녁 석양으로 물든 바닷가, 파도 아래에서 반짝거리던 빛줄기의 기억. 명상에 익숙해지면서 나는 베트남 승려 틱낫한의 놀라운 책 《숨 쉬라, 당신은 살아 있으니Breathe, You Are Alive》에 나오는 구호를 받아들였다. '숨을 들이마시면서 내가 살아 있음을 안다. 숨을 내쉬면서 삶에 미소를 건넨다.' 단순하지만 효과적이다. 실제로 틱낫한은 두려움으로 인해 우리가 과거에 집착하거나 미래를 걱정한다고 가르친다. 그러나 우리가 우리의 두려움을 인정할 때, 지금 이 순간 우리는 괜찮다는 것, 오늘 여기 우리가 아직 살아 있고 우리 몸이 경이롭게 잘 작동하고 있다는 것을 깨닫게 된다고 말이다. 이것은 에크하르트 톨레가 고대 불교에서 찾은 지혜다.

매일 아침, 잠에서 깬 직후에 나는 20분간 명상하기 시작했다. 새로운 삶의 루틴이 만들어졌다.

아침 명상을 마무리하면서 가장 평온할 때 나는 일부러 불확실성을 떠올린다. 그 불확실성이 내 몸을 휘감는 것을 환영한다. 두려움을 정면으로 마주하고 응시한다. 내 삶의 모든 것이 유동적이었다. 변화가 일어나고 있었다. 불확실성은 실재했다. 앞으로 무슨 일이 벌어질지, 미래가 어떤 모습일지 짐작조차 되지 않았다.

본질적으로 모든 것이 유동적이라면 아무리 그렇지 않은 척해봐야 소용없다. 생각해보면 변화야말로 우리가 완벽하게 확신할 수 있는 유일한 변수다. 변화는 삶이 펼쳐지고 있다는 증거다. 실제로 모든 것이 어느 정도라도 동일하게 유지될 것이라고, 우리가 뭐 하나라도 통제할 수 있다고 생각하는 것 자체가 일종의 광기다. 우리는 무한한 우주에서 빠르게 회전하는 푸른 행성 위에서 살아가는 티끌들이다. 모든 것이 항상 변하고 있다. 그 사실을 깨닫고 불확실성을 받아들이자 큰 안도감이 찾아왔다.

그리고 변화를 받아들이는 것은 내 삶의 핵심 도구가 되었다. 미래가 덜 무섭게 느껴지고 내가 꿈꾸던 것들 중 일부, 예컨대 수련회 운영, 관련 책 쓰기, 중년 여성을 위한 공동체와 사업체 만들기가 현실화되기 시작하자 나는 어느새 미지의 것을 의도적으로 환영하는 일에 점차 소홀해졌다. 그런데 뱀을 본 그 전날, 갑자기 명상을 해야겠다는 생각이 들었다.

그날 오후 나는 미국의 재클린 서스먼과 혁신적인 대화를 나눴다. 서스먼은 실리콘밸리의 많은 여성 리더를 대상으로 직관적 이미지 출력Eidetic Imaging이라는 이름의 새로운 치료법을 실시하고 있었다. 우리 뇌가 이미지를 저장하는 방식과 머릿속 이미지의 세부사항이 우리가 짊어진 짐, 즉 정서적 맥락에 관한 많은 것을 담고 있다는 최신 신경과학 연구를 토대로 고안된 치료법이다. 그날 서스먼은 내게 머릿속에 어머니와 아버지의 이미지를 떠올려보라고 했다. 어릴 때 본 부모님의 모습으로 떠오르는 첫 이미지만 필요하다고 했다. 나는 아버지가 불 위에 도자기 냄비를 올리고 돼지고기 스튜를 열심히 끓이는 장면을 떠올렸다. 그동안 한 번도 떠올린 적 없는 그 기억은 부모님이 막 이혼하고 아버지가 주말에 나와 동생들 데리고 간 날(나는 다섯 살, 동생은 각각 세 살, 18개월이었다)의 이미지였다. 아버지는 그전까지 요리를 한 적이 없었지만, 그 장면에서는 열심히 하고 있었다. 할머니에게 전화를 걸어 도움을 요청하던 게 기억난다.

서스먼은 어머니에 관해 물었다. 아버지와 어머니 이미지의 위치를 바꿔보라고 했다. 그녀의 조언대로 하자 갑자기 부모님의 엄청난 사랑이 밀려오는 것을 느꼈다. 마치 수문이 열리거나 강둑이 터진 것 같았다. 부모님의 이혼 후 나는 거의 언제나 어머니 편이었다. 내 머릿속에서 이 둘의 위치를 옮기는 직관적 기법에 의해 봉인되어 있던 아버지에게서 받은 사랑의 기억이 해제되었다. 나는 그동안 아버지의 사랑에 접속하지 못한 탓에 내가 지속적인 불균형 상태에 놓여 있었다는 것을 깨달았다.

그날 오후 나는 몇 시간을 울었다. 슬퍼서가 아니라 늘 거기에 있었지만 내가 느끼지 못했던 모든 것에 대한 깊은 감사로 인해서였다. 나는 그날부터 다른 사람이 되었고, 내 내면의 나침반이 원래 있어야 했던 자리로 이동한 것 같았다. 인생의 긴 여정에서 매우 중요한 걸음을 내디딘 것처럼 느껴졌다.

그리고 그다음 날 아침, 연못에서 헤엄치는 뱀을 보았던 것이다. 물속 뱀이 상징하는 모든 변화에 관한 함축된 의미와 함께. 내면 치유, 과거 페르소나 벗기, 우리에게 더는 쓸모가 없는 허물 벗기. 마치 우주가 이렇게 말하는 것 같았다. '봐! 보라고! 변화는 가능해!'

그리고 해나가 있었다. 아직도 친구를 잃은 것에 슬퍼하는. 우리는 뱀에 관해 이야기했다. 그리고 받아들임과 변화, 통제에 관해서도. 해나는 본래 강한 여성이었다. 조직을 설립했고, 자신이 주체성을 지닌 존재라는 것을 안다. 그러나 다른 사람과 관련된 문제에서만큼은 그 누구에게도 통제권이 없다. 이것이 진실이다. 배의 노를 내려놓고 우연과 불확실성이라는 거대한 강물에 떠다니도록 놔두어야 한다. 우리는 연못에서 나와서 눈물을 흘리며 물에 젖은 포옹을 나눴다.

내가 배운 것은 우리 각자에게 디딤돌은, 불확실성을 건너서 삶의 다음 단계로 이어지는 길은 미지를 받아들이고 환영할 때,

그다음으로 즐거움을 찾을 때 발견된다는 것이다. 우리를 살아 있다고 느끼게 하는 것, 몰입하고 있다고 느끼게 하는 것, 가장 나답다고 느끼게 하는 것을 찾고 그것을 더 많이 할 때 발견된다. 그것을 출발점으로 삼아 우리를 기분 좋게 하는 것부터 시작하면 성공할 가능성이 매우 커진다.

나는 물과 수영에서 찾은 즐거움을 쫓아갔고, 그 결과 회복, 우정, 깨달음을 얻었다. 매일 연못에 나가기로 한 단순한 결정 덕분에 우주가 마법을 부리도록 놔둘 수 있었다.

삶의 즐거움에 '예스'라고 답하라. 그 즐거움의 디딤돌들을 따라가라. 그 돌들이 당신을 더 나은 당신으로 데려가 줄 것이다.

다섯 가지
중대한 인생의 대전환

눈이 부실 정도로 화창한 어느 여름날 저녁 나는 클리프턴 현수교 아래에 난 비밀 길로 향했다. 뒤로는 브리스틀 시내가 파스텔 빛 광채를 뿜어내면서 펼쳐져 있었다. 강물이 주거용 배에 빙 둘러싸인 부잔교 옆면에서 찰랑거렸다. 하이힐을 신고 제일 좋은 옷을 입은 나는 조심조심 방파제를 위태롭게 걸어 내려갔다.

결혼식 무대가 강가에 마련되었다. 62세인 소피는 65세인 새 연인 벤과 세 번째 결혼식을 올리기로 했다. 이런 결혼식은 주인공들이 20대일 때보다는 다분히 더 복잡해진다. 오래 살수록 필연적으로 짐들이 딸려오기 마련이다. 게다가 비슷한 연령대의 커플들과 비교해도 이 한 쌍에게는 그런 짐이 더 많다고 해도 과장이 아니었다. 소피는 첫 결혼에서 얻은 아들과 18살에 본인도 엄마가 된 딸이 있다. 벤에게도 자녀가 몇 명 있었다. 그러나 이 황홀한 저녁에는 모두 하나가 된 행복한 가족만이 있었다. 그리고 행복한 커플 한 쌍이 가장 환하게 웃고 있었다.

소피는 정오 공동체에서 조사한 퀸에이저의 사례를 내가 만난 그 누구보다도 가장 잘 보여주는 인물이다. 같은 주제로 영국에서 실시된 최대 규모의 설문조사였던 그 조사의 핵심만 요약하자면 설문에 응한 중년 여성(45~60세) 절반 이상이 50이 되었을 무렵에 적어도 중대한 인생 변화 다섯 가지를 겪었다는 사실을 발견했다. 여기에는 이혼, 사별, 해고, 파산, 건강 이상, 정신건강 문제, 가정 폭력, 노부모 부양, 질병이나 다른 문제를 겪는 자녀가 포함된다. 강연장에서 이 목록을 나열하면 여기저기서 고개를 끄덕이는 사람들이 보인다.

그러나 상황이 우울하고 절망적인 것은 아니다. 가장 놀랍고 희망적인 조사 결과는, 가장 힘든 시기를 겪은 사람들이 현재 가장 행복한 사람들이라는 사실이었다. 왜 그럴까? 전환기의 소용돌이를 겪어낸 그들이 이제 자신이 원하는 방식대로 삶을 꾸렸기 때문이다. 한 여성은 '유쾌한 이혼녀'로 지내는 일상에 관해 이야기했다. 미들랜드에서 온 또 다른 하객은 실직하고 대장암 진단을 받았지만, "그 이후에 새로운 행복을 찾았고, 현재 하는 일이 너무 좋고 살아 있음에 감사하며, 매일이 선물과도 같다"고 말했다. 한 여성은 "중년의 지혜는 그 모든 걸 겪고도 살아남은 경험에서 나온다"고 말했다. 또 다른 여성은 이렇게 말했다. "나 자신에게 계속 말해요. 달려오는 버스에 몸을 던지는 그런 바보 같은 짓은 하지 말자. 드디어 세상 물정이라는 걸 알게 된 거야! 그냥 계속 가면 돼."

소피는 이것을 다른 방식으로 표현했다. "내가 아는 사람 중에 큰 고통을 겪지 않은 사람은 한 손에 꼽을 정도야. 그리고 그런 사람은 평면적인 삶을 살아. 그러니까 세상을 이분법적으로만 본다고 할까. 내가 겪은 모든 일들이 좋은 것을 훨씬 더 좋게 느끼게 해줘. 아무리 사소한 것이라도. 매주 화요일에 나는 침대 시트를 갈고 벤과 함께 깨끗한 냄새가 나는 빳빳한 이불 속으로 들어가. 그게 무척이나 행복해. 좋은 차 한 잔에도 행복하고…" 소피가 말끝을 흐리며 미소를 짓는다.

소피는 행복의 문을 열 자격이 충분하다. 역경이 하나가 아니라 군대처럼 밀고 들어온다고 생각해보라. 소피의 말에 따르면 '중년의 초위기 사태'가 벌어졌다.

소피는 어린 나이에 결혼했고, 남편과는 점점 멀어지다가 20대 후반에 합의 이혼했다. 두 번째 결혼은 정신을 못 차릴 만큼 깊이 빠져든 연애의 산물이었다. 재혼 상대는 사치스러운 부자였다. 파리에서 고급스러운 주말을 보내고, 그 뒤로도 정신없이 세계 곳곳의 화려한 호텔을 휩쓸고 다니는 삶이었다. 이미 아들이 있었던 소피는 임신해서 딸 알렉스를 낳을 때 매우 기뻤다. 그러나 자기중심적인 남편은 가족에게 헌신하는 삶에 난색을 표했고, 알렉스가 10대가 되기 전에 소피보다 훨씬 더 어린 여자와 바람이 났다. 그 시기에 소피와 점심을 먹었던 기억이 난다. 내가 아는 소피가 아닌 낯선 여자가 앞에 앉아 있었다. 슬픔으로 얼굴이 일그러졌고, 눈물과 배신감에 피부가 축 늘어져 있었다. 상황은 점점 더 나빠졌다. 알렉스가 무단결석을 하기 시작했다. 곧 소피는 경찰에게 전화를 받았다. "따님이 경찰서에 있습니다. 대마를 피우고 나쁜 무리와 어울리고 있었어요. 와서 데려가세요." 그것이 길고도 끔찍한 여정의 시작이었다.

알렉스는 정신질환이 있었다. 의사를 추천받았지만 차도가 없었다. 알렉스는 자해하기 시작했다. 가출도 했는데 소피는 알렉스가 어디로 갔는지 전혀 알 수 없었다. 그러다 알렉스에게 남자친구가 생겼다. 질 나쁜 사람이었다. 소피에게는 어려운 선택지밖에 없었다. 딸이 집에 남자친구를 데리고 오는 걸 금지하거나 딸을 보지 못하는 것.

소피는 최선을 다했지만, 알렉스는 내내 통제 불능이었다. 한번은 몇 달 동안이나 딸을 보지 못했다. "알렉스는 자기가 뭐든 다 안다고 생각하는 아이였어." 이보다 더 나빠질 수는 없다고 생각한 그때, 알렉스가 임신했다. 알렉스는 아직 10대 소녀였다. "나는 아이를 지우는 것이 모두를 위해 최선이라고 생각했지만, 내가 조언할 수 있는 입장이 아니라는 것도 알았어. 알렉스의 선택이었으니까."

알렉스는 아이를 낳아서 키우기로 했다. "위험 부담이 큰 전략이었어. 알렉스도 아직 애인데, 엄마가 된 거잖아. 우리 집은 온갖 더러운 인물들을 모아놓은 시트콤 〈오직 바보들과 말들뿐〉의 세트장 같았어. 차마 친구를 우리 집에 데려올 수 없을 정도였어. 우리 집 꼴이 너무 부끄러웠거든. 게다가 딸을 쫓아낼 수는 없었으니까."

암울한 시기는 계속되었다. "한번은 집에 돌아왔는데 알렉스가 내 옷을 몽땅 앞마당에 버렸더라고. 설거지를 안 해서 돈을 한 푼도 줄 수 없다고 했거든. 딸을 사랑했지만 정말로 엄하게 꾸짖어야 했어. 너무 힘들었어. 그때가 50대 후반이었는데, 친구들은 하나같이 자유의 몸이 되기 시작하고 있었거든. 그런데 나는 알렉스가 정신 차리지 않으면 내 손녀를 입양하거나 시설에 보내야 하는 처지였어."

알렉스는 포기하지 않았고 기적적으로 정신을 차렸다. "알렉스는 어린 시절에 강아지랑 고양이를 정말 좋아했고, 엄청나게 세심한 아이였어. 그런 면이 전면으로 나온 거지. 알렉스는 딸을 사랑했고, 자신이 변하지 않으면 그 딸을 잃을 수도 있다는 걸 깨달았어. 그래서 변했어. 아이가 생긴 것이 알렉스를 온전한 어른으로 만들었어."

알렉스가 다시 학교로 돌아가기 위해 공부를 시작했고 결국 대학에 진학해 법학 학사 학위를 딴 이야기를 하는 소피의 얼굴은 자부심으로 빛났다. 알렉스는 10대의 자신처럼 방황하는 청소년을 돕고 싶어 했다. 알렉스가 드디어 자기 삶을 되찾기 시작했을 무렵, 소피는 벤을 만났다. 벤도 꽤 복잡한 이혼 과정을 거쳤고, 정신건강 문제가 있는 아이가 있었다. "벤은 내가 만난 사람들 중에 알렉스 일을 이해하는 유일한 사람이었어. 아주 천천히 진행된 연애였는데, 우리는 둘 다 무척이나 조심스러웠거든."

벤은 이혼 후 차고의 낡고 고장 난 머스탱을 고치는 작업을 시작했다. 차고는 소피의 집과 멀리 떨어지지 않은 곳에 있었다. "벤이 차를 고치고 있을 때 불쑥 찾아가서 수다를 떨기 시작했어. 때로는 벤이 작업을 끝내고 들러서 술을 한잔했어. 전남편과 겪은 일 때문에 나는 너무나 외롭고 불신으로 가득했어. 우리 둘

다 관계를 시작하기에는 겁에 질려 있었어. 그래서 서로의 주위를 빙빙 맴돌기만 했어. 확신이 들 때까지 계속."

마침내 두 사람은 부부가 되었다. 한동안 소피의 딸 알렉스와 손녀가 함께 살았다. "처음에는 알렉스가 길고양이처럼 굴었지만 벤은 피하지 않고 기다렸어. 그리고 알렉스에게 그동안 부재했던 아버지 같은 존재가 되었어. 지금은 그냥 축복 같아. 내 인생에서 가장 큰 행복이야. 모든 게 괜찮을 거라고 느낀 게 언제였는지 알아? 처음으로 벤이 주말을 우리 집에서 보내고 일요일 내내 그냥 침대에서 커피도 마시고 신문도 읽고 했을 때야. 내가 가장 그리워했던 건 함께 뭔가를 할 사람이 아니라, 함께 아무것도 안 할 사람이었다는 걸 깨달았어. 내가 점심에 뭘 먹었는지 신경 쓰는 친밀한 관찰자 말이야."

소피와 벤의 결혼식은 내가 본 가장 행복한 결혼식이었다. 소피가 역경 한복판에 있을 때는 알렉스가 변할 거라고, 그래서 배신으로 부서진 소피의 심장이 회복되고 새로운 남자를 만나게 될 거라고 감히 상상할 수 없었다. 그러나 시간과 사랑과 인내는 소피의 삶에 다시 빛을 비췄다. 내게 소피의 이야기는 거의 언급되지 않는, 중년이 되어 바위에 부딪혀 쓰러지지만 그 바위를 넘어서서 치유되고 강해지고 더 행복해지는 궤적을 보여준다. 우리는 그런 궤적을 정오 설문조사 결과에서 봤다.

중년은 흔히들 말하는 위기가 아니라 번데기다. 더 많은 여성이 더 많은 일을 겪을수록 더는 자신에게 도움이 되지 않는 것들을 벗어던지고 자신이 원하는 삶을 다시 정의할 가능성이 커진다. 소피의 이야기를 전하는 이유는 전환기에 위기를 겪는 모든 퀸에이저가 앞으로 더 나아질 것이라는 사실을 알았으면 하기 때문이다. 언제나 해피엔딩의 가능성이 열려 있다는 것을.

퀸에이저는 고난 속에서 단련된다. 마치 불 속에서 단련되는 쇠처럼. 그것이 퀸에이저의 힘과 지혜의 원천이고 미래에 찾아올 큰 행복의 토대다. 모든 고난은 좋은 것들이 다시 돌아왔을 때 그것을 더 달콤하게 만드는 재료다.

세상의 기대에 부응하려는
내 모습 내려놓기

52세가 된 지금 나는 난생처음으로 아주 조금씩, 아주 서서히 나 자신이 되어가고 있다고 느낀다. 이 지구에서 50년을 꽉 채우고 난 뒤에 쓴 문장치고는 헛소리 같다. 그 세월 동안 내가 나가 아니었다면 누구였단 말인가? 내가 내 몸을 차지하고 있지 않았다는 것인가? 인생의 선택을 내가 하지 않았다는 것인가? 답은 '예스'다. … 다만 이것은 잘못된 선택이 아니라, '수십 년 동안 나 아닌 다른 사람을 우선시하면서 뒤로 밀려났던 내 꿈과 야망에 다시 관심을 돌린 때'라는 기준에서 말이다.

그런데 왜 우리가 진정한 자신, 우리가 늘 되고 싶었던 여자가 되기까지 그토록 오래 걸리는 걸까? 그건 특히 우리가 여자이기에, 자신의 필요보다는 다른 사람의 필요를 우선시해야 한다는 이미 고착화된 문화에 의해 '조건화'되기 때문이다. 당장 주변의 여자들을 돌아보라. 우리는 자녀, 배우자, 직원, 반려동물을 보살핀다. 우리 자신이 할 일 목록에서 가장 마지막으로 밀린다. 나는 그저 빡빡한 일정을 소화하느라, 내 일과 가족의 요구를 충족하느라 바빴다. 그래서 해고당한 뒤에야 비로소 잠시 멈추고 내가 왜 그것을 하며, 누구를 위해 하는지 자문할 수 있었다.

나는 성취가 전부인 가정에서 자랐다. 지위나 성과를 내세울 수 있어야만 존재 가치를 인정받을 수 있었다(어머니가 낳은 다섯 명의 아이 중 네 명이 옥스퍼드 대학교에 진학한 것은 우연이 아니다. 우리는 그것이 우리가 마땅히 달성해야 하는 목표라고 세뇌당했다). 실제로 내가 해고당한 뒤에 어머니에게 전화를 걸어 그 사실을 알렸을 때 어머니가 내게 건넨 첫마디는 이랬다. "권력과 특권이 사라져서 아쉬울 거야."

"저런… 괜찮니? 다 좋아질 테니 걱정하지 마"가 아니었다. "권력과 특권이 사라져서 아쉬울 거야"라니…!

그 발언의 잔혹함과 무자비함이 어떤 면에서는 도움이 되었다. 지옥불처럼 따가웠지만 내가 상황을 명료하게 바라볼 수 있게 했다. 그런 높은 직함을 그토록 오래도록 유지하게 만든 압박감을 어느 정도 직시할 수 있게 했다. 해고당하면서 외적 권력과 지위를 상징하는 황금 망토를 내려놓은 나는 물론 상실감도 느꼈지만, 첫 충격과 슬픔이 지나간 후에는 뜻하지 않은 해방감도 느꼈다. 일단 망토를 내려놓으니 그 망토가 두껍고, 무겁고, 걸리적거렸다는 사실을 깨달았다. 그 망토로 인해 수십 년 동안 진정한 내가 아닌 방식으로 살 수밖에 없었다는 것을.

솔직하게 털어놓자면, 직장생활이 내 삶의 많은 부분을 차지할 때 일이 내 본능과는 완전히 반대되는 말을 하거나 행동을 하도록 요구했다는 사실을 알고 있다. 내 의사결정과 견해를 다른 사람, 보통은 나보다 나이가 많고 더 큰 권력을 지닌 남자의 기준에 맞추기 위해 내면의 목소리를 끊임없이 의심하고 무시해야 하는 삶은 피곤할 수밖에 없었다. 나는 20년이라는 긴 시간 동안 성공하고 싶은 욕구, 더 많은 것을 성취하고 싶은 욕구를 동력 삼아 내 상사와 신문사의 필요에 부응하기 위해 부단히 노력했다. 그에 앞서 가정교육과 학교교육에 의해 그렇게 일해야 한다고 훈련도 받았다.

흥미진진하고 속도감 넘치지만, 냉혹한 세계였다. 나는 스스로를 보호하기 위해 무장을 겹겹이 둘렀다. 신문사를 떠난 뒤 몇 킬로그램이 빠졌다. 의도한 것이 아니었다. 다이어트를 하지 않았는데도 마치 그런 충격 완화재가 필요 없어졌다는 듯 살이 떨어져 나갔다. 더 말랑하고, 더 약한 진짜 나는 외부에서 기대하던 나와는 완전히 달랐다. 신문사는 단독 보도, 마감 엄수, 경쟁이 전부다. 언제나 더 잘해야 한다고 압박했다. 살벌한 액션으로 가득한 장소였다. 목숨이 아까우면 약점을 노출해서는 안 된다. 상사 몇 명과 미팅하러 회의실로 들어가는 것은 호랑이가 있는 우리로 들어가는 것과도 같았다. 결코 방어막을 내리지 않았다. 이제 와 돌아보면 후회되는 일들이 있다. 내가 맡은 역할과 그 세계가 상냥하지만은 않은 엄격함을 요구했다. 그래서 주변 사람에게 상처 준 것이 후회된다. 내가 두르고 있었던 망토가 그림자를 드리웠다는 사실을 뒤늦게 알아차린 것은 쓰디쓴 약이었다. 지금의 나는 이전의 나보다 더 부드럽고 상냥하기를 바란다. 적어도 그렇게 되려고 노력한다.

그 망토를 내려놓는 일은 고통스러웠다. 그러나 이제 나는 그 정체성을 벗는 것이 고통스러운 동시에 필요했음을 알 수 있다. 먼저 나는 추방된다는 것이 어떤 감각인지를 알게 되었다. 옛 사무실에 들어가려고 하는데 보안 요원에 의해 내쫓기는 꿈이나 익숙한 복도가 어느 순간 차단벽과 동굴로 이루어진 미로가 되어서 길을 잃는 꿈을 반복해서 꿨다. 그러나 충격이 가라앉고 몇 주가 지나자 나는 내 새로운 삶에도 확실한 장점이 있다는 사실을 깨닫기 시작했다. 〈왕좌의 게임〉에 나올 법한 황금과 가죽으로 뒤덮인 그 무거운 권력 망토가 없으니 한결 가벼워지고 더 민첩해졌다. 실제로도 자유로워졌다. 그 망토가 없으니 나는 나 자신의 규칙을 새로 쓸 수 있었고, 내 배를 조정할 수 있었다. 나이 50에, 난생처음으로 나는 나 자신이 될 수 있었다. 마침내 자유의 몸이 되어 가족도 아니요, 상사도 아니요, 그 누구도 아닌 나 자신을 만족시킬 수 있었다. 그동안은 늘 다른 사람들의 체크리스트를 지우느라 애썼던 것 같다. 성공한 사람의 이상적인 모습을 스스로에게 강요하고 그 모습을 살아내는 데 집착했다. 나는 이제 자유의 몸이 되었다.

그런 마인드셋의 전환은 쉽지 않았다. 내면의 우리에 갇힌 내 진짜 목소리를 해방시키는 것은 두려운 일이었다. 내 뇌 뒤편에 도사리고 있는 편집자는 계속해서 내가 그토록 오랫동안 지킨 규범을 전부 깨는 것, 내 진짜 모습과 생각을 외부에 노출하는 것이 안전하지 않다고 비명을 질렀다.

많은 사람이 내가 내 목소리를 내는 걸 쉽게 하는 것 같다며 질투가 난다고 말한다. 자신들은 그렇게 하는 게 무척 힘들다면서. 솔직히 말하면, 내게도 힘든 일이 맞다. 여성에게는 표현의 자유에 위험과 고통이 수반된다. 나는 그것을 목구멍이 좁아지는 신체적인 증상으로도 느꼈다. 터무니없는 소리가 아니다. 영국과 유럽에서 여성이 소리 내 말했다는 이유로, 진실을 말했다는 이유로, 사회적 관행에 반기를 드는 삶을 산다는 이유로 말뚝에 매달려 화형당하는 일이 불과 200~300년 전까지도 계속되었다. 우리가 현 상태에 도전하는 말을 하기 시작할 때 우리 안 깊숙한 곳에서는 문화적 조건화를 당한 내가 "위험해!"라고 소리친다.

그러나 내가 마침내 스스로에게 직감을 쫓아도 된다고 허락하자 엄청난 보상이 돌아왔다. 지난 3년 동안 나는 내 진짜 의견을 표출하는 쪽으로 점점 더 기울어졌다. 그런 의견을 표출하는 것이 나를 더 취약하게 만들었지만, 한편으로는 퀸에이저 공동체, 그리고 나와 같은 길을 가는 여성들과의 연결이 더 늘어났다. "당신이 어떻게 그렇게 하는지 모르겠지만, 매주 내가 생각하고 있는 걸 당신이 말해요." 퀸에이저 모임에서 그런 말을 들을 때 그 모든 것이 보상받는 느낌이다.

나 혼자 해낸 것은 아니다. 훌륭한 퀸에이저들과 함께 해냈다. 그들은 대체로 전환기에 비슷한 부활의 경험들을 했다. 이 미션을 수행하는 과정에서 내게 대단한 통찰과 힘을 준 사람 중 한 명이 카티 타운트다. 트라우마 치료사인 카티와 나는 많은 시간을 천막 아래에서, 때로는 숲속 또는 고대 영국의 산길인 리지웨이를 걸으면서 보냈다. 우리는 걱정과 관찰을 공유하면서 함께 고민했다. 카티는 트라우마 치료사로 일하면서 많은 퀸에이저를 지원한다. 우리 둘 다 각자의 엄청난 전환기를 통과했다. 내 여정은 처음에는 직업적인 여정이 중대한 인생 재평가의 여정으로 전환되었다. 카티의 여정은 더 사적이었다. 이혼과 아픈 자녀. 그로 인해 그녀의 인생 또한 큰 변화를 겪을 수밖에 없었다.

우리가 여기까지 오는 데 왜 그토록 오랜 시간이 걸리는 걸까? 왜 이 여정에는 반드시 고통과 반동이 뒤따르는가?

"퀸에이저들은 치열한 커리어 쌓기, 가정 꾸리기, 그리고 많은 경우에는 자녀 양육에 시간을 보낸 사람들입니다. 또한 모두 비슷하게 당혹스러운 초조함을 느끼는데, 여기에 자신의 미래에 대한 불확실성이 더해집니다." 카티가 설명한다. "그것이 자주 우울증이나 불안증으로 나타나기도 하고 이혼이나 사별, 해고나 빈 둥지 등의 문제로도 나타납니다. 하지만 그 이면에 더 깊은 뭔가가 있어요. 여자들은 더 이상 어울리지 않는 모양을 너무나 오랫동안 붙들고 있었다는 걸 직감적으로 알아요. 그게 헐렁하거나 무겁거나 갑갑하다고 느낍니다. 자기 게 아니라는 걸 알아요."

카티는 우리가 부모가 바라는 모양을 억지로 덮어쓴다고 설명한다. 어릴 때도, 그리고 그 이후에도 보호자가 우리에게 호감을 갖도록, 그래서 안전을 보장받을 수 있도록 특정한 모양에 자신을 비틀어서 억지로 맞춘다고 말이다. 물론 진화론적인 관점에서는 아주 합리적인 선택이다. 특히 우리가 작고 나약할 때는.

"우리는 사랑, 애정, 돌봄으로 보상받을 수 있는 모양을 취합니다. 그런 모양은 우리가 아프지 않고 위험에 빠지지 않고 거부당하지 않는다는 걸 의미해요." 물론 우리는 모두 어린 시절에 '사회화'가 된다. "그것은 예법과 같은 기본적인 것들이에요. 양보하거나 예의 바르게 부탁해야 한다는 가르침, 사회적으로 용인되는 존재가 되어야 한다는 것, 그래야 다른 사람들에게 호감을 살수 있고 인생에서 성공할 수 있다고 배우는 것을 의미합니다. 물론 이런 것들이 필요하지만, 우리는 또한 우리가 어떤 일을 당했는지도 알아차려야 합니다. 우리가 어떻게 현재의 모양으로 살도록 회유되었는지, 우리가 우리 아이들에게 무엇을 물려주고 있는지 알아야 합니다."

카티의 고객 중 한 명은 우울증을 앓는 남편에게 부담을 주지 않기 위해, 아이들의 가정을 지키기 위해 전염성이 강한 자신의 삶에 대한 기대와 열정을 억누르는 법을 배웠다. 또 다른 여성은 어머니가 방문할 때마다 거짓 자아를 내세운다. 케이크를 굽고 사람들을 초대해 차를 대접할 뿐 아니라 (어머니가 없을 때는 절대로 하지 않는 일이다) 10대 자녀들에게도 진한 화장을 지우고, 검은색 옷을 벗고, 할머니가 좋아하는 방식으로 차려입게 한다. "이 여성은 가족의 비난, 공격, 낙인을 피하기 위해 어머니 앞에서 이처럼 자기 모양을 바꿉니다. 50살이나 먹었는데도요!" 퀸에이저에 대한 어머니의 평가는 유독 매서울 수 있다. 퀸에이저의 어머니 세대는 여성에게 선택지가 거의 없던 시절, 남자에게 매력적으로 보이고 남자를 보살피는 것이 지상 최대 과제였던 시절에 교육을 받았다. 한번은 정오 공동체에서 한 여성이 어머니에게 임신했다고 알렸을 때 이런 답변이 돌아왔다고 말했다. "그 사생아를 내가 돌봐줄 거라고 기대하지는 말거라." 또 다른 여성은 어머니에게 전화를 걸어 남편이 떠났다고, 어린 두 아이와 함께 버림받았다고 말하자 어머니가 이렇게 말했다고 한다. "도대체 넌 뭘 어떻게 한 거니?" 우리가 그런 비판에서 스스로를 보호해야 한다는 절박함을 느끼는 것은 너무나 당연하다.

어머니만이 아니다. 카티는 한 여성 CEO의 사례를 든다. 그녀는 본래 조용한 성격이지만 남자 동료들과 기싸움을 하면서 거친 농담을 주고받는다. 그래야 동등한 존재로 여겨지고, 사내들 클럽의 일원으로 받아들여지기 때문이었다. 우리 세대 여성들은 다른 사람의 기분을 맞추도록 사회화되었다. 흔히 자신의 필요보다 남들의 필요를 우선시한다.

카티는 우리가 전환기의 변신에 죄책감을 느끼거나 스스로를 비난해서는 안 된다고 강조한다. "우리는 평생 진실성(본능이 추구하는 우리 모습대로 행동하는 것, 즉 우리의 에너지가 가장 자연스럽게 이끌어내는 모양으로 지내는 것)과 애착(안전을 보장받고 우리의 필요를 채워주는 것, 문제를 일으키지 않는 것) 사이에서 선택해야 할 때, 애착을 선택하는 경향이 있어요. 다른 사람이 우리에게 바라는 모양을 유지하는 쪽을 선택하는 거죠. 그렇게 해야 인간관계, 커리어, 가족, 우정, 안전을 얻을 수 있기 때문이에요. 우리는 사회의 요구에 맞춰 그렇게 행동하도록 조건화되어 있습니다."

카티는 이렇게 말한다. 어떤 면에서 우리는 1970년대 만화 시리즈 〈바바파파 바바마마〉의 캐릭터처럼 지내고 있다. 바바파파와 바바마마는 화려한 색채를 띤 덩어리로, 곤란한 틈을 메울 수 있도록 스스로를 변형시키는 능력이 있다.

"퀸에이저들을 대할 때 나는 그들이 '더 새롭고, 더 진실된 모양을 찾는 데 도움이 되는 전환'이라는 관점에서 시작하죠. 그들이 자신의 진짜 모습으로 지내고 이를 막는 모든 조건화를 걷어내도록 응원함으로써 자연스럽게 딱 맞는 모양을 찾아가도록이요."

나 자신의 변신과 내가 정오 공동체에서 관찰한 변신이라는 관점에서 카티의 이런 통찰은 나와 통했다. 정말 많은 여성이 너무 오랫동안 스스로를 비틀어서 세상과 직장, 배우자가 자신에게 기대하는 모양으로 지냈다고 인정한다. 때로는 그 모양이 세뇌된 나 자신이나 부모가 바라는 모양이기도 했다. 그 결과 그들은 자신의 진정한 모습 또는 진짜로 되어야 하는 모습을 잊거나 묻어버렸다고 했다. 한 여성은 내게 이렇게 말했다. "어쩌다 이렇게 되었는지 모르겠어요. 제 삶을 돌아보면 제가 선택한 게 아무것도 없는 것 같아요. 이건 제가 바라는 삶이 전혀 아니에요. 제가 진짜 누구인지, 어쩌다 이 자리에 있게 되었는지 기억이 안 나요."

이럴 때 무엇이 도움이 될까?

나는 자신의 진짜 모양을 찾는 첫걸음은 내가 무엇을 좋아하는지 기억해내는 것, 내게 즐거움을 주는 것들과 다시 연결되는 것이라고 생각한다. 그런 것들을 내 삶에 들여와 보자. 당신에게 즐거움을 주는 것들을 당신의 진짜 자아로 가는 디딤돌이라고 생각하라. 당신이 사랑하는, 또는 사랑했거나 사랑하고 싶은 한 가지를 기억해내라. 하나를 기억하기가 힘들지만, 일단 생각나면 그다음은 줄줄이 나올 것이다. 다른 사람이 아닌 당신 자신의 욕구에 주파수를 맞출 시간과 공간을 내주는 것부터 시작해보자. 당신이 선택한 음악을 들을 수도 있다. 나는 그동안 내가 남편이나 딸들이 고른 노래를 듣고 있었다는 사실을 깨달았다. 내 전용 스피커를 구해서 나만의 배경음악 목록을 만들면서 나는 주체성을 회복하는 것 같은 느낌이 들었다. 어떤 이들은 늘 하고 싶었던 취미를 시작하거나, 몇 년이나 손을 놓았던 악기를 다시 연주하거나, 자신에게 의미 있는 곳으로 여행을 가는 것으로 스스로와 다시 연결된다.

이것은 한 번에 끝낼 수 있는 과정이 아니다. 새로운 내가 되어가기 위해서는 시간이 필요하다. 카티는 어떤 선택을 할 때 의식적으로 한번 생각해보라고 조언한다. "나는 사람들에게 다른 사람들과 어울리기 위해, 특히 부모나 가족과 어울리기 위해 특정 모양을 선택할 때 그 사실을 알아채라고 말해요. 기존의 패턴을 바꾸기는 쉽지 않아요. 자신이 무엇을 하는지 제대로 의식하기 전까지는요. 일단 의식하면 멈출 수 있어요."

물론 세상이 늘 우리의 새로운 모양에 우호적이지는 않을 것이다. 카티는 우리 스스로가 모양에 맞게 변했던 데는 다 이유가 있다고 환기한다. 그래서 그것을 멈추면 주변 사람들이 우리가 거부하기로 결심한 퍼즐 조각이나 모양에 다시 맞추도록 강요하는 일이 종종 생길 것이며, 이는 지극히 정상이라고 말한다. "당신이 주변의 기대에 부응해 만든 모양이 시스템에서 제대로 작동했다면 사람들이 당신을 다시 그 모양에 다시 욱여넣으려고 애쓸 거라고 예상하세요. 그냥 그 사실을 알고 있으면 돼요. 행운을 빌어요!"

그녀의 말이 옳다. 중년의 변신이 필요하다는 것과 주변 사람들이 아마도 그런 변신을 환영하지는 않을 것이라는 지적 둘 다. 우리 어머니만 봐도 그렇다. 내 해고 소식을 들은 어머니의 반응을 전했을 때 카티는 이렇게 말했다. "투사하는 거예요." 권력과 특권이 아쉬울 사람은 어머니였다. 내가 취직했을 때, 승진했을 때 누구보다 기뻐한 사람이 어머니였고, 내가 그토록 오랫동안 나를 짓누르는 무거운 권력 망토를 두르고 있었던 이유 가운데 하나는 어머니를 실망시키지 않으려 했기 때문이다. 미안, 엄마. 하지만 저는 이제 반백이 되었고, 이건 제 삶이에요. 게다가 권력이 없는 저는 훨씬 더 행복하고 자유로워요!

당신의 새로운 모양은 어떤 것일까? 당신 삶에서 누가 또는 무엇이 당신으로 하여금 당신이 진심으로는 원하지 않은 모양을 취하도록 강제하는가? 그러거나 말거나 이제 변신할 때가 왔다고 생각하는가? 한번 시도해보면 어떨까?

새로운 소속 찾기

5월의 어느 월요일, 공휴일이고 비가 내린다. 그날도 나는 매일의 일과대로 연못으로 수영하러 갔다. 정오 공동체의 첫 여행을 떠났다가 막 돌아온 참이었다. 나와 12명의 퀸에이저가 두 여성 가이드의 안내로 나흘간 협곡을 뚫고 산을 넘어 75킬로미터를 걸었다. 눈이 녹아내린 물이 합쳐지면서 물살이 빨라진 강과 양귀비가 가득 핀 밀밭 옆을 지났다. 우리는 모로코의 아틀라스산맥을 찾았다. 사방에서 손으로 향기를 추수하느라 바쁜 마라케시 장미 계곡에서 7시간 떨어진 곳이다.

트레킹 코스에서 경험한 검약한 삶은 기술과 물건이 넘치는 평범한 도시의 삶과는 터무니없을 정도로 아득한 차이가 있었다. 우리는 8일 동안 그 지역의 주민처럼 살았다. 방에는 가구 한 점 없었고, 우리는 바닥에 깐 방석 위에 옹기종기 모여 앉아 접시와 유리잔을 차례차례 옆 사람에게 전달했다. 채소와 쿠스쿠스로 만든 간단한 요리를 나눴다. 작은 방, 때로는 작은 뜰도 늘 웃음소리로 살아 있었다. 우리는 북소리와 박수 소리에 맞춰 노래하고 춤췄다. 시끌벅적하게. 15명이 화장실 하나, 샤워실 하나를 함께 써야 했지만, 아무도 불평하지 않았다. 같이 쓰면서 서로를 배려했다. 날카로운 말을 단 한 마디도 들은 기억이 없다. 그런 단순함에서 우리는 큰 풍요로움을 얻었다. 그리고 웃음도.

우리는 킥킥거리고 낄낄댔고, 호탕하게 웃고 배꼽이 빠져라 웃었다. 너무 웃은 나머지 배가 당겼다. 필라테스 강사가 뿌듯해할 만큼 코어가 단련되었다. 상대와 눈이 잠시라도 마주치는 순간 다시 터져 나오는 통제 불가능한 그런 유쾌한 웃음소리. 웃긴 포인트가 공감되어서 숨을 헐떡이게 될 때까지 멈추지 못하는 그런 웃음이었다.

웃음이 최고의 약이라고들 말한다. 나도 동의한다. 특히 성경에 나올 법한 풍경이 더해지면 그 효과가 배가된다. 미국 유타주나 그랜드캐니언, 호주 울룰루를 연상시키는 붉은 바위들. 산맥의 거대함, 뜨겁게 타오르는 태양, 새들의 지저귐, 언덕을 올라갔다가 계곡을 내려가는 여자 15명의 사뿐한 발걸음. 우리는 모두 초면이었지만, 일주일 뒤에 끈끈한 친구 사이가 되었다.

나는 중년에 새로운 공동체를 찾는 것의 이점에 관해 자주 쓰고 말한다. 당신을 직장동료나 아내나 어머니나 친구로 아는 사람이 없는 집단에 속하면, 당신이 누구인지, 당신이 무엇을 좋아하는지, 무엇을 할 수 있는지에 대한 선입견이 없기에 엄청난 해방감을 느끼게 된다. 그런 하얀 캔버스, 즉 새로운 공동체는 새로운 장을 여는 데 꼭 필요한 목발이다. 당신이 무엇이 되거나, 될 수 있는지 시도할 때 꼭 필요한 목발.

그 여행은 완벽하게 하얀 캔버스를 제공했다. 우리는 지치고 질린 상태로 도착했다. 낯선 여자들은 돌봄 노동으로 기력이 소진되어 있었다. 사별의 슬픔에 잠식된 사람도 있었고, 곤경에 처한 배우자나 자녀를 돌보거나, 한부모 가정을 꾸리거나, 대단한 직함을 달면서 그에 수반되는 많은 요구사항에 짓눌려 있었다. 번 아웃, 자신감 상실, 건강 악화…

그러나 함께 걷고 유대감을 쌓으면서 그 모든 것이 걸음 뒤로 물러났다. "이 여행의 멋진 점은 내게 뭔가를 바라는 사람이 아무도 없었다는 거예요." 한 여성이 말했다. "완전한 자유를 느꼈어요. 다 내려놓고, 제 이야기를 하고, 제 내면을 깊이 들여다보고, 모험하고, 꿈꾸고… 그리고 물론 마음껏 웃고요."

하루하루 걷는 걸음 수가 쌓이면서 우리는 각자가 짊어지고 다니던 짐을 내려놓기 시작했다. 묵은 감정이 벗겨지고, 큰 결심들을 하면서(한 여성은 자기 사업체를 접기로 했고, 한 여성은 연인과 결혼하기로 했고, 한 여성은 헤어지기로 했다) 안색이 밝아졌고, 나이가 씻겨 나갔다. 이전에는 앞으로 나아가기가 불가능하다고 생각했지만, 새로운 길이 또렷하게 보이기 시작했다. 트레킹을 자주 했던 이가 있는가 하면, 이런 외진 길을 따라가는 여행이 처음인 이도 있었다. "산에 오르는 건 20년 만에 처음이에요." 한 퀸에이저가 말했다. "자연의 선물을 감상하는 황홀함을 잊고 살았어요." 도로를 벗어나는 건 짜릿했다. 핸드폰이 터지지 않는 곳에 사는 것. 유목민 가이드와 함께 목동의 길을 따라 걷는 것. 이곳 사람들은 수백 년간 해온 일이다.

한 명이 지치면 무리 전체가 그 사람을 에워싸며 지지했다. 당을 충전해줄 사탕이나 물집에 붙일 밴드를 건네고, 꼭 안아주고, 이해한다는 표시로 팔을 한 번 잡아주고, 힘내라는 눈길을 보냈다. 주기적으로 자리를 바꿔서 걸었다. 모든 멤버와 함께 걸었다. 가장 깊은 비밀, 희망, 두려움을 나눴다. 이런 외침이 종종 터져 나왔다. "이건 나와 30년을 알고 지낸 사람도 모르는 이야기예요."

우리는 모두 속에 있는 것을 부담 없이 말로 내뱉고 있었다. 그 끝없는 자연을 배경으로 모든 것이 더 명확해졌다. 물은 초록과 생명을 낳는다. 그러나 물이 닿는 땅을 벗어나면 모래와 바위뿐이다. 시간을 초월한 광활한 대지에 바람만이 휘몰아친다. 그런 야생에서 우리는 한없이 작아진 것 같았다. 그렇기에 위대한 자연에 우리 짐을 내려놓을 수 있었다. 모든 것을 내려놓고 바람이나 강물에 흘려버리기.

세련되거나 고급스럽지는 않았다. 우리는 베르베르 유목민처럼 살았다. 어떤 밤에는 한 방에 여섯 명이 함께 잤다. 기숙사에서처럼 코를 곤다면서, 정리를 못 한다면서 서로 놀려댔다.

우리의 가이드는 61살의 마마 비아였다. 그녀는 55살에 모로코 최초의 여성 산악 가이드가 되었다. 중년에 천직을 찾은 대표적인 사례라고 할 수 있을 것이다. 마마 비아는 느린 듯하지만, 은근히 만만치 않은 속도를 유지했다. 산을 오를 때도 지치는 법이 없었고 땀 한 방울 흘리지 않았다. 머리끝부터 발끝까지 진홍색 벨벳을 둘렀는데, 그 아래에 두꺼운 레깅스에 양모 양말까지 신고 있었다. 진짜 유목민은 벨벳을 입는다. 누가 알았겠는가? 마마 비아를 보는 것만으로도 나는 더웠다.

마마 비아의 인생은 희망과 변화에 관한 이야기다. 중년에 인생의 절정기에 도달한다는, 퀸에이저가 된다는 것이 단지 서구 백인 여성 사이에서만 관찰되는 현상이 아니라는 사실을 보여주는 산증인이다.

마마 비아는 14살에 유목민에게 시집보내졌다. 초지를 찾아 염소 떼를 몰면서 사하라에서 출발해 하이 아틀라스를 도는 900킬로미터에 달하는 연례 이동 경로에서 첫 아이를 낳았다. 마마 비아의 일과는 물을 찾아서 캠프로 물을 실어나르는 것이었다. 남편과 남편의 부족은 약 5,000마리의 염소를 돌봤다. 마마 비아가 야생에서 출산할 때 그녀의 곁에는 시어머니 한 명뿐이었다고 말했다(베르베르 전통에 따라 마마 비아는 부모형제를 떠나야 했고, 남은 평생 친정 식구들을 다시 만날 수 있다는 보장이 전혀 없었다).

3년간 고통받고 외로움에 떨던 마마 비아는 부모에게 돌려보내졌다. 가족을 망신시킨, 이혼을 당한 외톨이였다. 그 후로 30년간 마마 비아는 새 남편을 들이기를 거부했다. "성가시니까요." 씁쓸하게 웃으면서 말했다(우리 중 절반이 이혼했다는 이야기를 들었을 때 마마 비아는 미소를 지으며 고개를 끄덕였다).

부모에게 돌아온 마마 비아는 마을에 따로 보금자리를 마련했다. 장미 계곡의 적갈색 점토로 뒤덮인 바위 협곡에 자리 잡은 마을이었다. 이 마을에는 2016년이 되어서야 도로가 뚫렸고, 마마 비아의 집은 그 길의 가장 끝자락에 진흙과 짚으로 빚은 벽돌로 만든 집이었다. 작은 안마당에는 염소와 양의 새끼를 키운다. 강물을 길어 와 집 아래 밭에서 농사를 짓는다. 쿠스쿠스를 만들 밀과 몇 가지 필수 채소 정도다. 요즘에는 여덟 살과 여섯 살인 손녀 두 명과 함께 산다. 마마 비아의 외아들은 결혼했지만, 부부 사이가 나빠지면서 며느리가 떠났다. 그래서 마마 비아가 손녀들의 주 양육자가 되었다. 그녀가 트레킹에 나서면 손녀들은 마마 비아의 형제 집에 머문다. 마마 비아의 형제는 근처에서 게스트 하우스를 운영한다. 그는 마마 비아가 "미쳤다"고 말하지만 산악 가이드로 다시 태어난 그녀를 자랑스러워한다.

마마 비아의 지식이 여행 곳곳에 스며들었다. 우리가 힘겹게 산을 오르는 동안 마마 비아는 여기저기 뛰어다니면서 향기로운 허브를 채집했다. 루, 타임, 스피어민트를 따서 비빈 다음 코밑에 대주면서 기운을 북돋웠다. 점심으로 유목민 스타일 빵을 구웠다. 흙 속에 반죽을 파묻고 뜨거운 석탄을 덮은 다음 활활 타는 향나무 덤불로 불을 땠다. 햇빛을 피해 고대 유목민 동굴로 우리를 안내했다. 선사시대를 배경으로 펼쳐지는 소설에 나올 법한 동굴이었다. "여기는 항상 바람이 불어요." 마마 비아의 말처럼, 한낮의 태양은 이글이글 타오르고 있었지만 동굴 밖에서는 바람이 산을 타고 불었다. 한껏 비틀어진 향나무 덤불 아래 드문드문 드리워진 그림자는 노새의 뜨거운 옆구리를 식혀주었다. 마마 비아의 사람들은 1,000년의 세월을 여기서 이렇게 살았다.

그녀의 관점에서 바라보면 절로 겸손해졌다. 한 마을에서 마마 비아는 묘지를 가리켰다. 고인이 묻힌 자리를 표시하는 돌 약

40개가 보였다. 거기서 몇 걸음 떨어진 곳에 또 다른 묘지가 있었다. 이곳은 다른 묘지보다 거의 10배가 많은 돌비석으로 뒤덮여 있었다. 아이들의 묘지였다. "베르베르 여자들은 강해요. 아이가 죽어도 울면 안 돼요. 불 근처로 가요. 눈에 물이 고여도 연기 탓을 할 수 있으니까요." 나는 메마른 땅에 묻힌 그 모든 상실을 보면서 나는 울었다.

마마 비아는 우리가 자신의 한계를 넘어서도록 등 떠밀었다. 21킬로미터 지점을 찍었을 때 발이 욱신거렸고, 최근에 불어닥친 폭풍으로 커다란 바위가 여기저기 흩어져 있는 자갈길에서 나는 쓰러졌다. "얼마나 더 가야 해요?" 내가 물었다. "2시간 반 정도? 더 걸릴 수도…." 나는 저항했다. 마마 비아가 제시한 일정을 받아들일 수 없었다. "거의 다 온 줄 알았는데요?" 내가 투정을 부렸다. 마마 비아는 고개를 저었다. 그 일정에 저항하는 건 바보짓이라는 걸 깨달았다. 이것은 협상이 아니었다. 길이었다. 필요한 만큼 걸릴 것이다. 내가 아무리 지쳤다 해도, 내가 그 거리가 더 짧기를 아무리 바라도. 나를 보는 마마 비아의 눈이 번뜩였다. 그녀는 땅에 시선을 고정하고 발밑에 집중하라고 말했다. "셀카 금지!"

우리는 무사히 하산했다. 결국에는.

23킬로미터를 걸은 뒤에야 소박한 게스트하우스에 겨우 도착했고, 감사한 마음으로 계단 위에 엎어졌다. 다리가 퉁퉁 부었지만, 버텼다는 승리감을 만끽했다. 우리는 민트차를 마셨고 신록이 무성한 계곡을 내려다보는 매트 위에 축 늘어졌다.

아침이 되자 오른발이 너무 아파서 나는 발끝으로 겨우 섰다.

마마 비아가 내 오른발을 잡았다. 그리고 내 아킬레스건을 잔인할 정도로 세게 문질렀다. 그동안 나는 너무 아파서 비명을 질렀다. 그 마사지를 받은 나는 기적적으로 일어섰다. 걸을 수 있었다. … 유목민 마법이었다.

그날 우리는 강을 건너고 또 건너야 했다. 물살이 셌다. 혼자였다면 금세 휩쓸렸을 것이다. 함께하는 우리는 무적이었다. 마마 비아의 날카로운 눈길 아래 우리는 강을 바라보면서 서로의 팔을 붙들고 서로를 붙잡는 사슬고리가 되었다. 함께해서 더 강해졌다. 그 여행을 요약하는 좋은 은유였다. 한 명이 약해지면 다른 이가 그를 단단하게 붙잡았다. 사랑으로 완벽하게 안전해진 공간이었다.

마라케시로 돌아온 우리는 터키식 목욕탕에 갔다. 그곳에서는 세신사가 방문객을 매트 위에 눕히고 전신을 닦는다(온몸 구석구석 단 한 곳도 놓치지 않는다). 나는 어릴 때를 제외하면 다른 여자에 의해 그런 식으로 씻긴 적이 없었다. 흥미롭게도 감동적이었다. 깨끗하게 박박 씻겨지는 것은 그 여행을 마무리하는 아주 적절한 방법이었다. 우리는 새로 태어났다.

마지막으로 그렇게 웃고 비밀을 나눈 게, 그렇게 많은 아름다움과 변화를 목격한 게 언제인지 기억도 나지 않았다. 나는 여자가 여자를 지지할 때 우리가 못 할 것은 아무것도 없고, 우리가 될 수 없는 것 역시 아무것도 없다고 진심으로 믿는다. 우리는 서로가 놀라운 다음 장으로 넘어가도록 서로를 도울 수 있다. 모로코에서 보낸 그 한 주 동안 나는 그것이 실행되는 것을 내 눈으로

봤다. 마마 비아가 보여준 우리가 끝장나지 않았다는 증거. 정오
공동체의 좌우명대로다. '앞으로 올 것들이 아직 너무나 많이 남
았다.'

우리 삶에서 필수적인 것만 남기고 나머지는 벗겨내기, 단순하게 살기, 다른
사람과 교제하기, 우리가 사랑하는 것들을 기억해내기는 우리를 어둠에서
빛으로 인도하는 디딤돌들이다. 그런 작은 즐거움의 조각들이 이 세상에서 더
행복하게 존재하는 길을 밝혀주는 빛이다. 그 빛을 쫓아갈 때 빛이 우리에게
길을 보여준다.

2부

사랑
과
사람

사랑에 관해 나는 뭘 알까? 내게 사랑은 바위와도 같다. 수수하고, 단단하고, 변함이 없다. 물결의 파동에 뚫리고, 태양에 데워지고, 바람에 쓸리고, 폭풍우에 깎인, 바다에서 삐죽 튀어나온 곳이다. 그러나 믿음을 버리지 않고 그곳에서 버티면 화려한 석양과 눈부신 새 여명이라는 축복을 받는다. 바다가 우리의 전신을 덮는 동안 거품이 이는 그 황홀한 손길을 느낄 수 있다.

사랑은 우리가 기대하지 않았던 순간에, 우리가 기대하지 않았던 곳에서 올 수도 있다. 그러나 일단 사랑이 찾아오면 태양처럼 모든 것을 안팎으로 환하게 밝히고 우리 삶을 완성한다. 사랑은 또한 우리가 관심을 가지고 신경 쓰는 사람이 있다는 것을 말한다. 단순히 우리가 그럴 마음이 든다는 이유만으로 애정과 지원을 쏟는 대상이. 사랑을 주는 것은 우리 자신의 가장 좋고 가장 순수한 부분을 바치는 것이다. 아무런 대가를 바라지 않는다.

2부는 우리를 지탱하는 사랑과 인간관계를 다룬다. 퀸에이저 시기에 여성의 40퍼센트가 혼자다. 결혼했더라도 많은 부부가

50대와 60대에 헤어진다. 그래서 이런 현상을 가리키는 말도 있다. 황혼 이혼. 우리는 이혼을 생각했을 때 해야 하는 것과 하지 말아야 하는 것을 깊이 살펴볼 것이다. (가능한 경우라면) 오래된 관계를 다시 조율해서 이혼을 피하는 법에 관해서도 알아볼 것이다. 더불어 중년에 다시 이성을 만나는 법에 관해서도 다룰 것이다.

우리 중에는 중년이 새로운 동반자를 받아들이는 시기인 사람도 있다. 심지어 새로운 성정체성을 발견할 수도 있다. 그리고 일부는 동반자를 떠나는 선택을 하기도 한다. 관계를 조율하는 것, 특히 새로운 관계를 조율하는 작업에는 젠더화된 연령차별주의 등 우리 사회의 다양한 선입견들이 필연적으로 개입한다. 시크교 인도 펀자브 지방에서 발전한 종교로 힌두교의 한 파 이혼녀로 산다는 것은 어떤 모습일까? 왜 어떤 무슬림 여성은 누군가의 둘째 부인이 되는 걸 고려할까? 인생의 중반기에 사랑은 여러 형태를 띤다.

그러나 나는 2부를 오래된 관계의 진실을 탐구하는 것으로 시작하고자 한다. 오래된 관계는 로맨스라는 측면에서는 나쁜 평가를 받을 때가 많다. 성관계를 1년에 한 번밖에 못 하는 부부가 있다. 그런데 남편이 매우 행복해 보여서 그 이유를 물으니 "오늘이 그날이거든!"이라고 답했다는 우스갯소리가 있다. 그러나 오래된 부부의 관계가 전부 우울하고 절망적인 것은 아니다. 이 책이 중년 여성에 관한 것이고 중년 여성의 과반수(정오의 설문조사에 따르면 60퍼센트)가 결혼했거나 동거 중이라는 점에서 나는 거의 30년이라는 세월을 버틴 한 부부에 관한 드물게 유쾌한 이야기로 시작하려고 한다. 바로 내 결혼생활 이야기다.

20주년 결혼기념일이었다. 우리는 마누아 오 콰세종에서 멋진 시간을 보내기로 되어 있었다. 그 호텔은 우리 부부가 결혼식 전날 밤을 보낸 곳이다. 그런데 막상 그날이 되자 나는 집에 머물러야 했다. 남편이 코로나에 걸려서 격리되었기 때문이다. 그래서 나는 간호사가 되어야 했다. 그 일로 나는 남편이 얼마나 많은 일을 하는지 깨달았다. 냉장고가 텅 비었다. 빨랫감이 쌓였다. 나는 큰딸을 데리러 대학교에 갔다가 딸의 커피 주전자를 깼고, 트롤리에 엉망진창으로 실린 딸의 짐을 캠퍼스 광장으로 날려버렸다. 딸은 계속 이렇게 중얼거렸다. "아빠가 필요해." 그 말이 맞았다.

나는 단 한 번도 내가 결혼할 거라고 생각하지 않았다. 내게 결혼이라는 제도는 인생의 우선순위 목록 상단에 없었다. 아마도 내가 10살도 되기 전에 양쪽 부모의 두 번째 결혼식에 참석했기 때문일 수도 있다. 엄마가 새아버지 피터와 결혼할 때 나는 청록색 드레스를 입고 머리에 하얀색 카네이션을 꽂았다. 새아버지는 바위와 같은 존재였다. 내가 악몽에서 깨면 내 꿈을 해석해줬다(새아버지는 정신분석학자였다). 10대 때 내가 파티에 가면 새아버지가 데리러 왔다. 라디오를 틀어놓은 회색 자동차에 앉아 투덜거리기는 했지만, 어김없이 데리러 왔다. 아무리 늦은 시간이어도.

남편을 만나기 전까지 나는 남자 복이 별로 없었다. 늘 나쁜 남자를 골랐다. 어떤 남자가 좋은 남자인지 제대로 이해하지 못했다. 대학 친구를 만나러 인도에 갔을 때 친구가 내게 데릭을 소개하기 전까지는 그랬다. 나는 누군가를 만나고 싶어 하는 퀸에이저들과 이야기하면서 많은 시간을 보낸다. 그런데 때로는 그 사람이 그냥 우리 삶에 걸어 들어온다. 데릭을 만났을 때 나는 카르나타카 함피에 있는 게스트하우스 지붕에 누워 책을 읽고 있었다. 카르나타카 함피는 고대 도시다. 텅 빈 사원으로 가득해 마치 신들이 놀이 삼아 커다란 돌덩이를 던진 것 같은 풍경이다. "인사해, 데릭이야." 친구가 말했다. 고개를 들자 그가 거기 있었다. 데릭은 머리가 길었고, 스페인 화가 벨라스케스가 그린 듯한 귀족의 얼굴을 하고 있었다. 막 네팔의 안나푸르나 서킷을 돌고 온 참이었다. 데릭은 나처럼 영문학도였다. 우리는 가벼운 대화를 나눴다. 데릭이 선글라스와 담배를 들고 내 방에 왔다. 그 후로 내내 대화를 멈추지 않았던 것 같다.

여행에서 만난 다른 동료들은 여자들에게 말을 걸고 거품이 반인 맥주를 마시고 싶어 했다. 건조한 도시였다. 모든 맥주가 울퉁불퉁한 도로를 따라 오토바이에 실려서 왔다. 그 남자들은 나와 함께 사원을 탐색하는 데는 관심이 없었다. 데릭만이 그 일에 관심이 있었다. 우리는 오렌지와 치즈, 토마토, 빵을 사서 폐허가 된 유적지 주변을 돌면서 피크닉을 즐기고 여기저기를 뒤지고 다녔다. 어느 날 아침 내가 데릭의 손에 들린 오렌지가 든 가방을 향해 손을 뻗었던 걸 기억한다. 내 손이 닿자 데릭이 움찔했다. 나는 그 순간에 우리 사이에 불꽃이 튀었다는 것을 알았다. 그리고 데릭도 그걸 느꼈다는 걸. 전기가 통했다.

그렇게 3주를 보내고 런던으로 돌아왔다. 나는 26살이었고 〈텔레그래프〉의 특집 기사 담당 편집자였다. 데릭은 보다 카야로 향했다. 부처가 깨달음을 얻은 곳에서 수행하기 위해서였다. 그 뒤에는 다시 히말라야산맥으로 돌아가 더 걸을 계획이었다. 우리는 편지를 주고받았다. 내 편지는 파하르간지, 나가르, 리시케시 등 인도의 산간 지역에 흩어진 여러 우체국에 임시 보관되었다. 데릭이 그 편지들을 무사히 받았는지 못 받았는지 나로서는 알 수 없었다. 그러나 나는 데릭의 편지를 꼬박꼬박 받았다. 나는 그 편지들을 여전히 간직하고 있다. 아이들의 유치와 함께 보물상자에 담아두었다.

데릭과 있으면 내가 다른 사람이 된 것 같은 기분이 들었다. 더 상냥하고, 더 차분한 내가 되었다. 데릭은 도덕 나침반이었다. 또 언제나 든든하게 뒤에서 나를 지켜주었다. 누군가가 당신을 보살피고 있다는 확신. 당신이 언제나 모든 것을 책임지지 않아도 된다는 확신. 그 짐을 함께 들어줄 사람이 있다는 확신. 데릭은 내게 그런 확신을 처음으로 심어준 사람이었다. 안전하다. 보살핌 받고 있다. 하지만 내 친구들은 의심했다. "저글러라고? 인도에서 만났고? 진심이야? 확실해?" 그러나 나는 데릭이 내 짝이라는 걸 알았다.

나는 수년간 많은 사람에게 이렇게 조언했다. 친구 또는 가족을 위해서 동반자를 선택하지 말라고. 당신에게 맞는 사람을 선택하라고. 당신의 가슴에 불을 붙이는 사람을 찾으라고. 당신에게 안전하다는 느낌을 주고 가장 친한 친구가 될 수 있는 사람을. 다른 사람의 생각은 중요하지 않다. 당신이 안다. 용감해져라. 나는 살면서 나쁜 선택도 했다. 그러나 데릭과 내가 서로를 택한 것은 내가 한 최고의 선택 중 하나였다. 서류상으로 보면 그렇지 않았는지 몰라도, 옳은 선택이었다.

우리는 옥스퍼드 등기소에서 결혼했다. 손님은 두 명뿐이었다. 증인이 되어줄 내 형제 맥스(새아버지의 아들이자 내 인생의 또 다른 바위)와 데릭의 가장 친한 친구 리즈였다. 그 결혼식에 내 딸도 함께했다는 게 당연하게 느껴졌다. 비록 딸아이는 내 배 속에 있었지만.

올해 여름 나는 결혼식 때 입었던 드레스를 다시 꺼내 입었다(무릎을 살짝 덮는 밝은 초록빛 새틴 드레스다). 마치 시간이 한 바퀴를 돌아 출발점으로 다시 온 것 같다. 20년 전에 그 자리에 있었던 모든 요소가, 친구들·딸·드레스·남편이 20년이 지난 지금도 여전히 내 인생에 견고하게 자리하고 있다(비록 나이를 더 먹고 주름이 더 늘긴 했지만).

그러니 사랑과 사람에 관한 2부의 이야기는 순환에 관한 것이다. 그러나 또한 확실성에 관한 이야기다. 커다란 사랑이 스며들고 집에 온 듯 당신의 영혼을 평온하게 만드는 그런 때에 찾아오는, 우리 삶에서 보기 드문 확실성. 이 이야기를 쓰면서 결혼기념일에 내가 남편을 돌보며 보낸 게 당연한 일이었던 것 같다는 생각이 든다. 우리가 함께 산 대부분의 시간을 남편에게 보살핌을 받으면서 보냈으니까. 아마도 내가 식사와 해열제를 들고 분주히 계단을 오르내리고 남편의 이마를 물수건으로 닦으면서 그날을 보낸 것이 고급 호텔에서 사치스러운 밤을 보내는 것보다는 우리가 함께한 시간을 기념하는 더 적절한 방법이었으리라. 적어도 남편 소중함을 확실하게 깨닫는 교훈의 시간이기는 했다.

팬데믹 기간에 나는 코로나에 두 번 걸렸다. 딸들도 그랬다. 그러나 데릭은 한 번도 코로나에 걸리지 않았다. 나와 딸들을 그 사람이 간병했는데도. 그런데 이제야 데릭이 코로나에 걸리다니, 얼마나 기이한 일인가.

결혼 서약서 문구가 어떻게 되더라? "기쁠 때나 슬플 때나, 부유할 때나 가난할 때나, 아플 때나 건강할 때나." 결혼하면 좋은 것과 나쁜 것을 모두 받아들인다. 때로는 나쁠 때에 좋은 것을 발견한다. 서로를 소중히 여길 때 황금을 발견한다.

관계의 재조율

"변화가 찾아올 때 변하는 사랑은 사랑이 아니다."

셰익스피어는 이렇게 말했지만, 나는 동의하지 않는다. 사랑으로 넘치는 최고의 동반자 관계조차도 때때로 조금씩 재조율해야 할 필요가 있다. 한 현명한 심리치료사는 내게 이런 말을 했다. 자신의 중년 고객들 모두가 부부 관계를 유지하고 황혼 이혼 통계치(오늘날 50대 이상 부부의 이혼율이 가장 높다)에 들어가지 않으려면, 계속 함께했을 때 두 사람의 관계가 어떤 식으로 흘러갈지를 새로운 관점에서 접근해야 한다고.

부부 상담을 하는 그 심리치료사는 모든 부부 관계, 또는 장기 동반자 관계에서는 적어도 1년에 한 번은 재조율 작업을 진행해야 한다고 말했다. 오래 함께한 사이일수록 더 큰 조정이 필요하다고도 했다. 어떤 것이 잘되고 있고, 어떤 것이 잘되고 있지 않은지, 당신에게 정말로 필요한 것은 무엇인지를 솔직하게 이야기하는 것이 필수 검토사항이다. 그는 자기 고객 대부분이 똑같은 불만을 품고 온다고 말했다. 배우자가 본인의 커리어, 친구, 상사, 동

료, 취미, 노부모, 심지어 자녀, 반려동물에게는 어마어마한 노력
을 들이는 반면, 남편, 또는 아내인 자신은 가장 자주, 가장 후순
위로 밀린다는 것, 적어도 그렇게 느껴진다는 것이었다.

"도대체 왜 그렇게 되는 걸까요?" 심리치료사가 질문을 던졌다.
"사랑과 설렘으로 가득한 기대를 품고 그 관계를 시작했는데, 우
리의 가장 중요한 반쪽을 위해 못 할 것이 없었는데… 그러다 결
혼하거나 동거를 시작하고, 그로부터 10여 년이 지나면 그 반쪽
이 가장 적은 노력을 들이는 대상이 되는 걸까요? 지치고, 투덜거
리며 운동복을 입은 채 기절한 당신을 상대해야 하는 사람이 되
는 걸까요? 반짝반짝 빛나는 매력적인 당신은 왜 그 사람 앞에서
는 나타나지 않는 거죠?"

나는 내 결혼생활을 돌아봤다. 함께한 세월이 27년이다. 결혼
식을 올린 지 20년을 훌쩍 넘겼다. 나는 끝없는 할 일 목록의 최
상단에 남편을 얼마나 자주 올려놓는가? 답은 지금부터는 남편
을 최상단에 더 자주 올려놓겠다는 것이었다.

요즘은 사방에서 이혼을 하는 것 같다. 헤어지고 새로운 사람
을 만나는 친구들. 즐거워 보이는 이도 있고 절망에 빠진 이도 있
다. 게다가 그 사이에 낀 아이들. 나는 그게 어떤 건지 안다. 우
리 부모님은 내가 다섯 살 때 이혼했다. 40년간 예능 산업에 종
사하면서도 어떻게 결혼생활을 유지할 수 있었느냐는 질문을 받
은 톰 존스의 답이 기억난다. "그냥 이혼을 안 하면 돼요." 그 말
도 맞다. 그러나 우리는 또한 중년이 이혼의 적기라는 것도 안다.
아이들이 다 커서 독립하면, 아침을 먹으려고 식탁에 앉은 두 낯

선 사람이 맞은편에 앉은 상대를 보면서 생각한다. '흠… 이게 전부인가? 내게 20년이나 30년이 남았다면 그 시간을 이 사람과 보내는 게 맞는 건가?'

이것이 재조율이라는 기막힌 단어가 들어오는 지점이다. 새아버지 피터 힐데브랜드는 《중년의 위기 너머Beyond Midlife Crisis》라는 책을 썼다. 인생 후반기에 사람들이 기대할 수 있는 엄청난 정신적 성장에 관해 이야기하는 책이다. 지구에서 50년을 보낸 모습이 나라고 생각되지만, 진실은 우리가 언제든 배우고 바뀔 수 있다는 것이다. 그리고 의사이자 정신분석학자인 새아버지가 임상 현장에서 목격한 현실은 사람들이 나이가 들면서 큰 변화를 겪고, 그러면서 훨씬 더 행복해지기도 한다는 것이었다. 이는 이미 입증된 사실이다. 경제학자 데이비드 블랜치플라워는 나이에 따른 행복지수가 U자형 곡선을 그린다는 것을 보여줬다. 행복은 어린 시절에 정점에 도달하고 47살이 될 때까지 계속 하락하다가 그보다 더 나이가 들면서 다시 정점으로 올라온다고.

그러나 앞의 심리치료사 이야기로 돌아가자. 그는 동반자를 소중히 여기고(당연한 이야기처럼 들리지만 실천하기는 어렵다) 두 사람의 관계에서 각자의 역할을 재조율해야 한다고 했다. 주변에서도 그런 부부를 늘 본다. 내가 아는 한 여성은 남편에게 이혼하지 않고 부부 관계를 유지해도 되지만, 매년 3개월은 스페인으로 가서 그림을 그리고 싶다고 말했다. 또 다른 부부는 남편이 사이클링에 푹 빠져서 사이클링 투어에 자주 나가고 싶다고 말했다. 그러자 그 아내는 잘됐다고 맞장구치며 자신은 교사가 되기 위해 학교로 돌아가고 싶다고 말했다. 두 사람 다 자신을 행복하게 만드는 새로운 분출구를 찾았다.

정오 공동체에서 한 퀸에이저가 내게 자기 남편이 평생 일만 하다가 조기 퇴직을 하더니 처음으로 가족을 위해 장을 보고, 고양이를 동물병원에 데려가고, 아들을 크리켓 시합에 데리고 다닌다고 말했다. 남편은 그런 일들에 관해 작은 디테일 하나까지도 쉬지 않고 이야기하고 싶어 했다. "그럴 때마다 돌아버리겠어요." 그녀가 하소연했다. "저는 몇 년이나 직장생활을 하면서 그런 일도 다 했어요. 그때는 눈곱만큼도 관심 없더니 이제 자기가 하니까 그 일을 하는 게 얼마나 대단한지 제가 끝도 없이 들어주길 바라는 거예요. 그래, 고마워요. 하지만 작작 좀 해라 싶어요!"

부부 관계에서는 종종 사소한 것이 그 관계를 끝내는 결정타가 된다. 당신의 배우자는 장을 보러 갔을 때 당신을 생각하고 당신이 좋아하는 것을 사는가? 당신이 스트레스를 받을 때 당신을 웃게 만들 수 있는가? 요전 날 나는 강연을 앞두고 엄청난 스트레스에 시달리고 있었다. 남편은 부스스한 금발 가발을 뒤집어쓰고 내 새 정장을 입은 다음 딸에게 사진을 찍게 했다. 그리고 내가 막 무대에 올라서기 직전인 시간에 그 사진을 첨부한 문자 메시지를 보냈다. 그걸 보고 웃다가 내가 긴장했다는 걸 싹 다 잊었다.

아마도 사랑에는 여러 유형이 있다는 사실을 환기해야 할 것이다. 아가페agape를 아는가? 에로틱하지도 로맨틱하지도 않지만, 다정하게 서로 보듬어주고 아끼는 사랑을 가리키는 그리스 단어다. 배우자가 벗어 던진 양말을 줍거나 배우자가 가장 좋아하는 요리를 하는 다정함. 사랑은 여러 형태를 띠지만 그 모든 사랑의 뿌리에는 배려가 있다. 때로는 다른 사람의 필요나 감정을 자신의 필요나 감정보다 더 우선하는 것이다.

그러나 50이 된 많은 여자는 이미 충분히 그런 의무를 다했다. 정오 설문조사에 따르면 퀸에이저들은 이 시기를 자신의 시간으로 인식한다는 점이 명확하게 드러난다. 자신의 꿈을 다시 꺼내고 나만의 시간을 가지고 싶어 한다. 실제로 정오 설문조사 결과 자신을 위한 시간이 배우자, 일, 친구, 활발한 성생활보다 더 중요한 것으로 나왔다. 그러나 때로는 그런 자유를 찾는 덜 급진적인 해법이 있다. 배우자와 헤어지기보다는 타협하는 것이다.

물론 구제가 불가능한 관계도 있다. 이혼은 중년기에 점점 더 흔한 일이 되고 있다. 그러니 로펌 미시콘 드 레야의 샌드라 데이비스보다 우리에게 더 조언을 잘해줄 수 있는 사람도 별로 없을 것이다. 샌드라 데이비스는 세계적으로 유명한 이혼 전문 변호사로, 웨일스 공주 다이애나 비가 찰스 왕세자와 헤어질 때 고용한 변호사이고 제리 홀이 믹 재거와 헤어질 때 법률 상담을 해주기도 했다. 샌드라와 약속을 잡고 런던 중심가의 세련된 사무실에 찾아갔을 때 샌드라는 이혼 소송을 제기하는 쪽이 남자보다 여자일 때가 더 많지만, 여자가 "이혼 사유를 제공한 귀책 사유자인 경우는 거의 없다"고 했다. "남편이 바람을 피웠거나 강압적으로 굴거나 심리적으로 괴롭혀서" 자신을 찾아온다고 설명했다. "물리적인 폭력을 휘두른 경우는 드물고, 예상 가능하듯이 대개 여자가 남자보다 학대 행위를 훨씬 더 많이 참는다"고 지적했다.

샌드라는 주로 엄청나게 큰 금액이 걸린 이혼 소송을 다룬다. 그래서 게임의 규칙이 우리와 다를 수 있다. 그러나 30년간 샌드라가 복잡한 이혼 사건을 조정하면서 얻은 통찰은 우리에게도 충분히 유용하다. 샌드라의 첫 번째 조언은 가능하다면 이혼하지 말라는 것이다.

"이혼하면 모든 인간관계가 엉망이 돼요. 배우자와의 관계만이 문제가 아니에요." 샌드라가 경고한다. "가족, 친구, 동료와의 관계가 다 영향을 받아요. 아이들과 조부모의 관계도 영원히 변하죠." 여자들은 분노에 휩싸인 나머지 "이혼의 사회적·심리적 영향을 충분히, 세심하게 고민하지 않는 경우가 많아요. 결혼생활을 끝내는 것, 특히나 오래된 부부 관계를 청산하는 일은 고통스러운 과정이기에 이혼의 심각성을 절대로 과소평가하면 안 돼요. 이혼은 탈선하는 기차와도 같아요. 엄청난 충격이 몰려오죠. 이혼을 결코 가볍게 결정하지 마세요."

샌드라는 이혼을 고려하는 고객이 상담하러 오면, 어떤 문제가 있든 일단 그 문제를 해결하기 위해 노력해보라고 권한다. "일반적으로 부부 관계 안에서 또는 별거 과정 중에 합의를 통해 현실적인 문제를 다루는 게 훨씬 더 쉬워요. 그런데 완전히 이기적으로 굴면, '한 번뿐인 인생' 이론만을 고집하면, 아시다시피 이를테면 행복하지 않다는 심리적 이유만으로 그냥 티슈를 버리듯이 관계를 해지하고 다른 관계를 찾으려는 식으로 접근하면 큰 충격을 받을 거예요. 이혼은 그렇게 호락호락하지 않아요. 남자라면 그런 식으로 넘어갈 수도 있어요. 하지만 여자는 달라요. 특히 퀸에이저라면요."

현실은 냉혹하다고 샌드라가 설명한다. 그녀의 고객 중에 이혼하는 중년 여성 대다수가 홀로 서야 하고, 결국 남는 건 동성 친구 네트워크의 지지뿐이라고 했다. 샌드라와 만난 계기는 내가 만드는 공동체에 대한 관심이었다. 샌드라는 자기 고객들에게 그런 공동체가 얼마나 중요한지 알고 있었다. 샌드라의 경험상 또 다른 동반자를 찾는 일이 퀸에이저에게는 더 힘들 수 있다.

샌드라는 업무상 만나는 남자들, 즉 이혼한 남자들이 종종 자신의 딸뻘인 여자를 만나서 다시 결혼하고 아이를 더 낳아도 절대로 비난받지 않을 수 있으며, 이는 돈·지위·권력으로 젊은 여성을 얻는 오랜 거래 관행이 아직 남아 있기 때문이라고 지적했다. 여자들이 자신보다 어린 남자와 사귀기가 예전보다 조금 더 쉬워지긴 했지만, 여전히 흔한 일은 아니라고 말하면서.

샌드라를 찾아오는 여자들이 애초에 그런 역학관계에 따라 결혼한 여자들이기 때문일까? 그들도 애초에 트로피 와이프였고 그래서 더 새로운 모델로 교체된 걸까?

샌드라는 고개를 젓는다. "그런 것 같지는 않아요." 그리고 잠시 침묵한다. "제가 만나는 여자들은 대개 결혼한 지 오래된 사람들이에요. 비교적 동등한 입장에서 부부가 되고 나서, 결혼생활 중에 큰 부를 얻었어요. 다만 4050 여성의 경우에 여자가 전업주부인 경우가 많아요. 결혼 전에는 잘나가는 커리어우먼이었다고 해도요. 가족을 돌보느라 경력이 단절되었죠. 그러니 자신감이 떨어졌고, 더 의존적으로 변했어요. 그래서 이혼 후에, 예컨대 20년이나 경력이 단절되었기 때문에, 중년 여성으로서 다시 직장에 복귀하는 게 훨씬 더 어려워요."

나는 내 여성 대학 동기 숫자에 관해 샌드라와 이야기했다. 옥스퍼드와 케임브리지 대학교를 나온 뛰어난 여성들이다. 그들은 대학 동기와 결혼했고 성공 가도를 달리는 남편을 위해, 그 남편의 치열한 직장생활로 인해, 남편이 소홀히 하는 가정을 돌보는 동안 직업적 야망이 짓밟혔다. 샌드라가 여자들에게 주는 핵심 조언의 하나는 자신의 소득원과 경제적 독립성, 자기 명의로 된 예금계좌를 계속 유지하라는 것이다. 재산을 은닉하고 법정에서 거짓말한 남편으로 인해 돈 문제로 곤란을 겪은 여자들의 이야기를 들으면 가슴이 아프다.

이혼이라는 길고 끔찍한 인간사를 경험한 샌드라가 진지하게 이혼을 고려하는 중년 여성에게 건네는 팁은 다음과 같다.

"살림을 정리하세요. 재정 상태를 파악해서 얼마를 쓰고 있고, 어떤 것이 필요하고, 비용이 어떤 것에 얼마나 드는지 계산하세요. 남편이 없는 당신의 미래가 어떤 모습일지 생각해보세요. 부부로 지내면서 그 관계에 따라오는 모든 것을 잃게 되는 거예요. 더 이상 부부가 아닌 당신은 무엇을 할 건가요? '자유로운 몸'이 된다는 게 무엇을 의미하는지 평면적으로만 접근하지 마세요. 명심하세요. 이혼은 소화불량과 비슷한 데가 있어요. 남편은 사라지지 않고, 역류하는 위산처럼 계속해서 다시 찾아올 거예요."

아이가 있다면 특히 더 그렇다. 이혼한 부모를 둔 내 경험에 비춰볼 때 나는 처음부터 가능한 한 우호적인 관계를 유지해야 한다는 샌드라의 조언에 동의한다. 늘 품위를 유지하고, 2016년 민주당 전당대회에서 미셸 오바마가 연설할 때 가장 먼저 내뱉은 경구를 실천하도록 노력하자. "그들이 저급하게 굴 때도 우리는 품위를 지켜야 합니다." 물론 고통스러울 정도로 힘든 일이다. 그러나 전남편이 당신 욕을 하더라도 장기전을 생각해야 한다. "계속 아이들을 공동 양육해야 합니다. 그러니 악감정은 적을수록 좋겠죠. 상냥하게 대하세요. 이판사판 끝장을 보고 싶어질 때, 막무가내로 밀고 나가고 싶어질 때, 아이 사진을 들여다보세요. 스스로에게 물으세요. 아이들은 어떻게 될까, 아이들은 어디에서 살게 될까, 누가 양육권을 갖게 될까, 이혼이 아이들의 삶에 어떤 영향을 미칠까? 전남편은 학부모 모임, 결혼식 등 모든 곳에 함께 할 거예요. 영원히…."

샌드라는 남편 쪽도 좋기만 하지는 않을 것이라고 설명한다. 남편의 새로운 사랑이 완벽해 보인다고? 재혼의 이혼율은 초혼의 이혼율보다 더 높다. 가족 구성원이 뒤섞이면서 압박감이 배가되기 때문이다. 샌드라의 말처럼 "당신뿐 아니라 당신의 짐도 함께 다음 결혼생활에 들어가는 거예요."

이혼에 그토록 깊이 관여하는 여자가 이혼을 그토록 반대하는 데는 그만한 이유가 있다. "왜 이혼을 고려하는 거죠?" 샌드라가 묻는다. "상담을 받아봤나요? 부부 심리 상담은요? 해법에 초점을 맞추는 명상 요법은요? 그런 명상을 하면서 다른 방도를 찾아낼 수도 있지 않을까요? 남편과의 관계를 당신의 필요에 맞게 재조정할 방법은 없나요? 부부 관계에 지나친 기대를 걸고 있지는 않은가요? 새로운 취미나 일을 하는 등 스스로 행복해질 다른 방법은 시도해봤나요? 시간을 함께 보낼 새로운 모임이나 소속을 찾아보면 어때요? 결혼생활을 유지하면서 그 안에서 행복을 찾을 다른 방법은 없을까요?"

샌드라는 이렇게 주장한다. "남들이라고 사정이 더 나은 게 아니에요. 이혼한 사람 절반은 이혼을 후회하고, 다시 그 절반은 이혼을 절대 하지 말았어야 한다고 생각해요."

내 친구 중 한 명은 자신의 이혼을 이렇게 묘사했다. "이혼은 수중 폭탄이야. 계속 아래로 아래로 내려가면서 모든 걸 날려버려. 모든 슬픔과 모든 불안함을 일깨우면서. 삶의 모든 것을 폭파시켜." 샌드라도 친구의 말에 동의한다.

"제 고객들은 '그냥 잊고 살라'고 말하는 친구들에게 분노해요. 자기 삶이었던 수십 년의 시간이 와르르 무너져서 생긴 상처를 무시한다고요. 상처가 봉합되고 낫기를 기대하지만 그 상처는 어느 때고 다시 열리죠." 샌드라가 한숨을 내쉰다. 나는 그녀가 무슨 말을 하는지 안다. 중년에 우리가 겪게 되는 엄청난 난관들이 있다. 그런 난관은 친구들이 함께 감당해주기에는 너무 크다. 더 전문적인 도움을 구해야 한다. 이혼 코치, 심리치료사. 아니면 이혼을 이미 경험한 여성들이 이혼 절차를 밟고 있는 여성들을 지원하는 집단 워크숍. 아무리 끈끈하고 신뢰하는 친구 사이의 위로와 지지라도 중년의 위기 사태를 헤쳐나가기에는 부족하다. 우리는 더 전문적인 도움이 필요하다. 그걸 부끄러워해서는 안

된다.

"이혼녀들에게 정말로 부족한 것은 연결성이라고 생각해요. 자신과 같은 처지의 여자들을 만날 기회요. 내 사정을 이해하는 다른 여자들과 함께 희망을 나누고 지식을 나누는 일이요."

이혼은 부부 관계가 정말로 구제의 여지가 없는 경우에만 동원하는 최후의 수단이다. 그리고 그런 경우에도 당신의 편이 되어줄 전문가 집단을 구성하고, 이미 이혼을 경험했고 당신을 도와줄 수 있는 사람들을 찾으라. 당신의 친구들이 아무리 좋은 사람들이라고 해도, 어떤 삶의 위기는 그들이 감당해주기에 너무 클 수 있다. 도움을 구하는 일이 쉽지는 않지만, 자신의 약점을 충분히 드러내고 도움을 요청하고 주어지는 지원을 받아들여야 이 힘든 시기를 버텨낼 수 있다.

꼭 앞으로 갈 필요는 없다

나쁜 곳에서 빠져나와서 더 나은 곳으로 가기 위해 우리에게 필요한 지혜의 조각은 변화에 관한 사람들의 이야기에 박힌 아주 작은 디테일에서 종종 발견된다. 대단한 직장을 떠나 다음에 무엇이 닥칠지 알 수 없는 야생에 내던져졌을 때 나는 변화를 모색했거나 변화를 강요당한 사람들과 함께 있는 것이 강력한 상처 치료제라는 사실을 알게 되었다. 번아웃과 공황장애로 런던 금융가의 화려한 커리어를 버리고 스키 강사가 된 사람이 내게 이런 말을 했다. "일이 앞으로 나아가는 느낌이 없으면 방향을 트세요." 기업 경영진이 할 법한 말이기는 하지만 그 안에는 압축된 지혜가 들어 있다. 그의 말이 옳다. 용기란 우리가 길의 끝에 도달했다는 사실을 인정하는 것이다. 그리고 새로운 방향, 새로운 길로 나아갈 때가 왔음을 아는 것이다.

하지만 변화는 어렵다. 그래서 내가 진짜 찾고 싶었던 것은 변화가 일어나는 과정의 디테일이 낱낱이 묘사된 경험담이었다. 피상적인 이야기에는 진절머리가 났다. "나는 은행에서 일했는데,

지금의 나를 보세요. 스코틀랜드의 농부가 되었어요." 나는 그런 전환의 결과가 아닌, 전환 과정의 디테일에 목말라 있었다. 새로운 방식으로 살아가는 것, 계속 나아가지 못할 때 다른 길로 가는 것, 완전히 새로운 종류의 삶을 시작하는 것이 어떤 느낌이고 어떤 모습인지 정확하고 구체적으로 알고 싶었다.

신문사를 떠난 뒤에 친구의 친구가 요크셔에서 진행되는 휴양 여행 프로그램에 관해 이야기했다. 북부 잉글랜드 지역의 계곡과 숲에 둘러싸인 아름다운 저택이라고 했다. 나도 방향을 틀고 싶어서 그곳으로 갔다.

나는 낯선 상황에 던져지는 데 익숙하다. 그것이 기자가 하는 일이다. 하지만 이번에는 그곳에 관찰하러 가는 것이 아니라 뛰어들려는 것이었다. 그래서 두려움을 느꼈다. 내 두려움은 다음 날 아침 언덕을 올라가 숲을 가로질러 돌 아치에 도착했을 때 한층 더 깊어졌다.

수행 리더가 말했다. "아치를 통과할 때 당신이 뒤에 버려두고 싶은 것과 삶에 들이고 싶은 것을 크게 외치세요."

그 질문만으로도 난처해졌다. 솔직히 나는 비참하고 싶지 않았고, 낙오자라고 느끼고 싶지도 않았다. 다시 소명을 찾고 싶었다. 다른 사람들이 차례차례 아치를 통과해 새 삶으로 걸어 들어가면서 리더의 지시대로 새로운 삶에 기대하는 바를 큰 소리로 외쳤다. 나는 민망함에 몸을 떨었다. 내가 이걸 할 수 있을까? 바보 같을 뿐 아니라 발가벗겨지는 기분이었다. 나는 스스로와 진지한 대화를 나눴다. 뭔가 다른 걸 해야 변화가 일어나지. 새로운 걸 시도해야 해. 이 사람들은 나를 전혀 몰라. 앞으로 내가 유명해져서 이 일이 알려질 상황은 오지 않을 거야.

나는 깊이 숨을 들이마신 뒤에 아치를 통과했다. "나는 미지, 새로운 장, 새로운 나를 끌어안을 거야. 과거는 과거임을 받아들이겠어. 다시 돌아가지 않을 거야!" 나는 소리쳤다.

그렇게 크게 외치니 기분이 좋아졌다. 다음으로 우리는 신발을 벗고 젖은 잔디를 밟았다. 원을 그리면서 놓인 돌들을 따라 원의 중심으로 들어갔다가 나왔다. 벗은 발에 닿은 흙은 젖어 있었고 물컹거렸지만 기분 나쁘지는 않았다. 내 앞 사람과 같은 길을 걸었다. 나머지 사람들은 이미 돌아 나왔고, 서로를 지나쳐 갈 때 웃음을 지어 보였다. 우리는 각자 자신만의 여정에 올라 있었다. 미로의 중앙으로 휘말려 들어갔다가 다시 나왔다. … 혼자, 그러나 함께. 자신의 길을 걷지만, 혼자가 아니라는 은유가 구체적인 모습으로 재현되었다.

조용히 걷는 동안 내 마음은 지난 몇 년을 들여다보기 시작했다. 내가 잠시 멈추고 생각을 하게 된 드문 순간이었다. 그리고 내가 진이 빠졌다는 사실을 자각했다. 매주가 쳇바퀴처럼 느껴졌다. 내 삶은 유연성을 잃고 예측가능성을 얻었다. 똑같은 사람들. 함께 일하는 다수가 15~20년 동안 변함없는 얼굴이었다. 대단한 특종, 대단한 인터뷰를 따내기가 그 어느 때보다 더 어려웠다. 우리가 보도하는 모든 것의 영향력은 신문의 전성기에 비해 훨씬 줄어들었다. 더 이상 내가 처음 합류했던 그 업계처럼 느껴지지 않았다. 나는 어떤 면에서는 변화가 필요하다는 것을 알았다. 친구들은 꽤 오래전부터 내게 이직을 권했다. 그러나 나는 거대 권력을 쥔 직장에서 스스로 뛰쳐나올 용기가 없었다. 그러자 우주가 확실하게 내게 변화를 전송했다!

주변을 둘러보면서 나는 놀랍게도 내가 바로 여기, 지금 이 순간에 있다는 것에 만족한다는 사실을 깨달았다. 낙오와 수치심이라는 실질적인 감정과 함께, 내가 알고 있던 삶에서 쫓겨난 현실 너머에 아마도 좋은 점도 있을 거라는 느낌도 들었다. 돌아서 들어갔다가 돌아서 나오는 그 원형 미로처럼 나도 새로운 길을 찾을 수 있을 거라는 느낌이 들었다.

그날 오후에 나는 사람들과 둘러앉아서 그들이 여기에 오게 된 계기를 털어놓는 걸 들었다. 특히 한 이야기가 내 마음을 울렸는데, 그 사람도 나처럼 강제로 새로운 방향으로 나아가게 된 것 같았다. 제니퍼는 그 길에서 나보다 앞서 있었다.

제니퍼는 52세이고 남편과는 헤어졌으며, 10대인 딸과 둘이 지낸다고 설명했다. 제니퍼의 삶을 바꾼 깨달음의 순간은 어느 여름날 저녁에 남편과 술을 마시고 있을 때 찾아왔다.

"지금은 전남편이 된 그가 나를 슬프게 바라봤어요. 너무 슬퍼 보여서 나도 모르게 몸을 떨었어요. 나는 맥주잔을 비우고 말했어요. '그래, 다 솔직하게 털어놔 봐.' 다른 여자가 생겼다고 말할 줄 알았어요. 그랬다면 차라리 좋았을 거예요…"

그 말을 하는 제니퍼가 한없이 슬퍼 보여서 나는 그 감정의 파동이 나를 관통하는 게 느껴졌다.

"그는 도박을 한다고 말했어요. 그 사람이 내기를 좋아한다는 건 알았어요. 경마, 축구. 그의 친구들도 모두 그랬으니까요. 나는 웃어넘기려고 했어요. 전남편이 내 팔을 잡더라고요. … 상황이 훨씬 더 심각했던 거죠. 농담이 아니었어요. 나는 얼마인지 묻기 시작했어요. 1만 파운드약 2,000만 원? 2만 파운드, 3만 파운드, 5만 파운드? 전남편은 계속 고개를 젓기만 하다가 두 손에 얼굴을 파묻었어요. 심장이 마구 뛰기 시작하던 게 기억나요. 대출금, 집, 딸… 우리 삶을 떠올렸어요. 내가 온 힘을 다해 쌓은 삶을요."

제니퍼가 말을 멈췄다.

"전남편은 100만 파운드 이상을 잃었어요. 집을 판다고 해도 다 갚을 수 없는 빚을 지게 생겼더라고요."

제니퍼는 모든 것을 원점으로 돌려 재검토해야 했다. 피트니스 센터를 탈퇴하고 넷플릭스 구독을 취소했다. 비싼 와인은 언감생심이었다. "그동안 다소 사치스럽게 살았다는 걸 알게 됐어요. 고급 여행과 외식에 익숙해져 있었어요. 그 시절은 끝났어요. 어릴 때 가난하게 자랐지만 이제는 벗어났다고 생각했어요. 남편과 나는 둘 다 전문직이었고, 아이는 사립학교에 보냈고, 대출을 받았죠. 우리의 재정적 미래가 보장되었다고 생각했어요. 매년 예금액이 늘고 연금이 넉넉해서 여유로운 은퇴 생활을 할 수 있을 거라고요."

몇 달 동안 제니퍼는 결혼생활을 유지하려고 노력했다. 상담을 받고 양가의 도움과 신용대출을 받았다. 그러나 그 뒤로도 재정적·정신적 어려움이 계속 뒤따랐다. "압박감이 쌓이면서 점점 더 화가 나고 성질이 급해졌어요. 미래에 대한 논의는 우리 두 사람이 부엌에 서서 서로 고함을 지르는 걸로 끝났어요."

전남편은 내내 도박을 끊겠다고 약속했다. "어느 순간부터 남편을 믿는 걸 그만뒀어요. 숨이 막혔어요. 아이와 나를 위한 미래가 있으려면 벗어나야 한다고 생각했어요. 남편은 이미 구제불능 상태였어요." 제니퍼가 말했다. "남편이 바람을 피운 것보다 더 수치스러웠어요. 바보가 된 기분이었어요. 마치 강도를 당한 것처럼, 알아차리지 못한 게 이상하다고요. 나는 세련된 헤어 스타일과 그 밖에 여러 혜택을 잃게 된 걸 아쉬워했지만, 그중에서도 신뢰하고 의지했던 남편이, 가족이 사라진 것이 가장 슬펐어요. 돈이 끊임없는 두려움을 낳지 않고 한밤중에 깨서 '이제 우리는 어떻게 되는 거지?'라고 걱정하지 않았던 시절이 그리웠어요."

이혼 후에 제니퍼와 같은 처지에 놓이는 여자들이 너무나 많다. 남자의 소득은 이혼 후에 최대 25퍼센트까지 증가할 수 있다. 반면에 여자의 소득은 최저로 떨어지는 경우가 흔하다. 제니퍼는 어느 날 밤 그 모든 것이 어떻게 정점을 찍었는지 묘사했다. "운전하고 있는데 갑자기 누가 내 앞에 끼어들었어요. 나는 욕설을 퍼부어댔어요. 스스로도 놀랐죠. 그러고는 비명을 질렀어요. 길고 높은 소리가 앞 유리에 튕겼어요. 그 소리가 멈췄을 때 다시 한번 비명을 질렀어요. 아무것도 느껴지지 않았어요. 내가 미쳐가고 있나 생각했어요. 그날 밤 울고 또 울었어요. 그리고 마침내 말했죠. 포기할래."

제니퍼가 공허한 웃음소리를 냈다.

"삶을 포기한 건 아니었어요. 하지만 그 순간 나는 옛날처럼 생각하는 걸 포기했어요. 모든 것이 변했어요. 영원히. 옛날 삶으로, 예전에 세운 계획으로 돌아갈 방도가 없었어요. 앞으로 나아가는 유일한 방법은 나도 그에 맞춰 변하는 거라는 사실을 깨달았어요. 영화라면 이때 배경음악 소리가 커지겠죠. 다만 그렇게 단순하지 않았어요. 내 세계가 폭파되는 경험에서 물론 깨달음을 얻었지만, 영화에서 다루는 그런 방식으로는 아니었어요. 장 볼 돈은 충분한지, 딸과 함께 살 곳을 구할 수 있을지 하는 위기를 헤쳐나가는 과정은 우아한 구석이 전혀 없어요."

제니퍼는 새로운 재정적 토대를 만들어내려 분투했다. 포장음식 같은 작은 사치는 사라졌고 장기적인 관점에서 중요한 것들에만 돈을 쓰게 되었다. 딸이나 연금 같은 것이었다.

제니퍼의 목소리에 새로운 진지함이 더해졌다. "그런데도 이런 새로운 마음가짐에는 희망이 깃들어 있어요. 내가 내 삶을 완전히 새롭게 만들 수 있다는 사실을 깨달았거든요. 해변으로 이사해서 주말에 서핑을 할 수도 있고, 검소하게 살면서 오로지 글 쓰는 일에 매진할 수도 있고, 엄청난 돈을 벌어들일 새 직업에 뛰어들 수도 있겠죠. 그 모든 걸 할 수도 있고, 아직 상상하지 못한 뭔가를 할 수도 있고요. 하지만 이 대대적인 인생 개편을 계기로 내가 정말로 뭐든 할 수 있다는 사실을 깨닫게 됐어요."

나는 제니퍼가 힘들게 쟁취한 희망에 크게 감명받았다. 오래된 것의 죽음에서, 그것이 떠난 공간에서, 새롭고 멋진 뭔가가, 그녀가 한때 기대한 것과는 완전히 다른 뭔가가 자라거나 생겨날 수 있다는 깨달음. 내게는 재탄생의 가능성을 보여주는 시의적절한 교훈이었다. 우리의 기대가 무너진 폐허 속에서 새로운 미래가 꽃피는 것이 가능하다는 교훈.

나는 실직으로 크게 상처받고 낙심했지만, 그 주에 다른 방향으로 전환하는 것이 괜찮을 수도 있겠다는 사실을, 새로운 방향이 오히려 내가 더 나은 단계로 넘어가는 과정일 수도 있다는 점을 이해하게 되었다. 제니퍼의 용기, 그리고 익숙한 모든 것의 붕괴가 재앙이 아니라 오히려 기회일 수 있다는 메시지에서 나는 인생에서 때로는 거대한 사건이 일어나야만 한다는 것을 깨달았다. 뭔가가 부서지거나 우리 스스로 뭔가를 부숴야 하는 사건. 그래야 전환을 시작하고 뭔가 더 나은 것으로 변할 수 있다.

우리 삶의 다른 모든 영역에서와 마찬가지로 사랑과 관계라는 영역에서도 재앙이나 변화에 새로운 씨앗이 함께 따라온다. 상실로 생긴 공간에는 당신이 허락하기만 하면 멋진 무언가가 자라날 수 있다. 그런 전환은 혼란스럽고 거칠고 고통스럽겠지만, 그렇다고 해서 앞으로 좋은 시간이 오지 않는 것은 아니다. 정오의 설문조사 결과, 가장 큰 일을 겪은 여성들이 가장 행복해졌다. 큰 상실이 만들어낸 빈자리는 뭔가 새로운 것이 자랄 수 있는 공간이다.

사랑은 모든 순간
모든 형태로 온다

대단한 직장에서 해고되기 전에, 다우닝가 10번지영국 총리 관저에서 열린 행사에 참석한 적이 있다. 나는 이미 두세 번 정도 그 유명한 검은 문 안으로 들어가 봤다. 영국 총리였던 데이비드 캐머런과 테리사 메이를 인터뷰하기 위해서였다. 또한 파티에도 몇 번 참석했다. 그러나 몇 번을 가도 권력의 중심에 들어설 때는 언제나 두려움에 몸을 떨게 된다. 그날 아침 보리스 존슨은 여기자들을 위한 파티를 열었다. 여성 잡지 편집자들 몇 명이 있었고, 나 같은 신문기자도 있었다. 존슨이 새로 임명한 여자 장관들은 선명한 색 대비를 이룬 정장과 드레스로 야망과 유능함을 뽐내고 있었다. 다우닝 10번지의 내부는 대저택의 장엄한 응접실과 국립보건원의 대기실이 기이하게 뒤섞인 모습이었다. 벽에는 뛰어난 예술작품과 역대 영국 총리들의 초상화가 걸려 있지만, 공용 화장실에는 비닐 장판이 깔려 있다. 모든 것이 다소 낡았다.

건너편에 동문인 로즈가 보였다. 로즈와 나는 여러 정당의 기자회견을 두루 경험한 베테랑 정치부 기자다. 그날 아침 나는 멀리서도 로즈가 환하게 빛나고 있음을 알 수 있었다. 로즈에게 다가간 나는 그녀를 안아주고는 빛이 난다고 말해주었다. 로즈는 기둥 뒤로 나를 끌고 갔다. "나 사랑에 빠졌어!" 로즈가 속삭였다. 로즈의 목소리가 한껏 들떠 있었으므로 나는 수십 년을 함께 산 남편 이야기가 아니라고 짐작했다. "맙소사, 엘리너." 로즈가 말했다. "나 다시 태어난 것 같아. 이런 기분은 처음이야. 그 사람은 … 여자야."

나는 궁금한 게 너무나 많았지만, 그런 질문을 할 수 있는 시간도 장소도 아니었다(그로부터 몇 년이 지난 지금도 로즈는 여전히 행복하다고 전할 수 있어 기쁘다).

로즈가 여자와 사랑에 빠져 남편을 떠난 유일한 퀸에이저는 결코 아니다. 그 직후 나는 조를 만났다. 조는 여성 행진Woman's March: 여성 인권의 증진을 목적으로 한 시위 행사에서 세라를 만나서 결혼생활을 청산하게 된 이야기를 들려주었다.

조는 자신 같은 사람이 동성애자가 될 줄은 몰랐다고 했다. 그녀는 영국 국교회를 믿는 요크셔의 한 가정에서 자랐다. 조는 늘 자신을 통제해야 한다고 생각하며 살아왔다고 한다. 외향적이고 활발한 성격의 여자들에게서 흔히 듣는 주제다. "남자도 몇 명 사귀었어요. 좋은 사람도 있었고 끔찍한 사람도 있었죠. 밀당은 즐겼지만, 섹스는 전혀 즐겁지 않았어요. 매번 술에 잔뜩 취해 있었어요. 그러다 친구들이 하나둘씩 결혼하기 시작했고, 저도 결국 결혼했어요."

처음에는 자녀 육아라는 골짜기에서 헤어나지 못했다. 그러다

'지루함과 후회의 진창' 속으로 빠져드는 자신을 발견했다. 조는 백수 남편과 두 자녀를 부양하고 있었고, 왕복 4시간이 걸리는 통근, 지속적인 두통과 불안에 시달렸다. "그땐 달아날 곳이 없었어요."

세라를 만난 날 조는 여성 행진 행사장에 일찍 도착했다. 직장 동료 몇 명과 함께 간다는 핑계로 집에서 벗어나 있는 시간을 조금 더 벌었다. "이미 시끌벅적했어요. 공기가 쌀쌀했지만 거기에 모인 수천 명의 여자들은 웃고 있었어요. 저도 같이 행복해진 기분이었어요. 군중 속에서 세라의 얼굴이 눈에 들어왔어요. 알고 보니 세라도 직장 동료였어요. 우리는 가장 친한 동료가 되었어요. 점심을 같이 먹었고, 늘 문자를 주고받았어요."

그러던 어느 일요일 저녁 조의 집 전화가 울렸다. 세라였다. 평소에는 조의 결혼생활을 존중해 집으로 전화하는 일이 없었다. "세라는 술에 취해서 처음으로 여자와 잠자리를 했다고 말했어요. 저는 절망과 기쁨을 동시에 느꼈죠."

조는 2년 동안 세라를 향한 감정을 억눌렀다. 심지어 세라와 거리를 두기 위해 직장도 그만뒀다. 하지만 소용이 없었다.

조는 세라와 저녁 약속을 잡았다. 조는 그 자리에서 엄청나게 취했고, 어느새 이렇게 털어놓고 있었다. "내가 어쩌다 너랑 사랑에 빠지지만 않았더라면 좋았을 텐데." 도로 주워 담을 수 없었다.

그리고 그 순간부터 조에게는 진짜 공포가 시작되었다. "아이들에게 말하는 것, 집을 나오는 것, 이혼을 위한 절차들. 결혼생활을 끝내는 건 빌어먹을 만큼 힘든 일이에요. 그런데 커밍아웃하는 건 오히려 맥이 풀릴 정도로 쉬웠어요. 누구도 신경 쓰지 않았어요. 제가 동성애자라는 사실에 관심을 갖는 사람은 아무도 없었어요. 물론 제 동생은 절 놀려대곤 하지만요.”

조는 가정을 떠난 것에 여전히 죄책감을 느낀다. 그러나 “더 이상은 나를 억눌러야 한다고 느끼지 않아요. 그것만큼은 감사해요.”

마침내 자신에게 맞는 삶, 자신의 진짜 모습과 공명한다고 느끼는 삶을 살면서 조가 얻는 기쁨은 우리에게 중요한 깨달음을 준다. 물론 우리가 모두 새로운 성정체성을 발견하게 되지는 않을 것이다. 그러나 과거에는 놀랄 정도로 많은 사람들이 자신의 선호를 억눌러야 했다. 지금 우리는 운 좋게도 동성애를 비롯해 많은 것에 더 관대한 세상을 살아가고 있다. 그래서 Z세대인 자녀 세대를 보면서 우리의 시야를 넓힐 수 있다. 그러니 중년에 커밍아웃하는 일도 불가능한 것은 아니다. 그것이 당신이 원하는 거라면 기꺼이 하라! 결국 우리에게 주어진 삶은 한 번뿐이다.

우리는 결국 머리가 아닌 가슴이 원하는 것을 쫓게 된다. 또한 우리 가슴이 원하는 것이 변한다는 사실을 알게 되면 놀랄 수도 있다. 그래도 괜찮다. 행복하고 싶다면 자신의 가슴과 싸우지 말라.

다시,
만남을 즐기는 법

오전 7시가 막 지난 시간에 핸드폰의 왓츠앱 알림이 연달아 울렸다. '도와줘요. 완전히 사기당했어요!' 고위직 직함을 지닌 퀸에이저의 메시지였다. 사업체를 소유한 그녀의 아버지는 딸이 사장이 될 사위를 데려오길 바랐다. 하지만 그녀는 자신이 직접 사장이 되는 길을 택했다. 그리고 50이 되었을 때도 여전히 미혼이었다. 그녀는 미혼인 게 싫지 않았고, 낙관적이었다. 그러나 팬데믹 기간에 유일한 자매가 코로나에 걸려 갑자기 죽었고, 아버지마저 세상을 떠나면서 생각이 바뀌었다. "1년이 채 가기도 전에 가족의 절반을 잃으니 정신이 확 들었어요." 그전까지는 미혼이어도 느긋했다. 동생이 항상 곁에 있을 거라고 생각했기 때문이었다. "우리는 한 팀이었어요. 우리가 함께 늙을 거라고 생각했어요." 이제 그녀는 이상형을 찾아준다고 약속하는 아주 비싼 데이트 사이트에 가입했다. 안타깝게도 그런 남자는 나타나지 않았다. 데이트 사이트에서는 1년간 조건에 맞는 여덟 명의 남자와 데이트를 할 기회를 보장했고 그 대가로 거의 2만 파운드_{약 4,000만 원}를 요구했다. 큰돈이기는 하지만, 이미 언급했듯이 그녀는 성공한 여자였다. 그녀의 말을 빌리자면 "왕자로 변하지 않는 개구리와 데이트하는 데 진절머리가 났어요. 안 그래도 바빠 죽겠는데 귀찮게 굴고 뜬금없이 야한 사진을 보내기까지 하니까요."

회비가 비싼 곳을 선택한 또 다른 이유는 남자들이 기가 죽어서 피할까 봐 자신의 직업적 성공을 대단하지 않은 것처럼 포장하는 일에도 신물이 났기 때문이었다. 에이, 설마, 21세기인데? 하고 당신은 코웃음 칠지도 모른다. 유감스럽게도 나는 "아니, 정말로 그렇다"고 답할 수밖에 없다. 관계가 어느 정도 진전되기 전까지 사회적 성공, 부, 능력을 숨기는 여성이 얼마나 많은지 셀 수조차 없다. 우울한 현실이다. 그래서 그녀는 영국 근로자 평균 연봉 수준의 돈을 데이트 사이트에 지불했다. … 결과는 대실패였다. "첫 번째 만남에 나온 남자는 제 아버지 또래라고 해도 좋을 정도로 나이가 많았어요. 두 번째 상대는 저녁식사 자리에서 자기가 데이트 사이트에 무료로 등록했다고 말했어요. 아주 부당하다는 생각이 들었어요." 세 번째 상대는 "서류상으로는 좋아 보였지만, 늘 해외를 도는 사람이었어요." 그런 후보자들을 만난 뒤 그녀는 데이트 사이트에 이메일을 보내 환불을 요청했지만 거절당했다. 그래서 내게 연락한 것이다. 그 데이트 사이트가 얼마나 사기인지 경고하는 글을 써달라고 부탁하려고.

물론 이것은 매우 극단적인 사례다. 그러나 퀸에이저들의 데이트 경험은 시행착오투성이다. 내 미혼 친구들에게서도 자주 듣는 이야기다. 가장 흔한 시나리오는 이혼을 준비하고 있다는 남자를 만나는 일이다. 하지만 몇 달 뒤에도 남자가 이혼할 생각이 없다는 것이 명백해진다. 그냥 여기저기 건드려보는 거다. 아니면 별거 과정의 초입에 들어섰을 뿐이다. 많은 퀸에이저가 괜찮은 남자가 드물다고 말한다. 한 퀸에이저는 55세 동갑내기인 옛 이성 친구를 우연히 만났는데, 그가 모든 데이트 사이트에 등록되어 있다는 말에 놀랐다. 그녀 역시 데이트 사이트에 등록되어 있는데, 그 친구 프로필을 보지 못했기 때문이다. 알고 보니 그는 데이트 상대의 연령대를 25~40세로 기재했다!

그러나 희망이 아주 없는 것은 아니다. 진화생물학 박사이자 중장년층 데이트 전문가인 마이리 매클리오드는 다소 놀랍지만 과학에 근거한 해결책을 제시한다. 처음 만나 이야기를 나눴을 때 매클리오드 박사는 여자들이 초기 인류 조상들의 기준에 따라 특정 부류의 남자를 고르도록 생물학적으로 타고난다고 설명했다.

"20대에는 자기 기준에 맞는 남자를 고를 수 있어요. 한 남자와 관계가 끝나면 곧장 다른 남자를 만날 수 있죠. 그 나이에는 온 세상이 자기 무대죠. 저는 지구상의 외진 곳을 돌아다니면서 야생 원숭이를 연구하는 생물학자였어요. 야생 원숭이의 성생활을 주로 연구했는데, 젊은 암컷은 우리 여자들이 맞닥뜨리는 많은 문제를 똑같이 경험해요. 자신과 아이를 보호할 수 있는 강하면서도 착한 아빠가 될 자질을 갖춘 수컷을 골라야 해요. 자신을 통제하려고 하거나 폭력성이 있는 수컷은 피하죠. 맞닥뜨렸을 경우에는 비위를 맞추고, 새로운 '유전자 풀'을 찾아서 숲속을 탐색하기도 해요. … 하지만 암컷 원숭이는 중년에 홀로 남게 되는 일이 잘 없어요. 그런데 그 일이 제게는 일어났죠."

마이리가 1990년대 후반에 첫 남편을 만났을 때는 그야말로 정신이 팔려 있었다. "우리는 리츠 호텔에 머물렀고, 캐나다에 스키를 타러 갔고, 비싼 식당에서 외식을 했어요. 남편이 내가 원하는 것들을 자신도 원한다고 말했기에 반지를 내밀었을 때, 청혼을 받아들였어요. 하지만 저는 머리를 쓰지 않고 그냥 본능에만 충실했던 거예요. 그 결혼은 아주 빠르게 내리막을 걸었고 저는 기를 쓰고 탈출해야 했어요. 다만 두 번 임신하고 세 아이를 낳은 후에야 빠져나올 수 있었어요. 홀로 세 아이를 키우면 원숭이를 쫓아서 정글을 돌아다니기는 불가능하죠. 그래서 프리랜서 과학 기자가 되었어요. 그렇게 인간 행동, 특히 섹스, 끌림, 관계에 관해 쓰기 시작했어요."

그러나 아이들이 어느 정도 자라자 외로움을 느꼈다. "새로운 남자를 찾아서 몇몇 데이트 사이트에 등록했지만, 계획대로 되지는 않았어요. 남자들을 만났고 가끔 사귀기도 했지만, 여전히 본능을 따르는 실수를 했어요. '불꽃'이 튀고 '케미'가 맞는 남자들과 사귀었어요. 하지만 40대 싱글맘인 제가 원하는, 서로에게 충실한 지속적인 관계를 유지할 수 없는 남자들이었어요. 아무리 잘생겨도 바람둥이는 더 이상 싫다는 걸 깨달았어요. 제가 남자를 찾는 법도 진화해야 했어요."

마이리는 진화생물학이 우리가 행동하고 느끼고 갈망하고 사랑하는 방식을 설명한다는 것을 깨달았다. "단순히 제 본능만 따르는 것은 파멸로 가는 길이란 걸 깨달았어요. 그 본능은 구석기 시대에 진화한 본능이니까요. 이성간 결합이 단기로 끝나고 물리적 힘과 서열이 모든 것이던 시대에요. 지금은 의식적으로 우리의 본능을 통제하고 현대의 생애주기(와 현대 사회)를 살아가는 우리에게 적합한 관계를 설정하는 법을 찾아야 해요.”

마이리는 욕망의 충족이 아닌 행복한 관계 유지에 필요한 것이 무엇인지 자문했다. “싱글 모임에서 롭을 만났을 때 불꽃이 튀지는 않았지만, 그 사람이 마음에 들었어요.” 둘은 몇 주에 걸쳐 서로를 천천히 알아갔고, 롭은 자신이 연주하는 우쿨렐레 연주회에 마이리를 초대했다.

“그날 밤 저는 롭의 완전히 다른 면을 봤어요. 무대를 장악한 모습에 푹 빠졌어요. 그의 가장 좋은 면모를 본 거죠. 우리는 이미 서로 잘 맞았기 때문에 좋아하게 되었을 때 그 감정이 훨씬 더 강해졌어요. 제가 예전 같은 방식으로 남자를 찾았다면 롭이 결코 눈에 들어오지 않았을 거예요.”

자신의 경험을 토대로 마이리는 현재 데이팅이볼브드닷컴 datingevolved.com이라는 사업체를 운영하면서 퀸에이저가 행복을 찾도록 돕는다. 성공적인 만남을 위해 마이리가 전하는 다섯 가지 팁을 여기에 소개하겠다.

1. 당신에게 어떤 부류의 남자가 필요한지 파악하라.

누가 봐도 멋진 남자친구를 원할 수도 있다. 키는 190센티미터에 머리숱이 풍성하고 억대 연봉을 받는 그런 남자친구. 그런데 모든 여자가 그런 남자를 원한다. 그러니 당신에게 그런 남자친구가 생긴다면 당신은 과연 얼마나 안심할 수 있을까? 그는 당신을 행복하게 만들어주는 남자가 아닐 수도 있다.

적당히 타협하라는 것이 아니다. 하지만 당신이 찾는 남자의 조건 우선순위를 재검토해서 행복한 관계를 이어나가기 위해 꼭 필요한 것들이 충족되도록 하라는 것이다. 아마도 배려심이 깊고, 신뢰할 수 있는 남자, 당신이 침대에 들어오기 전에 당신이 누울 자리를 미리 덥혀 두는 남자일 것이다.

2. 조금은 인내심을 가져라.

말하자면, 그 남자가 정말로 어떤 사람인지 파악할 필요가 있다는 것이다. 불꽃이 튄다고 곧장 잠자리에 뛰어들 것이 아니라 시간을 가지고 천천히 접근하라는 것이다. 누군가와 일찌감치 살을 맞대면 신경 흥분 전달 물질이 대량으로 분비되어서 그 남자에게 푹 빠지게 된다. 알고 보면 실제로는 장기적인 행복에는 도움이 안 되는 남자라도 말이다. 그러면 그 뒤로 몇 주, 몇 달, 몇 년 동안 우리가 원하는 관계를 유지하려고 아무리 애써도 결국 실패하고 만다. 애초에 그런 관계에 맞지 않는 남자였기 때문이다. 그러니 더 나은 접근법은 우정에서 시작하는 것이다.

궁금하고, 더 알고 싶은 사람을 찾자. 예를 들면 등산이나 오페라나 기타 당신에게 즐거움을 주는 관심사를 공유하는 사람을 찾아보자. 연구에 따르면 누군가를 알게 되고 그 사람을 좋아하면, 또는 그 사람의 성격, 유머가 마음에 들면 그 사람의 외모도 더 매력적으로 보이게 되고 그 사람에게 끌리기 시작한다.

3. 온라인 데이트를 시작하라.

온라인 데이트는 만병통치약이 아니다. 하지만 이것은 숫자 게임이다. 더 많은 남자를 접할수록 좋은 남자를 찾을 확률도 올라간다. 온라인 데이트는 더 많은 남자를 만나기 위한 하나의 수단에 불과하다. 그러나 온라인 데이트의 성공을 위해서는 당신의 태도가 중요하다. 긍정적으로 임하라.

4. 현실 세계의 남자와 이야기를 나눠라.

주변에 괜찮은 남자가 없다고 생각할 수도 있다. 괜찮은 남자는 애초에 여자에게 들이대는 남자가 아니기 때문이다. 자신감도 부족할 수 있다. 당신은 이렇게 말할지도 모른다. "내게 말을 걸 배포도 없는 남자는 저도 관심 없어요." 그러나 남자가 적극적으로 나서지 않는 데도 지극히 합리적인 이유가 다양하게 있다. 남자가 말을 걸지 않으면, 당신이 그에게 말을 걸면 안 될 이유가 있는가? 지금은 21세기다. 우주가 당신에게 남자를 모셔다주기를 기다리지 말자. 그런 일은 일어나지 않는다. 대화를 시작하라. 품을 좀 들이라. 자신의 운은 스스로 만드는 것이다.

5. 자존감을 점검하라.

마지막으로 당신에게 맞는 남자에게 매력적으로 보이기 위해 필요한 것이 무엇인지 알아야 한다. 모든 사람은 다 다르다. 그러니 당신만의 개성을 숨기지 말라. 천체물리학 박사 학위가 있다면, 휴식 시간에 수학 문제 푸는 걸 좋아한다면, 그걸 아는 순간 걸음아 나 살려라 도망가는 남자도 있겠지만(애초에 그런 남자는 탈락이다) 그런 당신의 별난 점을 좋아하는 사람도 반드시 있고, 그 사람이 당신이 원하는 사람이다. 내 지인 중 한 명은 자신의 데이트 프로필에 이렇게 썼다. '고학력 야심가이고, 다리가 아주 예뻐요.' 그리고 현재의 남편을 만났다!

그러니 자신을 있는 그대로 당당하게 드러내라. 단단한 자존감과 자신감은 가장 강력한 도구가 된다. 누군가를 만났을 때 '이 남자에게 어떻게 하면 매력적으로 보일까?'를 고민하는 대신 '이 남자가 내 마음에 드나? 내가 필요로 하는 그런 동반자가 될 수 있는 사람인가?'라고 묻자. 이렇게 하면 멋진 관계를 찾기에 가장 유리한 입장이 된다.

정말로 새로운 동반자를 원한다면 당신이 어떤 부류의 남자에게 끌리는지 곰곰이 따져보라. 진화의 함정에 갇혀 있는가? 키가 크고 우수에 찬 부유한 바람둥이를 진심으로 원하는가? 친절하고 상냥하고 당신의 가치관과 관심사를 공유하는 그런 남자가 실제로는 더 나은 짝이지 않을까? 당신의 짝이 이 세상에 존재하지 않는 게 아니라 당신이 그를 보지 못하고 있는 것일 수도 있다.

사랑에는 용기가 필요하다

내가 정오를 설립했을 때, 공동설립자 클레어가 내게 카드를 보냈다. 카드에는 이런 문구가 적혀 있었다. '매일 내가 두려워하는 일 한 가지를 해라!' 나는 그 카드를 아낀다. 왜냐하면 밖에서 들여다보는 사람들은 내가 자신감이 넘친다고 생각하지만, 실은 속으로 부들부들 떨고 있을 때가 많기 때문이다. 다만 그걸 애써 뚫고 나가는 것뿐이다.

칼럼니스트인 제러미 클락슨이 어느 날 왕자비 메건 마클에 관해 한 끔찍한 논평을 썼다. 그는 메건 마클에게 똥물을 퍼부은 다음 발가벗겨서 군중이 "넌 수치야"라고 외치는 거리를 돌게 해야 한다고 썼다(클락슨은 〈왕좌의 게임〉의 한 장면을 끌어다 썼지만, 그게 그의 언어 폭력을 정당화해줄 수는 없다). 왜 영국의 타블로이드지 〈선〉이 그 칼럼을 내보냈는지 이해할 수 없었다. 〈선데이 타임스〉에서 일할 때 나는 제러미의 담당 편집자였다. 대개 유명한 칼럼니스트들은, 더군다나 충격적인 글을 쓰라고 고용된 칼럼니스트는 출간 가능한 기준선을 자주 넘는다. 그 선이 어디인지를 알고 그 선을 지키게 하는 것이 편집자의 일이다.

그러니 메건에 관해 쓴 그 칼럼이 나왔을 때 나는 그것이 아주 큰 실수이거나(편집자가 그것을 읽지 않은 채로 내보냈을 수 있다. 그런데 그럴 확률은 거의 없고, 게다가 〈선〉은 결국 공식 사과문을 냈다) 그 칼럼이 어떤 물의를 일으킬지 알면서도 실었다고 확신했다. 나는 애초에 그 칼럼이 실리지 않았어야 한다고 생각했다. 적어도 그렇게까지 여성혐오적이고 인종차별주의적인 표현은 수정해서 도발과 공격 수위를 낮춰야만 했다는 것을 알았다. 또한 나는 세상이 그런 시각과 절차를 이해하기를 원했다. 그래서 TV 스튜디오를 돌면서 이 사실을 알리기로 했다. 두려움에 부들부들 떨면서도.

당신이 핵심 일원으로 속해 있던 옛 집단을 공격해야 한다면, 그 공격의 이유가 정당한 것이든 아니든 공포에 질릴 것이다. 내가 이 이야기를 하는 이유는 당신이 옳고, 그래서 목소리를 높여야만 하는 상황일 때조차도 당신이 한때 속했던 모든 것에 정면으로 맞서는 것이 얼마나 어려운 일인지 알기 때문이다. 그래서 이와 비슷한 상황을 극복한 여자들의 이야기를 통해 격려를 전하고 싶다.

스스로를 구해내기 위해 자신이 숭배하고 따르도록 배운 모든 것을 거부해야 했던 민나가 겪은 어려움은 우리에게 울림을 준다. 민나는 펀자브인 지역사회에서 중매결혼을 했다가 그 결혼을 깼을 뿐 아니라, 펀자브인 공동체에서 이혼에 낙인찍는 관행에 반박하는 목소리를 냈고, 다른 여자들에게도 묵묵히 고통을 감내할 필요가 없다고 설득했다. 내가 민나의 이야기를 좋아하는 이유는 우리가 두려움에 떨면서도 용기를 내 목소리를 내면 자신뿐만이 아니라 다른 여자들에게도 도움이 된다는 사실을 보여주기 때문이다. 우리의 행동으로 다른 사람을 위한 희망의 횃불을 밝힐 수 있다.

"펀자브인 중년 여성인 저는 펀자브 공동체의 대다수 남자 입장에서는 페인트칠이 벗겨진 중고차만큼이나 매력 없는 여자였어요. 제 죄명이요? 저는 시크교 펀자브인 이혼녀였어요. 요컨대 남편과 헤어질 만큼 용감한 여자였던 거죠. 2024년이 되었는데도 여전히 이런 시선이 있다는 것이 외부에서 갖는 펀자브 공동체에 관한 선입견을 더 단단하게 만든다는 것도 알아요. 펀자브인 여자들이 21세기에도 억압받고 있다든가, '중매'로 동반자를 찾는다는 게 너무 이상하다든가 하는 선입견들이요. 그런데 슬프게도 이 가운데 일부는 여전히 사실이에요. 그래서 저는 다른 펀자브 여성들이 제 이야기를 듣고 자신이 혼자가 아니라는 사실을 알기를 바랐어요. 그 누구도 묵묵히 고통을 감내해서는 안 된다는 걸요."

민나는 자기 부모처럼 오래도록 행복한 관계를 추구했다. 그녀의 부모는 1960년대에 영국으로 온 이민 1세대였다. 그녀는 가족의 지인을 통해 사진과 최소한의 정보만을 접한 남자와 결혼했다. "우리는 만나고 얼마 되지 않아 결혼했어요. 20대 후반이었던 저는 빨리 결혼을 해치워야 한다는 압박감을 느꼈어요. 그런데 1년도 지나지 않아서 그 사람이 제가 생각했던 것과는 다른 사람이란 걸 깨달았어요. 남편과의 관계가 저를 옭아맸고 항상 남편과 시댁 식구에게 굽신거려야 했어요.”

민나는 그 관계에서 벗어나야 한다는 걸 알았다. “다행히 부모님은 제 입장을 이해했어요. 제가 불행하지 않길 바라셨어요. 그래서 돌아왔죠. 지금도 부모님과 함께 살고 있어요.”

민나는 펀자브 문화에 속해 있을 때 여자들이 침묵하고 남자들이 지도자라는 사실을 받아들여야 했다고 설명한다. “우리는 자라면서 이런 문화를 목격했고 우리 앞 세대 여자들은 변화를 위해 저항하기에는 너무 큰 불안감을 느꼈어요. 변화를 원하는 저같이 상대적으로 젊은 여자들과 문제를 일으키기를 겁내는 나이 많은 여자들 사이에 갈등도 있어요. 펀자브 공동체가 제 이혼에 반응한 방식에서도 이 점이 명백하게 드러나요. 제가 이혼했다고 알리자 많은 동성 친구들이 제게 등을 돌렸어요. 제가 안전하다고 느꼈던 공동체가 제게 수치심을 안겼죠.”

이것은 민나에게 특히 큰 타격이었다. 왜냐하면 그녀의 신앙심이 여전히 깊었기 때문이다. 하지만 민나는 용기를 내서 ‘영감을 주는 여자들Inspirational Women’이라는 명칭의 주간 토론을 시작했다. 변화를 위해 용기를 낸 자신의 이야기를 들려주는 모임이다. “제가 아는 한 저는 이혼한 최초의 펀자브인 여자 중 한 명이에요. 그래서 고립감을 느꼈고 이런 이야기를 나눌 사람이 아무도 없었어요. 하지만 지금은 제 이야기를 허심탄회하게 해요. 40대에 이혼녀라는 사실은 창피한 일이 아니에요. 이대로 나이가 점점 많아진다고 해서 제 인생이 끝난 것도 아니고요. 불평등은 늘 존재했지만, 저는 그냥 앉아서 침묵하지 않을 거예요.” 민나는 자신이 목소리를 냄으로써 자신과 같은 길을 걷게 될 여자들에게 도움이 될 수 있기를 바란다.

퀸에이저와 관련해서 내가 하는 일 중에서 특히 큰 즐거움을 주는 일은 다른 세계의 여자들, 다른 출신배경의 여자들과 만나는 것이다. 민나 같은 여자 말이다. 미국에서 실시한 한 설문조사에서는 기업 전문가 대다수가 흑인이나 아시아계 친구가 아예 없거나, 적어도 집에 초대해서 저녁식사를 함께 할 정도로 친한 친구는 없다는 매우 우려스러운 결과도 있다.

안타까운 일이다. 다양한 인종, 종교적 배경의 여자들과의 우정을 나누는 일은 내 관점을 돌아보게 하고 내 인생을 더 풍성하게 만들었다. 최근에 떠난 정오 수련 여행에서 나는 흑인 여자 두 명과 흥미로운 이야기를 나눴다. 두 사람은 '안티Auntie'라는 호칭에 해당하는 것이 백인 문화에 없다는 이야기를 하고 있었다. 레슬리는 '안티'가 카리브해 공동체에서 나이 든 여성에게 존중하는 마음을 담아서 사용하는 호칭이라고 설명했다. '안티'는 계급장을 획득한 사람이지만, 그렇다고 해서 여성성이 사라졌다거나 늙었다는 의미는 아니라고 했다. 오히려 중년 여성의 성숙한 매력에 경의를 표하는 것에 가깝다고 했다. 그나마 비슷한 예로 내가 떠올릴 수 있는 것은 동네 이탈리아계 샌드위치 가게에 들어서면 '시뇨라'라고 부르고, 프랑스에 가면 '마담'이라고 부른다는 것이다. 그러나 이런 호칭은 여자의 결혼 여부를 기준으로 삼은 호칭이므로 '안티'와는 다른 것 같다. '안티'는 존경받는 나이 든 여성이라는 점에 방점을 찍고 찬사를 보낸다.

한편 히잡이나 차도르 같은 무슬림의 베일부터 일부다처제까지 무슬림 관습을 바라보는 내 관점을 급진적으로 바꾼 여성 중 한 명은 내 친구 파티마다. 우리는 몇 년 전 여성 리더십에 관한 토론회에서 만났다. 당시 패널들이 숙박하는 호텔에서 오후 시간을 함께 보냈고, 그 후로도 계속 이야기를 나눴다. 파티마는 영국 북부 시골 출신이다. 이것은 그녀가 인종 갈등이 심한 곳에서 자랐다는 의미다. 파티마의 고향은 면직 공장에서 일하기 위해 이민 온 수천 명의 파키스탄 남자들이 정착한 곳이다.

50에 가까운 파티마는 그녀가 속한 공동체에서는 드문 성공한 여성 사업가다. 미혼에 자녀가 없지만 히잡을 쓰는 신실한 이슬람교도이기도 하다. 우리가 나눈 첫 대화는 파티마가 히잡을 쓰기로 한 결정에 관한 것이었다. 나는 다른 서양 여자들처럼 베일이 여성 억압의 상징이라고 여겼다. 그러나 파티마는 전혀 그렇지 않다고 설명했다. 파티마는 10대 시절에 부모에게 반항하기 위해 히잡을 쓰기 시작했다고 말했다(히잡은 머리카락을 덮고 목을 감싸는 머릿수건이며, 발끝까지 내려오는 조신한 옷차림의 일부다). "부모님은 제가 히잡 쓰는 걸 질색하셨어요. 그렇게 '다른' 모습으로 다니길 원하지 않았어요. 영국 사회에 어울리는 걸 중요하게 생각했기 때문에 집밖에서는 종교와 분리된 모습으로 다녀야 한다고 생각했어요. 제가 히잡을 쓰는 걸 학교에서도 못마땅하게 여겼죠. 학교도 히잡이 억압적인 관습이라고 생각했거든요. 그러니 히잡을 쓰는 게 제게는 승리의 상징이었어요. 부모와 교사들 모두의 심기를 건드렸다니, 성공이죠!"

파티마는 히잡을 쓰면 오히려 주체성이 강해지고 주도권을 쥔 느낌이 든다고 설명한다. "히잡을 쓰는 저 같은 여자에게는 선택권이 생겨요. 저를 보거나 만질 권리가 그 누구에도 자동적으로 주어지지 않는다는 걸 의미하니까요. 누구와 악수를 할지, 누가 저를 안거나 키스를 해도 되는지를 제가 결정할 수 있는 거죠. 제가 늘 전시되지 않는다는 점이 좋아요. 완벽한 외모를 보여줘야 한다는 압박감도 사라져요. 히잡은 이런 메시지를 내보내요. 저는 사적 공간을 중시합니다. 저를 존중해주세요."

파티마가 히잡을 썼다고 해서 남자들에게 구애를 받지 않는 건 아니다. 오히려 그 반대다. "현재 제게 관심이 있는 구애자가 10명이에요. 그중 적어도 다섯 명은 저와 결혼하고 싶어 해요. 요전날 터키에 머물 때 한 중년 사업가가 매우 진지하게 제 남편이 되고 싶다고 말했어요. 저는 이렇게 답했어요. '줄을 서세요. 당신 앞에 이미 여덟 명 정도가 차례를 기다리고 있답니다.' 지금까지 적어도 30건의 청혼을 받았지만, 저는 매우 독립적인 사람이에요. 제 인생의 주인은 저여야 해요. 저는 일하는 게 좋아요. 딱히 가정을 꾸리고 싶지도 않아요. 이미 조카들이 많고 그 조카들을 무척 사랑한답니다."

파티마는 20살에 중매결혼을 했지만 결혼생활은 불행했다. 파티마의 남편은 파키스탄에서 막 이민 온 사람으로, 그녀가 자기 주장이 너무 강하고 교육도 너무 많이 받았다고 생각했다(파티마는 가족 중에서 처음으로 대학에 진학했고, 옥스퍼드대에서 석사 학위를 받았다). 파티마는 결국 이혼을 결심했다. 하지만 이 또한 쉽지 않았다. 이혼하기 위해 투쟁해야 했고, 아버지가 그를 도왔다. "아버지는 남편이 제게 부족한 사람이라는 걸 알았어요." 마침내 이혼하기까지 8년이 걸렸고, 민나처럼 파티마도 자기 공동체에서 낙인찍혔다. 다만 파티마는 자신에게 낙인을 찍은 많은 남자가 그 후로 사과했다고 말한다. "저는 그냥 시대를 앞서나간 것뿐이에요. 요즘에는 제가 아는 여자들 중 약 3분의 1이 이혼했는걸요. 우리 공동체에서는 꽤 어린 나이에, 20대 초반에 아이를 낳다 보니 30대 후반이나 40대에는 가족의 의무에서 자유로워져요. 그래서 여자들이 여행을 가거나 사업을 시작하거나 학교로 돌아가는 등 자신이 하고 싶은 걸 해요. 사랑을 찾아서 자신이 선택한 사람과 다시 결혼하기도 해요."

파티마는 특히 중년 인생에 초점을 맞춘 내 일에 관심을 보인다. 파티마의 세계에서는 퀸에이저들이 무력하거나 투명하다고 느끼지 않기 때문이다. "우리 문화에서는 나이 든 여자들이 모든 것을 결정해요. 집안에서 엄마가 여왕이에요. 왕좌에 앉아서 함께 사는 며느리, 재정(엄마가 금을 쥐고 있어요), 남편을 통제해요. 여자들이 50세 전후에 자신이 투명인간이 되어버린다고 느끼는 문제는 서구 세계의 산물이에요. 서양 문화에서는 여자들이 삶의 모든 측면을 스스로 관리하도록 장려되잖아요. 그게 나쁜 일은 아니지만 한편으로는 자신보다 더 어린 여자와 성적·신체적으로 끊임없이 비교당하니까요."

파티마는 사업을 하면서 끊임없이 과소평가되는 경험을 하기는 한다. "아버지는 제가 단단함을 숭배하도록 키웠어요. 맞서 싸

워야 한다고요. 저는 거래를 성사시키는 능력이 뛰어나고 저를
무시하도록 내버려두지 않아요. 저는 물러서지 않고 말해요. "왜
저를 존중하지 않는 거죠?" 그러면 대개는 겁을 내죠."

당신과 다른 면이 있는 퀸에이저 친구를 만들어라. 그들의 관점에서 세계와
관계에 관해 배워라. 당신의 방식이 유일한 방식이라고 단정하지 말라. 모든
문화가 나이 든 여자를 멸시한다고 단정하지 말라.

우정을 오래 지속하는 법

연못에서 하는 수영은 겨울에도 계속된다. 찬물에 들어가는 게 익숙하지 않은 사람들은 금방 알아볼 수 있다. 그들은 고함과 비명을 지르면서 물에 뛰어든다. 그러고는 냉기에 숨을 급히 들이마신다. 하지만 정기적으로 연못을 찾는 나 같은 사람들은 냉기 속으로 몸을 가라앉힐 때는 숨을 내쉬어야 한다는 것을 안다. 첫 두세 번 팔을 저을 때가 가장 긴장된다. 냉기가 피부를 도려내는 것 같다. 그러나 뇌가 적응하고 호흡이 조절되면 세상이 달라지고, 지금 이 순간만을 느낀다.

눈을 감고서 태양 속으로 똑바로 헤엄쳐 나간다. 겨울의 빛이 닿은 줄기들이 황금빛과 붉은빛으로 타오른다. 나는 세세한 작은 차이들을 사랑한다. 거의 매일 똑같은 자리로 돌아오는데, 모든 것이 항상 똑같으면서도 다르다. 버드나무 잎의 초록색이 전날보다 짙어진다. 새싹 내음이 나기 시작한다. 어떤 날은 갈매기가 낮게 날면서 운다. 때로는 바람이 스쳐 지나간 자리에서 수면이 일렁인다. 해골처럼 늘어진 나뭇가지가 물에 비치면서 물 위와 물

아래 모두에 있는 것 같다. 때로는 벌거벗은 나뭇가지 꼭대기에서 날아다니는 작고 파란 박새가 눈에 띈다. 박새들은 늘 함께다.

그런 작은 변화들을 알아차린다. 생명의 증거들을.

그런 증거는 내가 사랑하는 사람들에게서 가장 뚜렷하게 보인다. 전날 저녁에 나는 아주 오랜 친구와 저녁을 먹었다. 우리가 알고 지낸 지는 30년도 더 됐다. 친구는 보통 한철 친구, 목적을 위해 모였다가 흩어지는 친구, 영원한 친구로 나뉜다는 오랜 경구가 있다. 그 친구는 세 번째 범주에 들어가는 희소한 친구였다.

슬플 때 전화를 걸어서 털어놓으면서 울 수 있는 친구다. 실제로 지난 3년 동안 나는 꽤 자주 그랬다. 그러고 나면 대체로 괜찮아진다. 우리를 아끼는 사람들 앞에서는 가면을 벗어야 한다. 가면을 벗지 못하는 것보다 더 외로운 것도 없으니까. 내가 생각하는 사랑의 진정한 척도, 연결과 수용의 진정한 척도는 상대에게 평가를 받을까 걱정하는 일 없이 모든 것을 털어놓을 수 있는가 하는 것이다. 즉 상대방이 나를 이해해줄 것이라는 확신이 있어야 한다. 그렇지 않다면 그런 관계가 무슨 의미가 있는가?

그러나 나는 또한 친밀함의 질은 확장하기도, 수축하기도 한다는 사실을 배웠다. 사람마다 슬픔에 다르게 대응한다는 것도 배웠다. 내 친구는 한때 멀리 이사를 갔다. 나는 우리 사이의 거리를 대수롭지 않게 여겼다. 거리는 거리일 뿐이라고. 하지만 우리 둘 다 여유가 없었다. 일하면서 아이도 키워야 했다. 나는 그녀를 드문드문 만났고, 그럴 때마다 친구가 스트레스를 받고 있다는 느낌을 받았다. 하지만 여기저기 전화벨이 울리고 아이들이 수시로 끼어드는 카페에서 커피를 마시면서 친구의 마음을 제대로 살펴보기는 힘들었다. 다른 친구들도 함께하는 저녁식사 자리에서도, 둘만 있을 때도 친구는 계속 정신이 딴 데 가 있거나 정신없이 바빠서 제대로 이야기를 나누기가 불가능했다.

우리는 언제나 함께 웃는 친구였다. 즐거움을 함께했을 뿐만 아니라 실없이 행동하거나 바보 같은 별명을 짓고 함께 춤을 췄다. 같이 세계 이곳저곳을 여행했고, 부동산 앱을 열고 서로 더 가까운 곳에 사는 미래를 상상하면서 몇 시간이고 보냈다. 그러다가 한동안 나는 그 친구가 사라졌다고 생각했다. 친구가 차갑게 느껴졌고 나에게 문을 닫은 것 같았다. 그렇게 몇 번의 만남을 이어가며 우리가 아직도 친구인가 하는 의심마저 들었다.

그러다 친구네 집을 방문했을 때 내게 뭘 감추고 있었는지 알게 되었다. 친구와 친구의 남편은 평행 세계에서 살고 있었다. 남편이 방에 들어오면 친구가 방을 나갔다. 가벼운 신체 접촉도 피했다. 서로 농담을 주고받지 않았다. 무미건조한 지시사항들뿐이었다. 그 부부와 함께 있기가 불편했다. 우리는 안방으로 갔다. 친구가 새로 산 가죽 재킷을 보여주겠다고 했기 때문이다. 옷장에서 남편 옷들이 사라졌다는 걸 알아챘다.

꽤 추웠는데도 친구의 남편은 정원 아래쪽에 있는 서재 겸 정자에서 지내고 있는 것 같았다. 감정적으로만이 아니라 물리적으로도 겨울이었다. 눈이 쌓여 있었다. 식사할 때면 식구들은 각자 냉장고를 뒤져서 각자의 공간으로 갔다. 부엌에는 장남이 머물고, 친구의 남편은 작업실로 갔다. 나와 친구는 발코니로 나갔다

(2월이었는데도). 그 가족에서 예전의 유대가 사라졌다. 농담도 없었고 마음도 없었다.

우리는 기운이 넘치는 개를 데리고 밖으로 나가 오래도록 산책했다. 친구가 무척 빨리 걸어서 나는 거의 뛰다시피 하고 있었다. 내가 숨을 헐떡거리는 걸 알아차린 친구는 자신이 평소에는 언덕을 오르내리고 숲을 통과하는 이 길을 하루에 두 번 뛴다고 말했다. 나는 무엇으로부터 도망치는지 묻고 싶었다. 하지만 묻지 않았다.

나는 감정이 금방 밖으로 나오는 사람이다. 하지만 어떤 사람들은 콧물과 훌쩍거림을 폭발시키는 식으로 슬픔에 대처하지 않고, 오히려 냉정해진다. 그런 친구들이 말을 꺼내지 않을 때는 묻기도 힘들다. 그들이 준비될 때까지 기다리는 수밖에 없다는 걸 배웠다.

어느 늦은 밤 친구가 틈을 보였다. "남편이랑 헤어질 거야." 우리가 예전부터 사랑한 영화 〈워킹 걸〉 엔딩 크레디트가 올라가는데 친구가 말했다. "아직 말은 안 했어. … 아이들이 걱정돼."

나는 고개를 끄덕였다. 친구가 내 뺨에 뽀뽀하고 더 이상 부부의 것이 아닌 외로운 침대로 사라졌다. 나는 거실에 앉아 친구 가족이 더 행복했던 시절의 사진들을 봤다. 결혼식에서 친구 부부는 서로 부둥켜안고 있다. 희망으로 들떠 있다. 친구와 아들이 손을 잡고 있는 사진. 네 식구가 강풍이 몰아치는 해변에서 환하게 웃고 있는 사진…. 나는 친구가 표현할 방법을 찾지 못한 그것을 느꼈다. 좋았던 것의 끝. 수백 일간 지속된 냉담과 경멸. 친구의 내밀한 목격자가 이방인이 된 과정.

그로부터 두세 달은 친구에게 힘든 시간이었다. 문자가 왔다. '말했어. 변호사와 상담하고 있어. 악몽이야.' 늦은 밤 전화에서는 막내아들에 대한 걱정이 이어졌다. "학교에서 문제를 일으키고 있어. 마약을 가지고 있다가 걸렸어. 우울하대. 나는 정말 나쁜 엄마야." 수화기로 압도적인 무력감이 전해졌다. "괜찮을 거야." 내가 말했다. "아이들은 네가 생각하는 것보다 강해. 14살은 원래 누구에게나 힘든 시간이야."

그리고 마침내 이혼했다.

친구의 새 주소와 새 전화번호를 받았다. 우리 집에 놀러 와 주말을 보냈다. 그녀는 10대 아들들을 걱정하다가 와인 몇 잔을 마신 뒤에는 낄낄거렸다. 새로 등록한 온라인 데이트 사이트 프로필을 보여주면서.

친구가 가까운 곳으로 이사 왔다. 우리는 다시 자주 만난다. 즐겁다. 친구가 머리를 자르고 멋진 새 가죽 재킷을 자랑한다. 이번에는 밝은색이다. 그리고 고백한다. "누굴 만나고 있어!" 온라인에서 만난 상대는 사별했고 꽤 큰 아이 둘이 있다. 그들은 데이트를 세 번 했다. 친구는 주말에 그를 집으로 초대할지 고민하고 있다. 아이들이 아빠와 보내는 주말이다(친구의 전남편도 만나는 사람이 생겼다). 마치 우리가 다시 10대가 된 것 같다. 친구는 새로 만나는 남자가 키스를 잘한다고 고백하고 웃는다. 우리는 친구가 마지막으로 섹스를 한 게 언제인지를 두고 농담을 한다. 그녀는 몇 년 되었다고 고백했다. 나는 친구를 꼭 안아주고 그동안 몰라서 미안했다고 했다. "말할 수 없었어." 친구가 말했다. "그렇게 말하는 게 전남편을 배신하는 것처럼 느껴졌어. 너도 그 사람을 아니까." 나는 말해지지 않는 것들에 관해 생각했다. 우리처럼 아주 오래된 친구 사이에서조차도.

친구의 새 남자친구는 결국 '개구리'였다. 그러나 친구는 온라인 앱을 계속 이용했다. 몇 달 뒤에 우리는 주말 산책에 나섰다. 개가 쉬지도 않고 여기저기 냄새를 맡는 것을 보면서 웃었다. 나는 우리가 늘 있었던 곳으로 돌아왔다는 사실을 깨달았다.

때로는 가장 소중하게 여기는 관계에서 우리는 기다리는 법을 배워야 한다. 인내하고 소중히 보듬으면, 꽁꽁 얼어붙은 것이 다시 녹을 것이라고 믿어야 한다. 봄은 다시 찾아온다. 어떤 것들은 고유의 속도가 있어 억지로 열 수 없다. 이런 관계에서는 세밀한 작은 차이에 깨어 있어야 한다. 그래야 포기하지 않을 수 있다.

사랑은 그것이 어떤 형태를 띠든, 그것이 연애든 우정이든, 언제나 위험을 감수하고 노력을 들이고 기다릴 만한 가치가 있다. 사랑은 인생의 모든 것을 가치 있게 만드는 반짝임, 즐거움이기 때문이다.

3 부

———

가족

‎ ❧❧

"자녀는 있으세요?" 여자라면 늘 듣는 질문 중 하나다. 그런데 곰곰이 생각해보면 이것은 때때로 지극히 개인적인 사항에 대한 무례하다고 할 수 있을 정도로 껄끄러운 질문이다. 겉으로는 별 뜻 없이 던진 말처럼 들리지만, 대답 속에는 평생 마음에 묻어둔 아쉬움과 상처가 숨어 있을지도 모른다. 혹은 여자가 꼭 아이를 낳아야만 온전해지는 것은 아니라는, 충분히 존중받아야 할 생각이 담겨 있을 수도 있다.

예전에는 50이 된 여자에게 2세에 관한 질문을 하는 게 의미가 없었다. 대화의 흐름이 곧장 폐경기로 넘어갔으니까. 그러나 지금은 아니다. 나는 한 파티에서 대학교 2년 선배를 우연히 만났다. "너희 집 도로 끝에 있는 초등학교 어때?" 선배가 물었다. 알고 보니 네 살 된 딸이 있었던 것이다! 퀸에이저 세대의 독특한 특징은 50이 되었을 때 나처럼 각각 18살, 21살인 아이가 있을 수도 있고, 손주가 있을 수도 있고, 초등학생 아이가 있을 수도 있고, 네 살배기 아이가 있을 수도 있다는 점이다. 그리고 3분의

1이 다음에 해당하는데, 아이가 없다(학력이 높을수록 자녀 수는 더 적어진다).

나는 정오 공동체의 모든 퀸에이저가 당연히 엄마일 거라고 넘겨짚지 않도록 조심한다. 중장년 여성에 관한 서사를 바꾸는 작업에는 여자의 쓸모, 즉 여자가 무엇을 할 수 있고 어떤 유산을 남기는지에 관해 생각하는 방식을 바꾸는 것이 포함된다. 여자에게 엄마인지 아닌지가 전부라는 생각을 바꿔야 한다. 나이가 들면서 개발되는 다른 멋진 속성들이 많다. 지혜, 경험, 창의성, 다정함…. 지금과 같은 시대에는 아이만이 우리가 남길 수 있는 유산이 아니다. 우리에게 자궁이 있다고 해서 우리가 꼭 아이를 낳아야 하는 것이 아니다. 정오 공동체의 퀸에이저들 중 거의 절반은 자신의 의지로 아이를 낳지 않는 걸 선택했다. 그들의 선택을 지지한다. 다만 굳이 지적하자면, 그중 다수는 엄마가 아니더라도 자신이 사랑하고 가깝게 지내는 아이들이 있다. 나는 멋진 이모, 고모, 대모, 계모로 지내는 그들의 이야기를 좋아한다.

그렇다고는 해도 퀸에이저가 직면하는 가장 심각한 중년의 난관이 아이들로 인해 발생한다는 것 또한 사실이다. 늦게 아이를 낳았다고 놀림을 당하거나 어린아이를 키우느라 수면 부족에 시달릴 수도 있고, Z세대 사이에서 전염병처럼 보이는 정신건강 문제가 자기 자녀에게도 나타나 골머리를 앓고 있을 수도 있다. 자녀와 관련된 문제는 우리가 평생 맞닥뜨릴 수 있는 난관들 중에서도 대처가 어려운 난관이다.

이런 문제를 다 극복해서 자녀의 10대 시절을 어떻게든 넘긴 우리에게 주어지는 보상은 더 허무하다. 곁에서 보살피던 사랑스러운 아이들이 둥지를 떠나면서 양육자 역할이 사실상 끝났다는 상실의 슬픔이기 때문이다. 매일 아이들을 돌보는 일상을 보내다가 아이들이 더 큰 세상으로 떠난 상황은 무척이나 낯설게 다가온다. 나는 일상적으로 하는 일이라는 측면에서 한순간에 해고당한 느낌을 받았다. 빈 둥지도 퀸에이저가 자신의 의지와는 무관하게 새로운 단계로 떠밀려가는 또 하나의 계기가 된다.

따라서 아이가 있든 없든 아이들은 중년의 삶과 내가 되어가기에서 큰 부분을 차지한다. 이것이 우리가 3부에서 살펴볼 내용이다.

아이가 없는 삶

현재의 퀸에이저 세대에서 출산 경험이 없는 여성의 비율이 점점 늘어나고 있다. 가장 최근에 실시된 영국 통계조사에 따르면 고등교육을 받은 여성 중 거의 30퍼센트가 자녀가 없다. 또한 사회적으로 성공을 거둔 여성일수록 아이를 낳지 않을 확률이 더 높다. 이런 추세는 미국에서도 관찰된다. 미국에서는 직장 여성의 자녀 부재를 다룬 책이 여러 권 나왔으며, 그중 하나가 실비아 앤 휴렛의 《아기 가뭄Baby Hunger》이다. 전 세계적으로 교육을 더 많이 받은 여자일수록 아이를 낳을 가능성이 줄어든다(남자는 그렇지 않다). 이런 현상은 내 친구들 사이에서도 뚜렷하게 나타난다. 내 옥스퍼드대학교 여자 동기들 중에서 약 3분의 1이 아이를 낳지 않았다.

비교적 젊었을 때 엄마가 되는 친구가 생기는 반면, 계속 아이가 없는 친구들도 있다. 이것은 친구들 사이에 갈등과 단절을 가져온다. 나 또한 그런 질책에서 자유롭지 않다. 아이들이 어렸을 때 나는 언론계에서 일하면서 육아까지 하느라 지친 나머지 친구나 사교를 위한 여유를 낼 수 없었다. 그래서 많은 친구가 떨어져 나갔다. 나중에 이 문제로 여자들과 길고 솔직한 대화를 나눈 나는 당시 그런 내 자기몰두(생존 모드라고 불러도 좋을 것이다)가 비록 의도하지는 않았더라도 친구들에게 상처를 줬을 수 있겠다는 생각이 들었다.

친한 친구인 캐런은 조기 폐경으로 인해 아이를 가질 수 없게 되었다. 캐런은 이렇게 설명한다.

"슬픔이 2배가 되는 셈이지. 일단 아이를 갖는 건 내가 원하지만 할 수 없는 거야. 거기서 오는 슬픔이 있어. 그런데 절친한 친구가 내가 결코 속할 수 없는 세계에 들어가면서 그 친구와의 연결도 끊어지니까 거기서 오는 슬픔까지 더해지는 거야. 단유, 기저귀, 학군지 고민 같은 대화에 나는 끼어들 수가 없었어. 그리고 하루를 마무리하면서 친구들과 안부를 전하고 일상에 대한 가벼운 수다를 떠는 전화 통화도 더 이상 할 수 없고. 엄마들은 육아라는 새로운 소용돌이 속으로 사라졌으니까. 이중으로 힘들었어. 낙제했는데 따돌림까지 당한 기분일까? 그 친구들이 부럽기도 하고, 그렇게 될 수 없다는 현실에서 생기는 슬픔도 혼자 삭여야 했어."

캐런은 의식을 치름으로써 어느 정도 평화를 되찾았다고 말한다. 자신이 결코 품지 못한 아이의 상실을 애도하는 추도식을 했다. 일종의 표식을 남기기 위해서다. "나는 내 상황이 어떤 면에서는 아이를 잃는 것과 비슷하다고 생각해. 아이를 잃으면 모두가 그 엄마를 동정해. 아이를 잃는다는 건 가장 잔인한 재앙이니까.

그런데 나처럼 임신할 수 없는 몸이 되었을 때 느끼는 슬픔도 엄청나. 아이를 절박하게 원했지만 그 소망을 잃는 거니까. 그런데 태어났다가 죽은 아이와 달리 이 거대한, 고통스러운 아이의 부재를 공개적으로 애도할 방법이 없어. 그래서 나는 따로 추도식을 열었고, 그걸로 어느 정도 치유할 수 있었어.”

많은 아이 없는 여자들처럼, 캐런은 조카들과 매우 가깝게 지내고 대모로서도 큰 사랑을 주고받는다. 캐런은 의식적으로 자신의 잠재된 모성 에너지를 자신의 유산이 될 프로젝트에 쏟았다. “미래의 리더를 지원하는 일을 하고 있어. 새로운 세대를 기존과는 다른 방식으로 키워내는 거야. 나처럼 아이가 없는 여자들은 우리를 미래와 연결해주는 다른 형태의 유산을 남기고 싶어 하는 경우가 많아. 우리의 모성을 표출할 새로운 방법을 찾는 거야. 하지만 그런 문제는 관심도 잘 받지 못하고, 폭넓게 논의되지도 않으니까, 더 어렵지.”

아이가 없는 여자들의 이야기는 그것이 본인의 의지였든 아니었든 우리 문화에서 거의 회자되지 않는다. 점점 더 많은 여자들이 아이를 낳지 않기로 결정하고 있는데도, 아이가 없는 여자는 정상이 아닌 취급을 받을 때가 많다. 이것은 정오 공동체에서도 특히 주목하는 문제다. 자녀 없는 부부가 이제는 상당히 흔한 일이 되었는데도 아이 없는 여자들이 투명인간 취급받는 현실에 분노를 느끼기 때문이다. 나는 왜 더 많은 브랜드가, 특히 사치품이나 금융상품을 판매하는 브랜드가 아이 없는 여성을 타깃으로 적극적인 마케팅을 펼치지 않는지 이해할 수 없다. 아이가 없는

50세 여성인 로펌의 한 파트너 변호사도 이렇게 말했다. "저는 쓸 소득이 이루 말할 수 없이 높아요. 두둑한 연봉을 받는데 아이가 없으니까요. 그런데도 저 같은 여자를 공략하는 브랜드가 없어요. 이상하죠?" 이들이 마케팅 대상에서 누락된 이유는 유감스럽게도 남성 렌즈 때문이다. 미디어를 포함한 우리 문화는 주로 남성 렌즈를 통해 여성을 규정하고 평가한다. 남성 렌즈로 보면 아이 없는 여자는 큰 가치가 없다. 그리고 아무도 그런 낡은 스테레오타입에 반기를 들지 않는다. 퀸에이저 인구집단에서 아이 없는 여자의 비율이 무려 3분의 1이나 되고, 이들이 아마도 상대적으로 더 부유할 텐데도 말이다.

이제 새로운 렌즈가 필요하다. 그런 의미에서 나는 케렌사 제닝스의 이야기를 들려주려 한다. 케렌사는 자기 뜻대로 살 수 있는 '매직패스'를 스스로에게 부여했다. 그녀는 이것이 '탈옥'과 같다고 말한다. "관습에서 일탈하는 여자들은 필연적으로 발걸음을 내디딜 때마다 머뭇거리게 되거든요. 자신이 엄청나게 잘못된 선택을 한 것은 아닌지 걱정하면서요." 케렌사는 어린 나이에 아이를 낳지 않겠다고 결정한 것이 인생에서는 매우 중요한 순간이었다고 말했다. "그 뒤로 아주 오랫동안 저는 심판대 앞에 선 기분이었어요. 직장 동료였던 한 남자 임원은 제게 '문제'가 있는지 물었어요. 이것은 제가 들은 수없이 많은 무례한 말들 중 하나에 불과했고, 그런 말들이 상처가 되었어요. 임신한 친구들이 자신의 부른 배를 만지려 하는 낯선 사람들에 대해 불평하잖아요. 똑같아요. 사람들이 아이가 없는 것에 관해 이러쿵저러쿵 말하면서 그 공간을 침해해도 된다고 생각하는 게 당혹스러워요."

케렌사는 자녀 관련 질문을 받을 때마다 저절로 '방어적'이 된다고 말한다. "아이를 낳지 않기로 한 것이 제 선택이었다는 점을 설명해야 한다는 압박감을 느껴요. 사람들이 저를 정상이라고 여기기를 바라요. 그러기 위해 언젠가부터 제 가정에 아이가 없는 것을 정당화하고 있더라고요. 심문자에게 제가 아이를 사랑하는 사람이라고 안심시키면서 제가 감정과 다정함이 결여된 사이보그가 아니라는 사실을 입증하려고 애쓰는 거죠."

케렌사와 같은 여자들의 선택과 그 이야기를 널리 알리고 이해시키는 것은 중요한 일이다. 케렌사는 성장기에 겪은 가족의 비극이 자신의 선택에 큰 영향을 미쳤다고 설명했다. 그녀의 부모는 이른둥이 아들을 낳았지만 태어난 지 며칠 만에 죽었고, 그다음 해에 케렌사가 태어났다. 어머니는 아들을 한 번 안아보지도 못했고, 묘도 없었다. 그 이야기를 처음 들었을 때 케렌사는 귀를 의심했다. "너무 슬펐고 배신당한 기분도 좀 들었어요. 그토록 중요한 이야기를 제게 하지 않았다는 게 믿기지 않았어요." 알고 보니 케렌사의 어머니는 여러 번 유산했고, 케렌사를 임신하고 나서는 대부분의 시간을 병원에서 보냈다.

"15살이 될 무렵, 아이를 낳지 않겠다고 결심하게 된 데는 엄마가 몇 년에 걸쳐 고통받은 시간을 되돌리고자 하는 마음이 있었어요. 게다가 자궁경부암 검사를 했는데 전암세포가 발견되어 자궁 일부를 들어내기도 했고요. 30대에 조기 폐경을 했는데, 그때 제 선택이 오로지 제 의지에 의해서만 이루어진 게 아니라는 사실에 감사했던 게 기억나요.”

아이가 없는 직장 여성이다 보니 케렌사는 “직장 동료들이 아이의 크리스마스 공연과 운동회에 가야 할 때, 아니면 아이가 전염병에 걸려서 간호해야 할 때 제가 그 자리를 대신 채워줄 거라는 기대”가 있었다고 했다. “대개는 괜찮았어요. 왜냐하면, 당연한 말이지만 이해하니까요. 실제로 많은 경우에 그런 일들은 제 일정보다 중요한 게 사실이고요. 하지만 아주 드물게 저한테도 중요한 걸 포기해야 하는 경우가 생기기도 했어요. 그때 사람들이 그 사실을 알았거나 고마워했는지는 잘 모르겠어요.”

나도 직장 상사였던 적이 있기 때문에 크리스마스 연휴나 자녀의 방학에 아이가 없는 직원들이 얼마나 많이 양보해야 했는지 안다. 내가 반성하는 건 지금의 나라면 그 상황을 다른 식으로 접근했을 것이라는 부분이다. 우리 모두 아이가 없는 사람도 중요한 개인적인 사정이 있다는 것을 기억할 필요가 있다. 그들 또한 돌봐야 할 사람이 있다. 누군가의 부모가 아닌 사람은 있어도 누군가의 자식이 아닌 사람은 없으므로, 나이가 들어가고 돌봄이 필요한 부모가 있을 수 있다. 또한 누구나 직장 밖 삶이 있고 그것은 직장보다 더 중요하다.

케렌사와 이야기를 나누면서 내가 그 문제에 관한 이해가 부족했다는 생각이 들었고, 케렌사의 표현을 빌리자면 그녀와 같은 여자들이 일에서 얼마나 큰 ‘영혼의 자양분’을 얻는지 깨닫게 되었다. 케렌사는 세계 최초의 흑인 대통령이었던 넬슨 만델라부터 동물학자 데이비드 애튼버러 경까지 다양한 인물과 함께 고고학에서 정치학에 이르는 온갖 주제를 다루는 TV 프로그램 제작팀에서 일하면서 전 세계 곳곳을 여행했다. 또한 자신이 쓴 장편소설 《눈 바다Seas of Snow》에 특히 큰 자부심을 느낀다. "그 소설이 내 자식이에요. 우리 어머니는 그 소설의 임신 기간이 일반적인 임신 기간보다 훨씬 더 길었다고 농담을 하는데, 그 말이 맞아요. 7년이나 걸렸거든요!"

케렌사처럼 아이가 없는 여성의 창의성은 다른 형태의 유산을 만들고 남기는 데 사용된다. 그 유산은 장편소설일 수도, 자선단체일 수도, 사회운동일 수도 있다. "제가 무척이나 아끼는 고양이도 있어요. 비록 마음의 문제에서는 순탄치 않은 길을 걸었지만, 인생 후반부에 마침내 내가 사랑하고 사랑받는 곳에 자리를 잡았다고 생각해요. 하지만 저는 단 한 번도 제 삶에 큰 구멍이 있고, 그곳이 아이가 있었어야 하는 자리였다고 느낀 적이 없어요. 제 삶에서는 아이를 낳지 않는 것이 옳은 결정이었어요."

그렇다고 해서 케렌사가 나름의 고난과 역경의 시간을 겪지 않은 것은 아니다. 우리 모두와 마찬가지로 케렌사도 힘든 시기들을 지나왔다. 다만 그런 시기에 케렌사에게 도움이 된 치유법이 있었다. "저는 살면서 까다로운 구간을 통과할 때는 매일 침대에서 나오기 전에 감사 목록을 쭉 읊어요. 제가 받은 축복을 상기하는 거죠. 그렇게 하면 그날 하루를 버틸 희망이 주입돼요."

케렌사는 자신에게 맞는 삶을 만들었다. 그 결과 1부에서 낸시가 말한 '공명하는 삶', 자신의 외부와 내부가 일치하는 삶을 살고 있다. 케렌사의 이야기는 누구나 각기 다른 방식으로 충만한 삶을 살 수 있다는 메시지를 전해준다.

나는 나로 지내는 것, 그냥 나로도 괜찮다는 사실을 발견하기까지 52년이 걸렸다. 다음 문장을 혼자 되뇌어보자.

"나는 충분하다, 나 자체로 충분하다."

필요하다면 정말로 그 사실을 믿을 때까지 반복하라. 그러면 자신만의 매직패스를 직접 만들 수 있게 될 것이다.

스스로에게 매직패스를 부여하라. 결국 당신의 삶이다. 당신에게 맞는 것을 선택하고 당신이 원하는 방식대로 살자. 허락이 아니라 용서를 구하는 법을 배우자. 그것이야말로 게임체인저다!

아이를 낳고 기르기
늦은 나이

퀸에이저들은 개척자다. 역사상 단 한 번도 우리 같은 여성 인구집단이 없었다. 우리는 졸업과 동시에 사회로 나가 일했고, 임신·출산을 거쳐 육아를 하면서도 계속 버티고 일했다. 2019년 영국 인구조사에 따르면 인구조사를 실시한 이래 처음으로 40세 이상 여성의 소득이 40세 미만 여성의 소득보다 더 높았다. 그 결과 중 하나가 자금을 동원해 이루는 임신과 출산이다. 현재 일부 퀸에이저들은 이전 세대 여자들에게는 없었던 자원과 선택지를 가지고 있다. 자연적 가임력이 사라진 뒤에도 정자은행, 난자은행, 심지어 대리모상업적/비상업적 대리모 출산이 가능한 나라들이 있으나 한국은 제도가 없다를 통해 가족을 만들 수 있다는 이야기를 하는 것이다. 이것은 이전 세대에게는 주어지지 않았던 선택지다.

50대 엄마 클럽은 작지만 나오미 캠벨, 나탈리 마스넷(온라인 패션 편집숍 네타포르테NET-A-PORTER의 설립자), 사라 제시카 파커 등을 앞세운 존재감이 큰 집단이다. 유명인만이 아니다. 자산이 많은 전문직 여성들 중에도 40대 중반, 50대 이상이 되어서도 결혼은 하지 않은 채 아이를 낳는 것을 선택하는 경우가 늘고 있다. 내가 아는 미혼 여자들 중에 늦은 나이에 엄마가 된 첫 타자는 직장 동료였다. 그녀는 고위직이었고 엄청난 능력자였지만 연애에서는 어려움을 겪고 있었다. 함께 가정을 꾸릴 수 있는 사람을 찾을 수 없었다는 의미다. 늘 엄마가 되고 싶었던 그녀는 40대 후반에 기증받은 정자로 체외 인공수정 시술을 받아서 임신했다. 그녀는 아들을 낳은 것에 관해 이렇게 말했다. "내가 살면서 한 일 중에 가장 잘한 일이야."

늦은 나이에 엄마가 된 또 다른 지인인 드니스와 산책을 했다. 드니스는 30대와 40대를 커리어에 바쳤다. 그러다 50대가 되었을 때 문득 아이가 갖고 싶어졌다. 나이가 어느 정도 든 성공한 여자들에게서 점점 더 많이 관찰되는 것처럼, 드니스도 일반적인 인생 경로를 역행하고 있다. 나는 30대 초반에 아이를 가졌고, 임신·출산·육아 과정에서 남편의 지원을 받았다. 남편은 특히 육아에 매우 깊이 관여했다. 그런데도 나는 편집자 역할과 엄마 역할을 동시에 수행하느라 다소 어려움을 겪었다. 드니스는 반대였다. 성공적인 커리어를 쌓았지만 여전히 공허했다. 경제적, 직업적인 성공으로는 채워지지 않는 삶의 빈자리가 있었다. 드니스는 자연스럽게 동년배 남자 동료들을 둘러보게 되었다. 그들은 더 젊은 여성과 결혼했거나 두 번째 아내와 살고 있었고, 성공한 기업가라는 직업적 보상과 든든하고 풍요로운 가정생활이라는 개인적 혜택을 모두 누리고 있었다. 드니스는 늘 엄마가 되고 싶었고 좋은 엄마가 될 수 있다고 생각했다. 그래서 큰돈을 들여 난자와 정자를 구해 시술을 받았고, 다행히 운이 좋았다. 미혼 사업가 엄마로 지내는 게 만만치 않았겠다고 말하자 드니스는 소리 내 웃으면서 입주 돌보미가 있고 연애에 신경을 쏟지 않아도 되어서 아이를 재운 다음에 다시 일할 수 있다고 설명했다. 그녀는 자신이 두 세계의 장점만을 누리고 있다고 생각했다. 남자들은 아주 오래전부터 늦은 나이에 아이를 가져왔는데, 여자라고 안 될 이유가 없지 않은가? 드니스에게는 이것이 진정한 양성평등이었다.

그러나 50대에 싱글맘이 되기 위해 치러야 하는 대가는 만만치 않다. 중동 지역에서 은행가로 일하는 리넷은 40대 초반에 남자 없이 아이를 갖는 것을 고려해보기 시작했다. 리넷의 논리는 다음과 같았다. "결혼을 추구하긴 했지만, 못 한다고 해도 그렇게 나쁠 건 없다고 생각했어요. 하지만 아이를 가지지 못한 채로 죽는 건 너무나 절망스러워서 생각조차 하기 싫었어요. 그래서 냉동 난자 시술에 관해 알아봤고 결국 45세에 난자를 얼렸어요." 리넷은 16개의 난자를 확보했다. 아이는 둘이면 충분하다고 생각해서 그 정도면 괜찮을 거라고 여겼다. 그리고 커리어를 위해 해외로 나갔다. 중동 지역에서 일하면서 삶이 승마, 사교, 댄스파티로 정신없이 흘러갔다. 하지만 아이에 대한 갈망은 사라지지 않았다.

"제 경우에 문제를 복잡하게 만든 것은 제 아이의 삶에, 전통적인 가족의 형태로는 아니어도 아빠가 있기를 바랐다는 거예요. 그런데 제 삶이 새로운 장소에서 뿌리를 내렸기에 아이의 아빠도 같은 나라에 사는 사람이어야 했죠. 5년 뒤에 그런 사람이 나타났어요. 좋은 남자였고, 그도 아이를 원해서 공동양육에 긍정적인 입장이었어요. 우리는 그의 정자로 런던에 있는 제 냉동 난자를 수정하기로 했어요. 16개의 난자에서 두세 개의 배아가 생겼지만 착상 전 유전자 검사에서 전부 결함이 있다는 결과가 나와서 결국 포기했어요." 끔찍하게 잔인한 불시의 타격이었다. 리넷은 포기하지 않고 두 달 후에 남미에 있는 체외인공수정 진료소를 찾아갔다. 그곳에서 기증받은 난자로 수정한 배아를 자궁내막에 이식했다.

8개월 뒤에 리넷은 아들을 낳았다. 그녀와 공동양육인은 서로 가까운 곳에 거주했다. 리넷이 복직한 뒤에는 양육 부담을 50 대 50으로 동일하게 했다. "유일한 문제는 아들이 아빠와 머물 때 제가 아들을 너무 그리워했다는 거예요. 그래서 아이를 더 갖기로 했죠. 실은 쌍둥이를 원했어요. 그러면 둘이 의지가 될 테니까요. 하지만 제 공동양육인은 더 이상 아이를 원하지 않았기 때문에 이번에는 기증받은 난자와 무명의 기증자에게 받은 정자로 혼자 하기로 했어요."

이번에는 세 차례 시도한 끝에야 성공했지만, 그럴 만한 가치가 있었다. "이미 아들이 있었고, 54세에 남녀 쌍둥이의 엄마가 되었죠. 57세인 지금 막 네 번째 아이가 생겼고요. 이번에도 아들이에요. 삶이 꽉 차서 늘 바빠요."

리넷은 전혀 후회하지 않는다. 물론, 새 구두나 가방을 산 게 언제였는지 기억도 나지 않고, 더는 승마도 하지 않는다. 그러나 그럴 만한 가치가 있었느냐는 내 질문에 그녀는 이렇게 말했다.

"물론이에요. 아이를 갖기 위해 너무나 오래 기다렸고 그동안 제가 하고 싶은 다른 것들은 이미 다 해봤어요. 아이들에게 필요한 건 모두 해줄 수 있을 정도로 경제적인 여유도 있고요. 특히나 아이들을 돌봐줄 사람을 고용할 수 있으니 필요한 만큼 일할 시간과 휴식 시간도 가질 수 있어요. 현재는 아이들이 제 삶에서 그 무엇과도 비교할 수 없을 정도로 가장 큰 즐거움을 주는 부분이에요. 마침내 완전해진 기분이에요."

성공한 나이 든 남자들은 더 젊은 파트너와 함께 인생 후반기에 2세를 갖는 경우가 자주 있다. 기술의 도움으로 이제 그런 기회가 일부 여성들에게도 열렸다. 나는 그들의 체력에 경의를 표한다. 30대의 나는 수시로 잠에서 깨야 하는 밤들을 보내면서 거의 죽을 뻔했다. 당연히 지금은 그렇게 할 수 없다고 생각한다. 하지만 퀸에이저의 삶이 우리의 꿈을 실현하는 것이고, 엄마가 되는 것이 그 꿈들 중 하나라면, 못 할 이유가 없지 않은가?

현대 기술로 인해 우리는 2세 문제에서 자신만의 일정표를 만들 수 있는 가능성이 생겼다. … 절대 불가능하다고 말하지 말자.

10대 자녀는 외계인

꽃들이 거품처럼 일어난다. 마로니에 나무 군단이 위풍당당하게 하얀 촛불을 높이 띄우고, 들꽃이 흐드러지게 피고, 온갖 꽃이 총천연색 향연을 펼친다. 자연만 놓고 보자면 연중 내가 가장 좋아하는 시기다. 마치 대지의 여신이 자기에게 주목하라고, 경탄하라고, 생명 그 자체를 찬미하는 봄의 무한한 풍요로움에 감사하라고 고성을 내지르는 것 같다.

그러나 이 시기는 역설의 시간이기도 하다. 시험 기간, 스트레스가 높아지는 시기이기도 하고, 영국에서는 때마침 정신건강의 달이기도 하다. 나는 한 청년이 사회적으로는 큰 성공을 거뒀지만 빅테크에서 과중한 업무에 시달리다 결국 정신적인 문제가 생긴 자기 이야기를 들려주는 자리에 패널로 참석했다. 그 청년은 심각한 공황 발작을 일으켜서 이러다 죽을지도 모른다는 생각이 들었다고 했다. 심장 발작인 줄 알고 병원 응급실로 달려갔는데 10여 년간 감정을 억눌렀던 것이 문제였다. 그는 마침내 자기감정을 무시하지 않고 그 감정에 귀 기울이면서 치유된 과정을 털어놓았다. 그는 도움을 구했고, 냉수 입수부터 호흡법, 요가와 명상까지 모든 것을 시도하면서 불안이 엄습할 때 대처할 도구를 갖췄다. 그러나 그는 또한 현재 노동인구의 60퍼센트가 어느 정도는 불안을 느끼는 현실과, 그중에서도 여성과 Z세대(우리 자녀 세대)가 그런 불안에 가장 취약하다는 점을 지적했다.

그의 이야기는 내게 깊은 울림을 줬다. 왜냐하면 둘째 딸이 A레벨Advanced level: 영국 대학 진학을 위해 수료해야 하는 과정으로 고등학교에서 2년간 진행된다 중간고사를 치르고 있었기 때문이다. 우리 가족은 현재까지 GCSE중고교 교육 과정이 통합된 영국에서 만15~16세 학생들이 중등교육 과정으로 이수한 과목들의 최종 성적을 결정하는 전국 단위 고사와 A레벨 콤보를 두 번 치렀다. 나는 에세이 교정 작업을 하는 10대들이 북적거리는 집에서 2~3시간마다 그 아이들이 차를 더 끓이겠다며 나타나 발코니에서 담배를 피우는 장면에 익숙하다. 딸이 정치학 에세이 계획안을 짜는 동안 몇 시간이고 나는 딸 침대에 누워 팟캐스트를 들으면서 책을 읽는다. 가끔 딸의 발을 주물러주고, 나가서 오레오 쿠키를 사 오고, 차를 끓여주고, 에세이는 교정 작업이 가장 큰 고비라는 점에 동의하고, 이 관문만 통과하면 앞으로 즐거운 여름과 새로운 대학 생활이 펼쳐질 거라는 등 위로와 응원의 말들을 건넨다.

지난 몇 년간 딸들이 불안해하거나 스트레스를 받을 때 내가 할 수 가장 유용한 일은 위로를 주는 존재가 되는 것이라는 사실을 배웠다. 그냥 그 자리에 계속 머물면서 안심시키기. 잔소리하거나 간섭하면 딸들은 질색한다. 그 아이들은 이미 스스로를 충분히 괴롭히고 압박하고 있다. 아이들을 돕는 최선의 방법은 그 순간 무엇이 필요한지 묻고 그것을 가져다주는 것이다. 개입하지 않기, 일장 연설 하지 않기, 아이들의 미래에 대한 우리의 불안을 투사하지 않기란 힘들다. 그러나 지금 우리에게 주어진 일은 아이들의 마음을 최대한 평온한 상태로 유지하도록 돕는 것이다. 스트레스를 가중시키는 것이 아니라, 아이들이 잘 해낼 거라고 믿는다는 신호를 보내는 것이다. 내가 에세이 교정 파티를 허용하는 것을 두고 이상하게 여기는 부모도 있을 것이다. 둘째는 사람 좋아하기를 타고났다. 혼자 있는 걸 늘 싫어했다. 자기가 에세이를 교정할 때 누군가가 옆에 있다는 걸 아는 것만으로도 긴장이 풀어진다고 말한다.

모든 아이가 우리 집 둘째 같지는 않다. 남자아이들은 보통 미친 듯이 몰입해서 전속력으로 밀고 나가는 광란의 질주를 벌이는 것 같다. 한 동료의 아들은 시험을 앞두고도 새벽 6시 반에 체육관에 갔다가 아침 8시에 벼락치기를 한다. 다른 아들들은 멘붕 상태에 빠진다. 한 틴에이저는 전 과목 A 학점을 받는 아들이 시험 준비를 잘하고 있다고 생각했는데, 알고 보니 일주일 동안 한숨도 자지 않아서 불안과 공포로 인한 환각 상태에 빠졌다. 또 다른 틴에이저는 지난 한 주를 중증 ADHD주의력결핍 과잉행동장애와 난독증을 앓는 딸과 함께 병원에서 보냈다. 딸이 환청을 듣기 시작해서 전문가의 도움을 받아야 했기 때문이다. 이런 일은 생각보다 흔하다. 틴에이저의 3분의 1이 10대 자녀가 정신질환을 앓고 있다고 말한다. 여기에는 불안증뿐만 아니라 거식증,

ADHD, 자해가 포함된다. Z세대의 정신건강 위기는 현실이다.

그런 시기에 부모로서 우리가 할 수 있는 일은 그저 거기에 있는 것뿐이다. 우리 삶의 다른 일들은 모두 내려놓고 그냥 그곳에 있어야 한다. 신생아나 영아를 돌보는 것과도 같다. 말을 못 하는 아이에게 필요한 것을 해줘야 하기 때문이다. 끊임없이 다독여야 하고, 정기적으로 먹여야 하고, 때로는 옆에 누워서 아기에게 자장가를 불러주듯 노래를 불러줘야 한다. 이때가 가장 근심이 많은 시기다. 엄마인 우리는 힘내야 한다. 한 심리치료사는 내게 이렇게 말했다. 목표는 세인트버나드와 같은 안내견이 되는 것이라고. 아이 옆에서 걷고, 옳은 방향으로 가도록 부드럽게 밀고, 필요하다면 따뜻한 차나 우유를 가져다주기. 개처럼 충직하게. 깊이 가라앉았다가도 다시 숨 쉬기 위해 한껏 발을 구르는 수영장 바닥처럼 단단한 존재가 되어주기.

우리는 10대 청소년과 청년들 사이에서 불안이 전염병처럼 빠르게 번지고 있는 시대에 살고 있다. 지금 부모들은 소프트스킬을 개발해야 한다. 우리가 아이들에게 무엇을 기대하는지가 아니라 아이들이 우리에게 원하는 게 무엇인지 생각해야 한다. 자녀의 정신건강에 위기가 닥치면 당신은 자책하게 될 것이다. 감정이 동요하고 당황할 것이다. 그렇다면 나가서 도움을 구하라. 그 대상이 친구여도 좋고, 심리치료사라면 더 좋다. 아이는 당신의 불안까지 감당할 수 없다. 이 시기에는 당신이 아무리 부정적인 감정에 휩싸여도 아이들을 위해 그 감정을 혼자 담고 있어야 한다. 아이들에게 최고의 모습, 차분한 모습만을 보여라. 스트레스에 시달리며, 몸과 마음이 아픈 10대를 돌보는 일은, 부모로서 당신이 아이들에게 품었던 모든 야망이 다 부질없으며 아이들이 그저 행복하기만 하면 충분하다는 사실을 일깨워준다.

내가 이런 이야기를 쓰는 이유는 많은 아이들, 그리고 자동적으로 많은 부모들이 시험 기간과 일상에서 이런 구간을 지나고 있다는 걸 알기 때문이다. 10대 자녀를 양육하는 일이 어린 자녀를 양육하는 일만큼 빡빡하지 않은 것은 사실이다. 그러나 10대가 부모를 필요로 할 때는 오직 부모만이 그 일을 할 수 있고, 그 누구도 대신할 수 없다. 누구든 자상하고 사랑이 넘치는 사람이라면 갓난아이에게 이유식을 먹일 수 있고, 안아서 재울 수 있다. 하지만 10대 자녀가 유아기로 퇴행하면 그 일은 당신만이 할 수 있다.

시카고에서 심리치료사로 일하는 에마에게는 거식증을 앓는 딸이 있었다. 그녀와 줌으로 거식증을 앓는 10대 딸에 관해 이야기를 나눌 때, 내 모니터에 등장한 차분한 전문 심리치료사는 그녀가 자기 집에서 일어나고 있다고 묘사하는 혼돈과는 잘 연결되지 않았다. 문제는 외부에 그런 정제된 모습만을 보여주고 싶은 욕구 자체가 어려움을 가중하는 큰 짐이 된다는 사실이다. 에마는 자신과 남편이 매일 아침 6시 45분에 일어나서 딸의 아침을 7시 20분 정각에 준비해놔야 한다고 설명했다. 그날 아침 에마는 8시에 잠에서 깼다. 딸이 사과를 넣은 시리얼 한 숟가락을 먹고는 캑캑거리면서 울부짖는 소리 때문이었다. "곧장 엄청난 재앙이 내려앉았다는 걸 느낄 수 있었어요. 우리 부부가 요즘 '징징대는 드래곤'이라고 부르는 포효가 부엌에서 흘러나왔기 때문이에요. 딸이 최악의 상태라는 걸 알리는 우리 부부만의 암호로, 딸이 공포를 부르는 괴물이 되었다는 걸 의미해요."

딸은 식사로 준비된 오트밀에 요구르트를 너무 많이 얹었다는 이유만으로 공격적으로 변한다. 에마는 딸에게 불안 발작을 일으키는 요인들이 너무나 사소하다는 점 때문에 분노했다. "하지만 딸이 느끼는 고통은 진짜예요. 딸이 비명을 지르게 만들고, 벽에 머리를 찧게 만들고, 자기 손톱으로 종아리 살점을 뜯어내게 만들어요." 이런 폭력적인 순간이 그 가족에게는 일상이 되었다. 어떤 날에는 저녁식사 시간에 접시에 놓인 고구마, 시금치, 렌즈콩을 무사히 먹일 수 있다. 다만 고구마는 정확하게 딱 두 숟가락만 있어야 한다. 딸이 저녁 식사를 하는 동안에는 그날 학교 일과나 농구 경기 등에 관해 수다를 떨어야 한다.

이런 공연이 진행되는 동안 에마의 어린 두 아들은 불안에 떨면서 조용히 앉아 지켜본다. "딸은 독재자예요. 식구 전부가 언제든 전투에 나설 준비를 하고서 거기 앉아 있어요. 저녁식사 시간에 나머지 두 아들에게는 신경을 쓸 수가 없어요. 왜냐하면 딸이 제 관심을 독점하고 있으니까요. 그리고 저녁식사 후에는 카드 게임을 하거나 영화를 봐야만 해요. 딸이 혼자 있으면서 먹은 걸 토해내지 않도록이요. 경계를 늦출 수가 없어요. 주중에는 아침 8시부터 환자 아홉 명을 연달아 봤어요. 그러고는 점심시간에 딸의 학교로 점심을 들고 가서 애가 점심을 먹는 동안 함께 앉아 있어요. 아슬아슬한 줄타기를 하는 것 같아요. 제가 조금이라도 정신을 놓으면 아이가 공황 상태에 빠져요. 호흡이 너무 빨라져서 저는 아이가 질식할까 봐 걱정돼요."

에마가 이런 일을 모성으로 다 극복하는 건 아니다. 그녀는 때때로 차 안으로 들어가서 비명을 지른다. 에마의 가족 전체가 진 짐은 엄청났다. 딸의 거식증이 한창 심했던 어느 날 밤, 그녀는 문득 아침에 일어난 뒤로 이를 닦는 것 외에는 자신을 위해 한 일이 전혀 없다는 사실을 깨달았다고 말했다. 취침 준비를 할 때가 특히 힘들었다. "너덜너덜해진 상태로 딸에게 가서 혼자 잘 수 있는지 부드럽게 물었어요. 속으로는 더 이상 못 해먹겠다고 생각하면서요. 그런 평범한 말에도 딸은 무너졌어요." 에마의 딸은 서럽게 울기 시작했다. "잠들기 전 침대에 누워서 시트콤을 보자고 말하지만, 딸은 이미 마음이 상한 상태죠. 훌쩍거리던 소리가 통곡으로 변하고 다시 분노에 찬 비명이 되었어요. 1시간 뒤에 저는 부들부들 떠는 딸을 안고 자해한 손목에 밴드를 두르고 딸이 아기인 양 노래를 부르고 있어요. 딸이 다시 제게 돌아오기를 절박하게 기다리면서요. 마침내 딸이 노래를 그만 부르고 재워달라고 해요. 저는 일단 안도해요. 어쨌거나 딸이 자해를 멈추고 잠들었고, 겨우 휴식이 찾아왔으니까요. 하지만 동시에 화도 나요. 냅다 고함을 지르고 싶은 기분이에요. '13살이나 된 너를 재워줘야 하는 게 나라고 즐거운지 아니, 게다가 내 하루를 1분 1초도 빠짐없이 너를 돌보는 데 쓰고 나서도 밤 11시 30분에 네 광기를 달래고 비위를 맞춰주고 있어. 이건 사는 게 아니야!' 하지만 당연히 그런 말은 한 마디도 내뱉을 수 없죠. 기절할 정도로 진이 다 빠진 채로 침대로 들어가요. 내일이면 이 모든 게 다시 시작될 거라는 걸 알면서요."

지금쯤이면 알아차렸겠지만, 그것이 불안증이든 자해든 섭식장애든, 정신건강에 문제가 있는 10대를 키우는 일은 지구력 테스트다. 그러나 시험 기간에 아이에게 구속되는 부모나 삶을 끔찍한 지옥으로 만드는 아이의 발작을 이해해야 하는 부모의 상황을 이해하는 것은 매우 중요하다. 그 한복판에 놓인 사람들을 지원하기 위해서는 그것이 얼마나 절망적이고 외로운 길인지를 먼저 알아야 하기 때문이다. 아이의 사생활을 지켜주면서 가정의 문제를 누군가에게 설명하기는 쉽지 않기에, 부모가 도움을 요청하는 일은 무척이나 어렵다.

내가 에마의 이야기를 들려주고 싶었던 진짜 이유는 심리치료사인 에마가 그런 10대들의 뇌 안에서 어떤 일이 벌어지는지 잘 알기 때문이다. 애마는 외부에서 가해지는 불안이 감당할 수 없을 정도로 커지면 아이들의 뇌는 다음과 같이 스스로를 속인다고 말한다. '내가 아무것도 먹지 않으면 모든 게 괜찮아질 거야.' 아이의 머릿속에서는 이런 시나리오가 전개된다. '10대가 되니까 이전에는 생각하지도 않았던 불안이 생겨. 커서 자격증 같은 걸 따서 취업할 수 있을까? 평생을 함께할 사람을 찾을 수 있을까? 못 찾으면? 내가 좋아하는 남자애가 나를 안 좋아하면? 난 못생긴 걸까? 멍청할까? 인기가 없으면 어떡하지?' 자신의 통제력 밖에 있는 세상이 무시무시하게 느껴진다.

에마는 섭식장애를 앓는 10대들이 발달 과정에 생기는 자연스러운 불안을 전부 섭식장애 불안 처리기에 넣어버린다고 말한다. 아이는 무의식적으로 상대와 보상이 없는 거래를 한다. 이런 식이다. '이 모든 게 내 통제력 밖에 있지만 적어도 먹는 것만큼은 통제할 수 있어.' 하지만 이렇게 되면 먹는 것에 두려움을 느끼게 된다. 왜냐하면 거래 조건이 '안 먹으면 불안도 안 생긴다'이기 때문이다. 당연히 이것은 말도 안 된다. 실제로 벌어지는 일은 다음과 같다. 뇌가 굶기 시작한다. 부모가 알아챈다. 의사가 개입한다. 섭식장애 진단을 받은 아이를 치료하기 위한 식단을 처방받는다. 부모가 아이를 먹이려고 애쓴다. 이것은 아이에게 재난이다. 왜냐하면 아이에게는 안 먹는 게 두려움을 극복하는 수단이기 때문이다. 자신에게 통제권이 있다고 느껴지는 유일한 영역이다. 그런 아이에게 정해진 식단대로 먹어야 한다고 강요하는 것은 그들의 대응 기제를 빼앗는 것과도 같다. 섭식장애를 앓는 아이들은 종종 음식을 먹느니 차라리 죽겠다고 말한다. 그리고 그렇게 말할 때 그들은 진심이다. 모든 것이 뒤죽박죽이다.

결국에는 아이들이 이런 사고가 얼마나 비합리적인지를 스스로 볼 수 있어야 한다. 그러나 불안은 쉽게 사라지는 것이 아니기에 아이들은 더 불안해질수록 더 집착한다. 그 황당함을 깨달아야 빠져나올 수 있다. 부모와 아이 모두에게 그것은 길고도 험난한 과정이다.

좋은 소식은 대다수 아이가 나아진다는 것이다. 에마처럼 전장 한복판에 있는 부모는 믿기 힘든 소식이지만 말이다. 그러나 10대 소녀 두 명의 엄마로 지내면서 지난 10년 동안 내가 본 바에 따르면, 언젠가는 괜찮아진다. 딸의 친구들에게 공부방을 내주면서 내가 본 아이들 중에는 정말 심각한 상태에 빠진 아이들, 보기 안쓰러울 정도로 마르거나 심지어 입원까지 한 아이들도 있었는데, 지금은 다들 괜찮아졌다. 부모가 단단한 수영장 바닥이 되면 아이들은 결국 나아지는 것 같다. 에마는 전 영국 총리 윈스턴 처칠의 경구에서 위로를 얻는다고 말한다. "성공은 최종적이지 않다. 실패는 치명적이지 않다. 계속 앞으로 나아가는 것이 중요하다."

그러니 망설이지 말고 도움을 구하라. 친구들 앞에서 눈물을 흘려라. 가족과 친지에게 정기적으로 관심을 보내달라고 요청하라. 이 상황을 견디기 위해 필요한 것을 하라. 당신을 걱정하는 사람들이 있으며, 이 또한 지나가리라는 것을 기억하라.

태풍의 눈이 돼라. 아이들이 박차고 올라갈 수 있는 수영장 바닥이 돼라. 가족 심리 상담과 전문가의 도움이 당신의 친구다. 필요한 모든 자원을 한껏 끌어다가 방황하는 10대 자녀를 지원하라. 절대로 나아지지 않을 것처럼 느껴지겠지만, 나아질 것이다. 약속한다.

10대 자녀와
껄끄러운 주제를 이야기하는 법

내게는 한 시대가 막을 내렸다. 둘째가 막 A레벨을 끝내고 정규 교육 과정을 마쳤다. 이것은 내가 17년간 맡았던 학부모라는 역할에서 물러나게 되었다는 것을 의미한다. 그렇다. 끝없이 이어지던 학부모회, 수학여행, 책의 날 행사 등에 관한 이메일이 이제는 확실하게 과거의 일이 되었다. 해방이다!

하지만 이상하기도 하다. 그동안 교문 앞에서 17년을 보내면서 나는 무엇을 배웠을까? 일단은 아이들이 동네에서 동급생 무리와 함께 자라는 것이 매우 좋다는 것. 나는 런던을 가로질러서 멀리 반대편에 떨어져 있는 학교를 다녔다. 지하철로 1시간이 걸렸다(나는 그렇게 멀리 통학해야 하는 것이 너무 싫었고, 친구들도 만나기 힘들었다). 내 딸들은 우리 집에서 모퉁이만 돌면 나오는 학교에 다녔다. 그래서 우리 집은 10대들의 아지트가 되었다. 집 안은 드라마 시리즈 〈가십걸〉을 보거나 베이글을 축내는 졸업반 학생들로 북적거렸다. 몇몇은 발코니에서 몰래 담배를 피우기도 했다. 나도 안다. 담배가 나쁜 행동이라는 걸. 그러나 나는 10대를 대할 때는 솔직함을 미덕으로 세우는 게 언제나 최선의 전략이라고 생각했다. 아이들이 뭐든 솔직하게 말할 수 있도록 만들어주는 것이다. 그렇게 하지 않으면 아이들은 거짓말을 한다. '우리 아이는 안 그래'라고 생각하는 부모가 있다면 그것은 망상이다. 그런 부모의 딸들이 동네 놀이터 그네 아래서 섹스를 한다. 남자친구를 집에 데려올 수 없기 때문이다. 그런 부모의 아들들이 저녁을 먹으러 집에 들어가기 전에 페브리즈를 뿌려대면서 대마초 냄새를 감춘다. 나는 아이가 집에 있는 편이 낫다는 입장을 늘 고수했다. 아이가 집에 있을 때는 대체로 아이들이 무엇을 하는지, 누구와 있는지 알 수 있기 때문이다. 또 아이들이 문제가 생겼을 때 내게 전화할 수 있기 때문이다. 그건 필요하다면 파티나 클럽이 끝난 뒤 새벽 4시에도 전화벨이 울릴 수 있다는 걸 의미한다.

나는 10대들이 우리 집에 모여서 북적거리는 게 좋다. 덕분에 10대들의 소식과 관점을 온전히 경험할 수 있기 때문이다. Z세대는 배려심이 깊고 도덕적이고 서로에게 다정하고, 친구와 우정에 관해 아주 솔직하게 이야기 나눈다. 또한 정신건강 문제에 관해 서로를 지원하며 진정한 공감과 힘을 보여준다. 이런 아이들을 보면서 눈알을 굴리고 '유리멘탈'이라고 중얼거릴 수 있다는 걸 안다. 그러나 10대의 정신병 대유행은 진짜로 일어나고 있는 현상이다. 그들은 고군분투하고 있다. 단순히 예전보다 더 진단이 잘 되고 있거나 사람들이 증상을 더 알아채서 생긴 현상이 아니다. 그 심각성이 우리가 자랄 때와는 다르다. 자해, 극단적인 불안증, 섭식장애가 빈번하게 발생하고 일상화되는 양상은 공포스러울 정도다. 미국 질병통제예방센터는 격년으로 청소년 위기 행동 설문조사를 실시하는데, 2023년 조사에서 10대 여자아이들의 57퍼센트가 지속적인 슬픔이나 절망을 느낀다고 말했고(2011년보다 36퍼센트 증가), 30퍼센트가 자살을 진지하게 고려한다고 말했다(2011년보다 19센트 증가).

이런 정신건강 문제의 급격한 증가와 소셜미디어의 등장 사이에는 상관관계가 있다. Z세대는 전문가에게 스타일을 관리받고 디지털 기술로 가공된 연예인의 이미지와 자신을 끊임없이 비교하면서 자란 첫 세대다. 10대들은 늘 불안하고 열등감에 시달린다. 요즘은 그런 불안과 열등감이 소셜미디어의 끝없는 알람 소리에 의해 급속 충전된다. 10대들은 실시간으로 손가락을 움직이며 여러 대화에 동시에 참여한다. 일을 도모하고, 수다 떨고, 비교한다. 우리 세대는 이를 지켜보는 것만으로도 지친다. 10대들은 늘 카메라 앞에 설 준비가 되어 있다. 우리는 절대로 할 필요가 없었던 방식으로 외부의 렌즈로 자기 자신을 들여다본다. 또한 소외되는 것에 극심한 공포를 느끼는 포모증후군이 폭주하고 있다. 자신이 초대받지 않은 망할 모임 사진들이 실시간으로 소셜미디어에 올라오고, 그런 사진 속 사람들은 언제나 실제보다 훨씬 더 즐거워 보인다.

섹스 문제에 관해서는 10대 자녀들과의 소통 채널을 열어두는 것이 그 어느 때보다도 더 중요해졌다. 2022년 6월, 배우 에마 톰슨은 〈스카이 뉴스〉 기자 베스 리그비와의 인터뷰에서 그 이유를 명료하게 표현했다. "남자아이들의 학교생활과 남자아이들이 여자아이들에게 무엇을 기대하는지, 섹스에 어떤 생각을 가지고 있는지 듣다 보면 정말로 당혹스러워요." 톰슨은 말했다. "이것은 남자아이들의 성적인 발달에도 방해가 될 수 있어요. 왜냐하면 섹스가 전부 탈취당하고 산업화되어서 그들이 전혀 소화시킬 수 없는 포르노 내지는 포르노와 유사한 형태로 남자아이들에게 주입되고 있거든요." 사태가 심각하다. 그리고 우리가 10대였을 때와도 많이 다르다. 너무나 달라서 나는 내가 Z세대가 아니라는 사실에 감사할 정도다.

나는 아이들이 인터넷 포르노에 아무런 제약 없이 접근할 수 있는 환경이 어떤 영향을 미치고 있는지를 알리는 캠페인을 10년 넘게 벌이고 있다. 그리고 〈러브 아일랜드〉와 같은 연애 예능 프로그램도 아이들에게 영향을 미친다. 〈러브 아일랜드〉는 남자 출연자들이 '플레이어' 역할을 맡아서 여자 출연자들과 짝을 이뤄 여러 게임을 하는 일종의 연애 서바이벌 쇼로, 나는 두 딸과 함께 그 쇼를 시청한다. 남자 출연자들이 여자 출연자들과 나누는 첫 대화는 각자가 선호하는 성관계 자세에 관한 것이다. 여기서 요즘 청년들 사이에서 일어나고 있는 '성적 관행의 포르노화'가 적나라하게 펼쳐진다. 그리고 그 사실이 공포스럽다.

그렇다고 내가 순진한 사람은 아니다. 젊을 때 수녀처럼 지내지도 않았고, 학교에서 10대들에게 섹스와 포르노를 주제로 강연도 자주 한다(강연의 기본 요지는 포르노로 섹스를 배우는 것은 영화 〈분노의 질주〉 시리즈를 보면서 운전을 배우는 격이라는 내용이다). 가슴 아프게도 10대들은 너무나 큰 혼란에 빠져 있다. 우리가 어릴 때와 상황이 얼마나 달라졌는지를 보여주는 상징적인 사례가 요즘 10대 여학생들은 목을 졸리는 것이 전희의 일부라고 생각한다는 것이다. 그렇다. 제대로 읽었다. 이 세대에서는 거칠고 폭력적인 섹스가 정상화되었다. 왜냐하면 그들이 보는 포르노가 그러하기 때문이다. 프랑스에서 실시된 한 최신 연구에 따르면 인터넷 포르노의 90퍼센트에서 성폭력 장면이 나온다.

나는 2010년에 〈선데이 타임스〉에 'XXX 세대'라는 특집을 낸 이래, 연령 제한과 같은 제한 조치가 전무한 상태에서 아이들이 마우스 클릭만으로 폭력적인 성적 판타지에 노출되는 것이 얼마나 치명적인지를 알리는 글들을 썼다. 어느 정도는 카산드라그리스 신화에 나오는 예언자로 불길한 예언을 주로 한다가 된 기분이기도 하다. 아이들이 포르노로 섹스를 배우고 포르노를 재연한다는, 누군가와 키스를 해보기도 전에 성적 선호도가 극단으로 설정된다는 내 예언은 우울할 정도로 정확한 것으로 판명 났다. 그들은 섹스를 배우려고 포르노를 보고 자신이 본 것을 따라 한다. 그것이 요즘 젊은 여자들의 상당수가 음모 털을 제모하는 이유다(포르노 스타들은 음모가 없다). 지난 10년간 성적 관행은 엄청나게 변했다. 대다수 중년 여성은 음모가 완벽하게 제모된 상태여야 한다는 기대를 받은 적이 없다(현재 10대는 그것이 정상이라고 생각한다). 또한 우리가 젊었을 때는 남자들이 절대로 항문 섹스를 요구하지 않았다. 현재는 항문 섹스가 필수 코스다(아마도 세 번째 데이트쯤에). 이 모든 것은 내가 학교에서 진행한 조사 결과다. 그들은 섹스를 반드시 그런 식으로 해야 하는 것이 아니며, 한 세대가 넘어가는 동안 인터넷 하드코어 포르노의 광범위한 공급과 소비로 인해 성적 관행이 크게 변했다는 내 말을 들으면 얼마나 안도하는지 모른다.

"지난 10년간 가장 큰 변화는 오늘날 여학생들이 남학생으로부터 당하는 공격의 수위에서 관찰돼요." 앨리슨 하비가 설명한다. 10대 학생들에게 성폭력의 범죄성을 알리고 성폭력을 예방하기 위한 프로그램을 운영하는 RAP 프로젝트의 공동설립자인 앨리슨 하비는 여러 학교를 다니면서 '동의'에 관해 강연한다. "요즘 여학생들은 강요당하는 것을 정상적인 것으로 여겨요. 남학생들이 여학생에게 의도적으로 술을 먹인 다음에 성폭행해요. 이 세대는 인터넷 포르노로 키워졌어요. 그런 포르노는 오직 폭력적으로 범하는 것에만 집중해요. 동의도 없고, 콘돔도 없고, 전희도 없고, 여성의 성적 쾌락도 없어요. 폭력의 수위가 이미 충격적인데, 시청자들이 그런 내용에 무감각해지면서 그 수위가 점점 더 높아지고 있어요. 그리고 그런 포르노의 폭력성이 10대들의 만남에도 영향을 미치고 있고요."

우리는 부모로서, 어른으로서 이런 잘못된 문화에 노출된 아이들을 도와야 한다. 가장 먼저 할 수 있는 일은 포르노는 섹스가 아니라고 알려주는 것이다. 섹스는 좋아하고 아끼는 사람과 함께 하는 것이다. 내기로, 침대 기둥에 표식을 하나 더하기 위해 일방적으로 하는 것이 아니다. 청소년들에게 이 모든 것에 관해 대화를 나누는 것이 중요하다. 나이에 상관없이 이런 이야기를 하기가 부끄러울 수 있다. 하지만 내가 학교에서 10대 청소년

500명 앞에서 이런 이야기를 할 수 있다면 (몇 번은 내 딸들도 포함되어 있어서 더 힘들었다) 당신도 당신이 사랑하는 단 한 명의 젊은 이에게는 이런 이야기를 할 수 있다.

제일 먼저 당신의 이야기로 대화를 시작하자. 당신에게는 섹스가 어떤 것이었는지 말하라. 반백 년을 살았지만, 아무도 섹스를 하면서 내 목을 조르려고 한 적이 없었다. 항문 섹스를 요구받은 적도 결코 없었다. 너는 그런 적이 있니? 그 젊은이에게 자신이 속한 성 문화에 관해 어떤 감정이 드는지 물어라. 포르노를 보거나 친구들이 포르노를 보는지 물어라. 섹스를 할 때는 두 사람 모두가 쾌락을 느껴야 한다는 점을 이야기하라. 관계를 가질 때 남자가 여자를 결코 해치면 안 되고(반대의 경우도 마찬가지다), "노"라는 말은 거절을 의미한다는 걸 설명하라.

지금 벌어지는 일에 그냥 눈과 입을 닫고서 그런 일이 벌어지고 있지 않은 척해서는 안 된다. 유감스럽게도 100년에 걸친 페미니즘 운동은 도움이 되지 않았다. 페미니스트 작가 저메인 그리어는 늘 말했다. 성혁명은 아름답지 않을 것이라고. 피임약의 등장으로 여성은 원하지 않는 임신의 공포로부터 해방되었다. 이 것은 우리가 재미로, 기분이 좋아지니까, 하고 싶으니까 등의 이유로 섹스를 할 수 있게 되었다는 걸 의미하고, 바람직한 변화였다고 생각한다. 그러나 우리 중 누구도 현재와 같은 사태가 벌어질 거라고는 예상하지 못했을 것이다.

Z세대는 태어날 때부터 여자와 남자가 평등하다는 말을 듣고 자라고, 동등하게 교육받은 세대다. 그러나 정작 Z세대 여자들이

만나는 남자들은 인터넷 포르노를 통해 섹스를 접했고 그것이 섹스라고 생각한다. 그래서 동등하고 양쪽 모두에게 만족스러운 섹스를 하지 못하는 젊은 여성이 너무나 많다. 이것은 두 걸음 앞으로 나아가면 한 걸음 후퇴하는 일종의 패러독스다.

이 문제에 관해 나는 온갖 지면에 수없이 썼고, BBC 월드 서비스와 TV에 나가서도 말했다. 10년 전에 이미 나는 이런 일이 벌어질 것이라고 예측했다. 내가 옳았지만, 전혀 기쁘지 않다. 우리는 모두 이 문제를 바로잡기 위해 노력해야 한다. 어려운 대화를 시작해야 한다.

자녀들과 섹스와 마약에 관한 솔직한 대화를 나누기가 어색할 수 있다. 그러나 그런 이야기를 나누지 않으면 그들은 포르노로 섹스를 배울 것이고 포르노가 섹스라고 믿을 것이다. 그러니 당신에게는 섹스가 어떤 것이었는지 알릴 필요가 있다.

독립한 자녀의
빈 자리

섭씨 30도에 육박하는 기온이 여름의 최고조에 달했음을 느끼게 한다. 하지만 동고병에 걸린 마로니에 나무들은 이미 가을을 연상시키는 갈색을 띠고 있다. 잔디도 초록빛이 아닌 황금빛이다. 이런 계절의 뒤섞임이 혼란스럽다. 올해 들어 가장 더운 날인데, 가을 느낌이 난다. 아이들이 다시 집 근처의 학교에 다니고 내 메일함이 복직 관련 이메일들로 꽉 찼다면 느꼈을 것 같은 기이함이다. 모든 것이 어긋나 있다.

그러나 이는 모든 전환기가 우리에게 불러일으키는 감정인지도 모른다. 당혹감. 약간의 슬픔. 한쪽 발은 과거에서 빼지 못한 채로 다른 발은 미래에 담그고 있는 상태.

그냥 나만의 감정일 수도 있다. 딸이 대학으로 떠난다. 아이의 침실에서 봄맞이 대청소를 하면서 18년 동안 딸이 모아 짐으로 꾸려놓은 것들을 샅샅이 훑었다. 딸이 아끼는 구슬 수집품, 아직도 침대와 벽 모퉁이에 사는 털북숭이들. 깔끔하게 정리된 학교 과제물들. 교사들의 추천서, 무지개색으로 표시된 메모장으로 채워진 상자들. 그 안에는 많은 시간과 노력이 담겨 있다. 딸을 차에 태워 앞으로 다닐 대학이 위치한 맨체스터에 데려다주면 모두 보상받게 된다. 입학 전에 레이크디스트릭트 국립공원으로 가는 3일짜리 지리학과 현장실습이 있었다. 준비물로 계산기와 클립보드, 방수 바지가 있었는데 둘째는 방수 바지만큼은 입지 않겠다고 고집을 부렸다. 나는 빗줄기가 얼어붙은 다리를 날카롭게 파고드는 가운데 16킬로미터를 걸어서 호스텔로 돌아가야 하면 방수 바지가 절실해질 것이라고 말했다. 하지만 나는 그곳에 없을 것이다. 내가 억지로 입힐 수는 없다. 이제는 오롯이 딸의 인생이다.

우리 가족은 찜통 같은 더위 속에 이케아로 갔다. 다른 대학 신입생들과 그들의 부모 무리에 섞여서 우리도 프라이팬과 침구류, 수건, 콘센트 한 묶음을 산다. 나는 딸이 가고 싶어 했던 대학에 진학한다는 사실이 무척이나 자랑스럽다. 딸은 지난 2년간 우리 집에서 동급생 무리와 함께 살다시피 했고 그들 모두 목표했던 대학에 진학한다. 한편으로는 그 무리가 몽땅 떠난다는 사실에 상실감에 빠진다. 이 두 감정을 오간다. 딸의 방이 비었다는 것, 우리 집에서 10대들이 사라졌다는 사실을 떠올리면 가슴이 먹먹해진다. 아주 조용해질 것이다.

그보다 더 중요한 것도 있다. 엄청나게 길었던 생애주기의 한 단계가 종료되었다는 사실이다. 우리 부부는 거의 21년 전에 부모가 되었다. 그 뒤로 거의 매일 아이들을 돌봤다. 요리하고, 목욕물을 받고, 수건을 줍고, 아이들을 깨우고, 숙제하라고 잔소리하고, 함께 어울려 TV를 보고, 산책을 나갔다. 이제 그런 일상이 끝났다. 그것은 그 자체로 부모가 된 첫 순간만큼이나 엄청난 전환이다.

두 딸이 떠난 하루하루는 끝이 없는 것 같고, 사치스럽게 느껴진다. 내게, 우리 부부에게, 내 정오 공동체의 회원들에게 내 열정에 쏟을 수 있는 시간이 너무나 많아졌다. 그런데도 사용되지 않는 추가 돌봄 역량이 대기 중인 듯한 느낌이 든다. 마치 신문사를 떠난 뒤에 어떻게 속도를 늦춰야 할지 몰랐던 시기와 조금 비슷하다. 또다시 변화가 불가피하다는 의미다. 지금은 이렇듯 이상하고 낯설게 느껴지는 상황들이 정상이 되리라는 것을 안다. 우리가 천천히 적응하리라는 것을 안다. 어렵지만 가능하다는 것을 안다.

하지만 당장 이 순간에는 그런 경험적 지식이 아무런 도움이 되지 않는다. 나는 내 아이가 기숙사 부엌에서 새로 산 팬으로 계란프라이를 만들거나 새로 산 냄비에 파스타를 끓이는 모습을 떠올리기만 해도 금세 무너진다. 또 딸의 손을 잡으면 그 손이 여전히 사랑스럽게 말랑말랑하다는 사실에 큰 기쁨을 느낀다.

한 자메이카 출신 친구가 내게 말했다. "우리가 아이들에게 주는 사랑은 무조건적이야. 그런 사랑을 받는 것이 아이들의 천부적 권리고. 우리는 최선을 다해 아이들을 사랑하고 그 대가로 아무것도 바라지 않아. 오직 사랑하는 즐거움, 아이들을 키우는 즐거움 외에는." 나는 그 말을 아주 좋아한다. 부모의 사랑이 다소 조건부로 느껴지는 경우가 너무 많다. 우리는 아이들이 우리에게 빚졌다는 생각의 덫에 빠질 수 있다. 그러나 아이들은 우리에게 빚진 것이 전혀 없다. 우리는 그 사랑을 대가 없이 내줘서 아이들을 미래로 보낼 뿐이다.

이런 것들이 딸이 집을 떠나는 날이 점점 가까워지는 동안 하는 생각들이다. 아이의 짐으로 가득 찬 방에 들어서는 것만으로도 슬프다. 아이를 보내는 일은 사라지지 않는 가슴 통증과도 같다. 그걸 생각할 때마다 눈물이 차오른다. 나는 내가 얼마나 마음 쓰는지를 딸이 알아차리지 못하도록 선글라스를 쓴다. 인생의 중대한 모험에 나서는 딸에게 내 슬픔을 짐 지우고 싶지 않아서다.

대신 친구들과 이 감정에 관해 이야기를 나눈다. 둥지를 떠나는 다 큰 자녀에게 느끼는, 비밀이어야 하는 이런 슬픔을. 일상적인 보살핌과 돌봄이 끝난 것에서 느끼는 슬픔을. 남편도 그런 감정을 느낀다. 딸 두 명을 양옆에 꼭 끌어안고 소파에 앉은 남편의 눈가가 촉촉해지는 걸 본다. 바보 같다는 것을 안다. 딸은 돌아올 것이고, 딸이 있는 것만으로도 감사한 일이며, 아무도 죽지 않았다. 장애아를 키우는 친구가 내게 상기시켰듯, 적어도 내 딸은 집을 떠나 자립할 수 있다. 친구에게는 자신의 아이가 결코 그렇게 자립할 날이 오지 않을 것이라는 사실이 크나큰 슬픔이다. 친구의 악몽은 자신이 더 이상 곁에 있어주지 못할 때 자폐가 있는 아들에게 일어날 일이다. 나는 내가 운이 좋다는 것을 안다. 그럼에도 지금 무척 슬프다고 말할 수밖에 없다.

다행히도 슬픔에 대응할 도구가 있다. 지금의 나는 2년 전 첫째가 떠났을 때와는 다른 사람이다. 이 고통에서 도망치지 않는다. 이 고통에 무감해지지 않고 고통을 외면하지도 않는다. 그렇게 하면 최악의 순간에 폭발하고 고통에 압도당한다. 나는 슬픔이 내 몸을 타고 흐르도록 내버려둔다. 그 슬픔이 나를 파괴하지 않을 것임을 알기 때문이다. 그 슬픔도 사랑이다.

나는 애도 모임에 참석하는데, 이 모임은 니치가 운영한다. 니치는 20대 초반일 때 어머니의 자살을 겪었다. 나와 니치는 만난 그 순간 마음이 통했다. 깊은 유대감을 느꼈다. 그래서 니치와 나는 거대한 변화를 겪는 서로에게 닻이 되었다.

니치는 애도 관리인이다. 애도하는 사람들을 위한 공간을 마련한다. 우리가 상실의 시간을 견딜 수 있도록 돕는 공동체 의례가 거의 사라진 사회에서 누군가는 꼭 해야 하는 일이다. 모임의 참석자들은 공간을 감독하는 니치와 함께 땀이 뻘뻘 나는 더운 방에 앉아 너무나 통렬하고 아린 상실의 이야기를 연달아 듣는다. 말하는 건 둘째치고 아직도 버티고 있는 것이 신기할 정도로 고통스러운 이야기다.

한 여성은 영화배우처럼 아름다웠는데, 아버지에게 학대를 당했다고 했다. 그로 인해 자신이 갈망하는 가족을 이룰 수 없었고, 인생의 동반자가 있는 삶도 포기해야 했다. 또 다른 여성은 네 명의 형제를 위해 (집안의 유일한 딸인) 그녀가 모든 집안일을 해야 한다고 고집하는 어머니 밑에서 자랐다. 그녀는 자유로운 어린 시절을 누려보지 못했다며 울부짖었다. 그런 상실이 딸과의 관계에 스며든 데 비통함을 느꼈다. 자신이 결코 가지지 못하고 즐기지 못한 장난감, 공원, 딸이 경험하는 재미에 억울함을 느꼈다. 자신이 결코 받지 못했고, 앞으로도 받을 수 없는 것을 딸에게 주면서 기쁘면서도 씁쓸한 기분을 느꼈다. 아이에게 뭔가를 해줄 수 있다는 행복감의 끝에는 항상 상실감이 따라왔기 때문이다. 또 다른 여성은 건강 악화로 꿈과 야망이 끝장난 이야기를 했다. 그들은 하나같이 이제는 불가능해진 것들에 눈물을 훔쳤다.

나는 내 친구를 응원하기 위해 이 모임에 참석했다. 내 이야기를 들려줄 차례가 왔을 때 나는 둘째가 집을 떠나서 느끼는 슬픔이 다른 이들의 슬픔에 비하면 너무나 사소하게 느껴져 입 밖으로 내기가 창피했다. 내 딸들이 날개를 펴고 날아가야 한다는 걸 안다. 그것이 부모로서 주어진 일을 잘 해냈다는 증거다. 나는 늘 칼릴 지브란의 시 〈아이들에 대하여〉를 좋아했다. 그 시는 이렇게 말한다.

그대의 아이들은 그대의 소유물이 아니라네.

생명 그 본연의 갈망이 낳은 아들과 딸이라네.

아이들은, 그대를 거쳐서 왔을 뿐, 그대에게서 생겨나온 것이 아니니,

그대와 함께 있다 하여 그대의 소유라 여기지 말게.

아이들에게 그대의 사랑을 줄 수는 있지만, 그대의 생각을 줄 수는 없네.

아이들은 그들 나름의 생각을 가지고 있기 때문이네.

아이들의 몸이 머물 집을 줄 수 있어도, 그 영혼이 머물게 할 집을 줄 수는 없다네.

아이들의 영혼은 내일의 집에서 살게 될 것이기 때문이라네. 그 집은

그대가 꿈에서조차 방문할 수 없는 곳이지.

아이들을 닮으려 애써 노력하게. 하지만 아이들에게 그대를 닮으라고 강요하지는 말게.

삶은 뒤로 거슬러 가거나 어제에 머물러 있을 수는 없기 때문이지. 그대가 활이라면, 아이들은 그대에게서 쏘아진 살아 있는 화살이라네. 궁수이신 절대자께서는 영원의 길에 놓인 과녁을 겨누어, 전능의 힘으로 그대를 휘어서 화살을 저 멀리 빠르게 날려 보내시지.

그분 궁수의 손에 당겨 휘어지질 때 그대에게는 기쁨이 있었으리라.

날아가는 화살을 그분이 사랑하시는 만큼 그대 흔들림 없는 활도 똑같이 사랑하시니.

애도 모임에 앉아 있는 동안 나는 그것이 바로 내게 주어진 과제라는 사실을 깨달았다. '흔들림 없는 활' 되기. 이별과 빈 둥지가 낳는 고통을 삼키기. 단단하게 서서 그들이 아무런 방해를 받지 않고 앞으로 나아갈 수 있도록 말이다. 부모는 주인공이 아니며, 우리의 감정은 크게 중요하지 않다. 아이들이 주인공이고, 열심히 노력해서 얻은 미래로 가는 그들의 여정이다. 나는 이것을 안다. 그리고 내가 애도 모임에서 접한 상실에 비하면 내 상실은 아무것도 아니라는 것을 안다. 그러나 그렇다고 해서 아픔이 줄어들지는 않는다. 모든 끝에는 상실과 슬픔이 있다. 그럴 때 우리는 스스로 상기해야 한다. 죽음이 떠난 곳이 새로운 것이 자랄 자리라는 것을. 다만 우리가 그것을 이해하고 그렇게 될 수 있도록 놓아주는 용기가 필요하다. 그리고 아이들이 번창할 때, 아이들이 육아를 할 차례가 되어 자신이 받은 모든 사랑을 다음 세대에게 쏟을 때 엄마들은 가장 진한 달콤함을 맛본다.

칼릴 지브란의 말처럼 당신의 아이는 당신의 아이가 아니다. 아이들은 미래에 속한다. 부모로서 우리의 역할은 단단하게 서서 앞을 겨냥하고 그들을 쏘고 놓아주는 것이다.

4부

일과
삶의
목적

내 중년 전환기는 직장에서 시작되었다. 25년간 나를 규정한 것은 일이었다. 내 일이 곧 내 정체성이었다. 일을 기둥 삼아 그 위에 나머지 삶을 쌓아 올렸다. 그러다 그 모든 것이 끝났다. 기둥이 무너지는 끔찍한 순간이 왔다. 그동안 당신이 산 삶이, 당신이 생각했던 당신의 모든 것, 당신이라는 사람을 구성한 모든 것이 더 이상 존재하지 않는다는 사실을 깨닫는다. 죽음과도 같다. 돌아갈 길은 없다. 오로지 무섭고 불확실한 미래뿐이다. 암흑 속에서, 무시무시한 숲에서 길을 잃었고, 빠져나가는 길을 안내하는 하얀 자갈이 없다.

이런 큰 전환은 때로 우리 의지와 무관하게 일어난다. 그 결과 우리가 행복할 수 없을 곳으로 서서히 추락하기도 한다. 그곳은 너무나 끔찍해서 바닥에 닿기 전에 변해야만 한다는 것을 안다. 하지만 즉효약은 없다. 그곳에 떨어지는 것도, 그곳에 떨어지지 않기 위해 변하는 것도, 힘들기는 매한가지다. 4부는 이런 시기를 뚫고 나아가는 것에 관한 이야기다. 그 과정에서 느끼는 좌절감이나 얻게 되는 깨달음, 그리고 그 시기를 보내면서 진정한 의미에서 새로운 당신이 되기 위해, 때로는 불가능하다고 여겨지는 변화를 꾀하기 위해 필요한 것들을 살펴본다.

그리고 그것을 이루기 위해 우리는 새로운 무언가를 해야 하고, 우리를 둘러싼 벽을 바꾸며, 우리가 알던 모든 것을 뒤로해야 한다. 그래서 나는 나답지 않게, 이례적으로, 다트무어에서 한 치유사를 찾아가게 되었다. 치유사는 현명한 말을 많이 들려줬고, 깊은 통찰을 보여줬다. 나는 타고난 회의론자다. 게다가 오랫동안 편집자로 일하면서 끊임없이 정보의 진위를 판단했다. 그런데 그 치유사는 기이할 정도로 나에 관해 잘 알고 있었다. 치유사는 계속 이런저런 말을 툭툭 던졌다. 내 새아버지가 내게 포옹을 보내고 있다. 내가 사회로 내보낼 중요한 메시지를 갖고 있다. 갑자기 끝난 그 우정은 정말 끝이니 더는 미련을 가질 필요가 없다. 치유사는 내가 용기를 낼 수 있도록 조율하고 있었다.

치유사가 내게 해준 이야기 가운데 하나는 조장鳥葬이었다. 고대 티베트 장례 의식으로, 시체를 놓아두면 새들이 날아와 시체를 깨끗하게 뜯어먹는다고 했다. 나는 치유사가 왜 그런 야만적으로 들리는 관습에 관해 이야기하는지 몰랐다. 그 이야기가 내 상황에 어떻게 들어맞는지도 몰랐다. 그러나 치유사는 내가 깨끗하게 뜯어먹혀야 한다고 강조했다. 내 옛 삶에 작별을 고하라고 강권했다. 그렇게 하기 위해서는 내가 새와 중요한 관계를 맺어야 한다고 설명했다.

당시에는 치유사가 무슨 말을 하는지, 그런 일이 어떻게 일어난다는 건지, 도저히 이해되지 않았다. 그때까지 나는 아름다운 깃털을 자랑하는 친구들에게 딱히 관심이 없었다. 그러나 그로부터 몇 달, 몇 년이 지나면서 치유사가 그날 은밀하게 전한 메시지가 현실이 되었다. 그것은 암시의 효과였을까? 아니면 사고방식을 전환할 힌트였을까? 나도 확실하게는 모른다. 하지만 나는 지금까지도 새, 그중에서도 특히 연못의 왜가리에 대한 내 집착이 그날 시작되었다고 믿는다. 지금은 그 왜가리가 내가 옛 삶을 뼈대에서 '깨끗하게 발라내도록' 도왔다는 걸 안다.

내가 그 왜가리에게 매료되기까지는 오랜 시간이 걸렸다. 봄의 연못은 노랗고 귀엽고 사랑스러운 보송보송한 새끼 오리들과 함께 살아난다. 새끼 오리들은 어미 뒤로 줄지어 헤엄친다. 어미 오리는 쉬지 않고 꽥꽥 울면서 불안감을 표현한다. 무리마다 예닐곱 마리의 새끼 오리가 있다. 그런데도 오리 개체 수는 언제나 급격하게 줄어든다. 주요 원흉 중 하나는 왜가리다. 하늘에서 날아들어 새끼 오리를 점심으로 먹는다.

날개를 활짝 펴면 거의 1.5미터는 될 정도로 몸집이 크다. 나무 아래서 한 다리로 오래도록 서서 물고기를 찾아 물속을 깊이 들여다본다. 그러다 뛰어들어 입에 은빛 비늘을 담고 올라온다. 수면을 훑기 위해 내려앉는 모습은 위풍당당하다. 나무 위를 스쳐 지나가는 데는 대개 큰 날갯짓 한 번으로 충분하다. 그렇게 자신의 숨겨진 힘을 드러낸다. 짝짓기를 하지 않고, 우두머리를 모시지 않는 왜가리는 연못 위계질서에서 최상단을 차지한다. 연못이 왜가리의 영토다. 우리 모두를 살피면서 새는 한쪽 다리로 무심하게 균형을 잡는다. 홀로 선다.

왜가리를 관찰하다가 나는 그 새에 집착하게 되었다. 왜가리가 있는 날이면 왠지 기쁘다. 하지만 왜 그 왜가리가 내 신성한 토템, 내 영혼의 새가 되었을까? 나는 그 이유가, 우리가 이 힘든 구간을 뚫고 나가는 동안 왜가리의 특성을 배워야 하기 때문이라고 생각한다. 물론 새끼 오리를 먹는 걸 말하는 게 아니다! 우리가 과거의 나였던 것에서 벗어나 앞으로 내가 될 수도 있는 것으로 나아가는 여정에서 왜가리와 같은 단단함, 저항성, 균형을 찾아야 한다.

내게 왜가리는, 말하자면 고립의 모범이다. 우리 여정에서 특히 힘든 구간을 지날 때 요구되는 지극히 냉철한 단단함, 과업을 수행하고 그 과업을 꿰뚫어 보는 데 필요한 굳은 의지를 몸소 보여주는 증명이다. 고통과 희생을 견디고 넘어, 우리는 살아남고 번창할 것이다.

그러나 먼저 우리는 아주 깊이 파고들어서 단단하고 불편한 영역들까지 파헤쳐 그 속으로 들어가야 한다. 그래야 태어나서 내가 되려고 한, 본래의 내가 되기 위해 필요한 변화를 만들어낼 수 있다. 우리의 진정한 본성이 취하는 최종 형태가 무엇이든, 그 형태로 변신하기 위해.

50대 여성 직장인

52세의 나이에 내가 그 어느 때보다도 더 내 커리어와 소명에 열성을 쏟고, 더 의욕에 불타오르고, 더 설레는 마음으로 살아갈 거라고는 결코 예상하지 못했다. 게다가 거의 25년간 모든 것을 쏟아부은 자랑스러운 직장에서 해고당한 뒤에 무너지고 낙담한 기분으로 앉아 있을 때는 더더욱 예상하지 못했다. 그 직장은 내 정체성을 떠받치는 커다란 기둥이었고, 내 일은 24시간 돌아가는 세상의 뉴스를 따라 돌아가야 하는 일이다 보니, 어떤 의미에서 나는 단 한 순간도 퇴근한 상태가 아니었다. 갑자기 새로 부임한 상사에 의해 해고되었을 때는 지붕에서 떠밀려 추락하는 기분이었다. 내 모든 권력과 능력이 그 타이틀과 함께 사라진 느낌이었다. 마치 머리카락이 잘린 삼손처럼.

선배로서 팁을 주자면, 그런 순간에, 우리가 가장 완벽하게 각성했을 때, 우리는 스스로를 재창조하기 위해 자신감과 에너지를 한껏 끌어모아야 한다. 새로운 일자리를 얻기 위해 가장 반짝거리는 모습을 내세우면서 활짝 웃어야 하기 때문이다. 그동안 우리의 내면은 상처받고, 버림받은 것 같고, 수치스럽다. 나는 그 당시에 내 진짜 능력이 뭔지조차 몰랐다. 나는 내가 편집자라는 것은 알았다. 문장을 쓰고 고치고 엮을 줄 알고, 뉴스 부서를 운영했다. 그러나 시간이 지나면서 누군가에게 팔 만한 진짜 내 능력은 편집자의 업무와 거리가 멀다는 것을 알게 되었다. 나는 글보다 말을 더 잘한다. 기조연설도 할 수 있고, 토론회 사회자, 대화와 스토리텔링의 안내자 역할도 잘한다. CEO 특히 여성 CEO를 코칭하는 일로도 꽤 큰 돈을 벌었다. 그 일을 하기 전까지는 그런 일이 유용할 수 있다는, 내가 그런 일을 하고 그 능력을 팔 수 있다고는 꿈에도 생각하지 못했다. 우리는 자신의 강점이 무엇인지 모를 때가 너무나 많다.

정오 공동체에서 나와 대화를 나눈 많은 여자들이 자기 선택으로 직장을 그만둔 것이 아니었다. 직장이 그들을 내보내는 선택을 했다. 린인닷오그LeanIn.Org와 맥킨지의 공동 조사 결과가 2023년 직장 내 여성Women in the Workplace 회의에서 발표되었는데, 그 보고서에 따르면 여자 세 명 중 한 명이 임원으로 승진할 때 나머지 두 명은 직장을 떠난다. 임원인 여성들을 대상으로 실시한 크랜필드 대학교의 설문조사도 상임 임원직에 오른 여성의 수가 지난 9년간 12~14퍼센트 구간에 정체되어 있다는 사실을 보여준다(영국 상위 350개 사업체에서 여성 임원의 비중이 현재 40퍼센트인 것은 맞지만, 그중 대다수는 실질적인 권한이 없는 비상임 임원이다). 영국 갱년기 협회에 따르면 갱년기 연령대(즉 45~55세) 여성 10명 중 한 명이 직장을 떠났다. 그러나 정오 공동체의 조사 결과에 따르면 이런 현상은 단순히 갱년기와 관련이 있는 것이 아니라, 이 시기에 여성을 강타하는 모든 문제들이 한꺼번에 터져서 생기는 현상이다. 이혼, 사별, 질병, 노부모 간병, 정신질환 대유행에 시달리는 10대 자녀, 그리고 무엇보다 젠더화된 연령차별주의가 복합적으로 작용한다. 젠더화된 연령차별주의는 연령차별주의와 성차별주의가 만나는 지점이다.

50 전후로 얼마나 많은 여성이 '해고'당하는지를 들여다보면 가히 충격적이다. 이런 해고에는 종종 퇴직 보상금과 비밀유지 계약이 뒤따르기 때문에 외부에 잘 알려지지 않을 뿐이다. 엄청난 퀸에이저 인재 유출이 현재 진행 중이다. 우리는 요직을 맡아야 할 순간에 오히려 직장을 떠나고 있다. 임원직에 올라야 하는 순간 오히려 안면홍조 프레임이 씌워진다. 왜 여전히 기업 최상부에는 여자가 좀처럼 보이지 않는 걸까?

1990년대 중반 이래 여자와 남자는 거의 동일한 비율로 사회에 진출했다. 그러나 최상부는 지금도 변함없이 남자로 채워진다. 학계든 정치계든, 기업이든 로펌이든, 산업을 불문하고 최고경영진 자리 중에서 오직 15~20퍼센트만이 여자에게 돌아간다. 더 높이 올라갈수록 더 남초집단이 된다.

49살이 되자마자 해고를 당했을 때, 나는 고위직 여성으로서 퇴출되는 것은 단순히 개인의 문제가 아니라 시스템의 문제라는 사실을 깨달았다. 특히 미디어, 광고, 마케팅 분야에서는 나이 든 여성이 거의 없었다. 〈캠페인〉 잡지에 따르면 광고·마케팅 취업시장에서 50세 이상 여성 지원자는 2퍼센트도 되지 않는다. 정오 공동체에서 실시한 설문조사에 따르면, 절반이 넘는 퀸에이저들이 문화계에서 무시당하거나 투명인간 취급을 받는다고 생각하는 것도 놀라운 일이 아니다. 또한 50세 이상 인구가 부의 80퍼센트를 지니고 있음에도 불구하고 (《포브스》 경제지는 퀸에이저를 '슈퍼소비자'라고 불렀고, 미국 은퇴자 협회의 조사 결과에 따르면 미국 가구 총소비의 약 90퍼센트를 퀸에이저가 결정한다) 퀸에이저가 등장하는 광고가 12퍼센트에도 미치지 못한다는 사실 또한 전혀 놀랍지 않다. 2040년에는 50세 이상 인구집단이 모든 산업에서 가장 큰 소비집단이 될 것으로 추정된다. 또한 정오 공동체 설문조사에 따르면 대학 교육을 받은 여성(상대적으로 부유한 집단)은 자신을 대변하는 브랜드 상품의 구매 확률이 63퍼센트 더 높다. 셰릴 샌드버그가 메타의 최고운영책임자에서 사임한 지 얼마 되지 않아 인터뷰했을 때 그녀는 퀸에이저가 "마케팅 업계 전체에서 가장 돈이 되지만, 가장 푸대접당하는 집단"이라고 말했다.

전 세계적 젠더 형평성 신장을 목적으로 하는 가장 큰 캠페인인 30퍼센트 클럽의 국제부장을 맡고 있는 하네케 스미츠는 자신이 "새로운 퀸에이저 인재 노출"이라고 부르는 현상을 포착했다. 스미츠는 "육아 휴직 제도가 개선된 덕분에 여자들이 출산 후에 복직하지만, 그들은 45~50세 무렵에 다시 사라져요. 여성 CEO의 평균 나이가 56세, 여성 사장의 평균 나이가 61세라는 점을 고려하면 이것은 중요한 문제예요. 만약 모든 여성 임원이 조직을 떠나면 최상부에서 젠더 형평성을 이룰 길은 요원해지니까요."

퀸에이저들이 일터를 떠나는 이유는 무엇일까? 케이트의 사례를 보자. 그녀는 고급 기술을 보유하고 있고, 콘텐츠 업계에서 실력을 인정받은 제작자다. 케이트의 회사는 나이 든, 연봉이 비교적 높은 직원들이 희망퇴직을 신청하면 퇴직보상금을 지원한다. 케이트는 희망퇴직을 신청할지 말지 고민하다가 나를 찾아왔다.

케이트는 자기 일을 사랑하기는 하지만 유방암을 진단받고 치료를 거친 뒤로는 건강관리에 힘쓰며 피로가 누적되지 않도록 노력하고 있다고 설명했다. 그런데 직장에서 케이트가 제작하는 프로그램은 정기적으로 생방송을 하는데, 그날에는 하루 16시간을 일한다. 그런 일정은 케이트의 몸에도, 스트레스 관리에도 좋지 않다.

게다가 케이트는 3시간 거리에 사는 어머니도 돌보고 있다. 다른 형제들은 해외에 있어서 부모 돌봄 의무가 케이트 몫이 되었는데, 어머니가 자주 넘어지기 때문에 꾸준히 들여다보고 간병해줄 사람이 필요하다. 케이트는 웬만하면 근무 시간을 탄력적으로 조정하는 것이 가능하지만, 매번 허락을 구해야 하는 상황이 지긋지긋해지고 있었다. "난 58살이에요. 내 삶에 대한 주도권이 있었으면 해요. 약 10년 전부터 일주일에 3~4일을 일하고 있어요. 그런데 계약상으로는 이틀밖에 일하지 않는 것으로 되어 있어서 연금도 그런 근로조건을 기준으로 계산되고 있어요."

이런 연금 격차가 많은 중년 여성에게는 심각한 문제가 되고 있다. 은퇴가 가까워진 영국 여성의 연금 저축액은 동년배 영국 남성 연금 저축액의 절반에도 못 미친다. 그러다 보니 이런 시나리오가 익숙할 것이다. "희망퇴직을 신청해서 퇴직보상금을 받으면 3년 치 연봉을 단번에 벌 수 있어. 그걸로 연금 자산을 늘리거나 남아 있는 주택담보대출금 상당액을 상환할 수 있어. 그런 다음에 계약직으로 재취업하고 다른 일감도 얻는다면 괜찮겠지. 조기 퇴직을 하는 것도 나름 매력적인 선택지인걸…."

그러나 케이트가 조기 퇴직을 매력적인 선택지로 여기는 가장 큰 이유는 따로 있다. 이는 내가 퀸에이저들과 대화할 때 자주 듣는 내용이기도 하다. "다른 무엇보다 견디기 힘든 건, 저보다 어리고 경험도 적은 사람에게 지시를 받아야 하는 상황이에요. 그들은 이렇게 말하죠. 이걸 합시다. 그럼 저는 생각해요. 우리는 25년 전에도, 10년 전에도 그렇게 했고, 실패했어. 어제는 꽤 강하게 불만을 표했어요. 평소의 저답지 않은 행동이었어요. 그냥 이런 기분인 거죠. 안 돼! 그 쳇바퀴를 다시 돌 수 없어. 부당한 편견일 수 있고 좀 더 의욕을 가져야 한다는 걸 알아요. 전에 실패했다고 꼭 다시 실패하는 건 아니니까요. 하지만 그런 상황에서 제 경험이 존중받지 못한다는 사실이 힘든 거예요. 상사의 결정에 동의하지 않을 때도 비위를 맞추고 좋게 좋게 넘어가야 하는 것도 진절머리가 나요."

중년 여성은 더 직설적으로 변한다. 젊을 때와 달리 기분을 맞춰주는 것과 호감을 사는 일에 에너지를 덜 쏟는다. 50대 전후 여성은 대체로 다른 사람들을 보살피고 자신의 불만은 억누르도록 키워졌다. 그것은 많은 여성이 《일 중심 삶에서 나 중심 삶으로From Work Life to New Life》의 공동 저자 리베카 힐이 말한 '조직의 아내wives to the organisation’가 된다는 것을 의미한다. 고민을 들어주고, 보이지 않는 곳에서 회사의 살림을 챙기고, 직원들 간 관계의 윤활유가 되고, 기업 행사에 참석한 상사의 사회적 ‘아내’가 된다. 게다가 모든 귀찮은 사무를 떠맡아서 바퀴가 계속 굴러가게 하는 것은 기본이다. 그런데도 승진 시기가 되면 그런 노력들은 인정받지 못한다. 또는 다른 퀸에이저 세라 테일러 필립스가 이 위기를 기가 막히게 잘 표현했다. “50은 제게 미쳐 돌아가는 시간이었어요. 어떤 게 저를 벼랑 끝으로 미는 티핑포인트가 될지 하나만 콕 집어 말할 수가 없었답니다. 그것이 결혼생활 문제일지, 갱년기 증상일지, 건강 문제일지, 자녀 문제일지, 부모 문제일지, 돈 문제일지, 어느 것이어도 이상하지 않을 일이었으니까요.”

세라는 자신이 대다수 여자들과는 다르게 살았다고 말했다. 30대에 스타트업 창업에 성공하고. 40대에 결혼해서 아이들을 낳았고, 50대 초반에는 자기 자신을 완전히 잃은 채로 살다가 50대 중반이 된 지금은 확실하게 기업 경영으로 돌아와서 존재감을 드러내고 목소리를 내면서 기업 세계에 다시 뛰어들 방법을 찾고 있었다. “경영 일선에서 도움이 될 만한 전문성도 충분히 갖췄고, 검증된 지혜도 있어요. 하지만 이것이 어떤 모습으로 이루어질지를 전달할 수 있는 포괄적인 서사가 없어요. 스스로를 재창조한 여자들의 이야기가 필요해요.”

나는 ‘다시 기업 경영으로 돌아온다’는 세라의 표현에 가슴이 설렌다. 세라를 비롯해 중년의 충돌 이후 다시 일어선 많은 중년 여성에게 박수를 보낸다. 그리고 스스로를 재창조한 여자들의 이야기가 더 많아져야 한다는 데 전적으로 동의한다. 그것이 커리어에 관한 것이든 다른 영역에 관한 것이든. 우리는 개척자 세대다. 우리가 앞으로 나아가야 하는 길이 어떤 모습인지를 보여주는 새로운 로드맵이 필요하다.

세라와 케이트의 이야기에서 중년 여성이 새로운 도전, 목적 있는 삶을 얼마나 갈망하는지가 드러난다. 모든 것을 쏟아부을 수 있고, 새로운 것을 배운다는 설렘과 미지의 영역을 탐색하는 즐거움을 경험할 수 있는 그런 삶을 원한다. 나는 50을 목전에 두고 해고당했을 때 죽은 것 같은 절망감에 빠졌던 일과, 다시 20대로 돌아간 듯 활기를 되찾고 되살아나게 된 과정을 글로 썼다. 그 글은 수백만 독자에게 공감을 얻었고, 2023년 마지막 날 24시간 동안 일간지 〈데일리 메일〉의 온라인신문의 주요 기사로 올랐다. 새로운 삶에 관한 이야기를 들려주는 것이 그토록 강력한 힘을 발휘하면서 중년 여성들에게 영감을 주는 이유는, 그런 이야기가 너무나 드물기 때문이다.

아직 늦지 않았다. 우리는 재창조할 수 있다. 커리어에 승부수를 다시 한번 던지거나 삶의 목적을 재설정할 수 있는 시간이 당연히 있다. 우리는 여전히 우리가 될 운명이었던 그런 사람이 될 수 있다. 실제로 퀸에이저인 우리는 그 어느 때보다도 더 나은 직원이 될 수 있는 자기 인식, 경험, 지식, 자신감을 갖추고 있다. 많은 퀸에이저가 더 이상 돌봐야 할 자녀가 없으므로, 그 어느 때보다도 더 여유롭게 일에만 집중할 수 있다. 그러나 사회와 고용주는 그렇게 보지 않는다. 나이 든 여성에게 부착된 젠더화된 연령 차별주의 렌즈 때문이다.

이전에 나는 50이 된 내가 기업가가 될 것이라는 생각은 단 한 번도 하지 않았다. 그러나 지금 나는 기업가가 되었다. 당신은 무엇이 될 수 있을까? 망설이지 말고 꿈꾸라. 만약 당신이 두렵지 않다면 무엇을 하겠는가? 그것이 당신의 진정한 열정을 찾고 그 열정을 현실로 만드는 첫걸음이다.

젊은 여성일 때는 분위기를 좋게 만드는 역할을 맡았다. 외모가 보기 좋아야 했고, 비위를 잘 맞춰야 했다. 젊은 직장 여성들이 기업 경영에 참여해도 좋다는 허락을 구하기 위해 많은 것을 감내해야 했다. 퀸에이저가 된 우리는 의미를 추구한다. 발언권을 원한다. 우리의 경험과 힘을 활용할 기회를 원한다. 만약 그런 것이 주어지지 않는다면 우리는 떠날 것이다. 당신은 혼자가 아니다. 당신은 무엇이 될 수 있는가? 우리에게 올 날과 할 일이 아직 많이 남았다!

100세 시대의 50세

우리가 변화를 추구할 때 꼭 해야 하는 것 중 하나가 삶 전체를 바라보는 관점을 바꾸는 것이다. 그동안 우리는 인생이 3단계로 이루어져 있다는 고정관념을 가지고 자랐다. 어린 시절과 학창 시절, 취업 및 회사생활, 그리고 은퇴 후. 그런 관념은 평균수명 70세 시대에는 잘 통했다. 그러나 과학과 통계학상 우리가 거의 100살까지 살게 되었다고 확인된 후로는 기존의 3단계 생애주기 모델이 더 이상 유효하지 않다. 20대에 일을 시작하거나 취업한 사람 중에 75세에도 여전히 그 일을 하거나 그 회사에 남아 있는 사람을 아는가? 거의 없을 것이다.

문제는 우리 사회가 100세 시대라는 관념을 아직 집단적으로 받아들이지 못했다는 것이다. 우리는 모두 유통기한이 끝난 낡은 모델을 기준으로 달리고 있다. 그러다가 50세가 되면 아직 절반밖에 오지 않았다는 사실을 깨닫는다. '앞으로 올 것이 아직 너무나 많이 남았다'는 것과 그럼에도 불구하고 그에 전혀 대비되어 있지 않다는 것을.

이것은 마치 커튼이 올라가기 30분 전에 출연진 앞에 서서 이렇게 말하는 연극 감독과도 같다. "여러분, 오늘은 40분 더 연기를 펼쳐야 합니다. 공연 시간이 연장되었어요." 당연히 배우들은 공황 상태에 빠지고 3막을 부풀리기 시작한다. 대사를 추가하고 늘린다. 그러나 40분이라는 추가 시간을 성공적으로 선보이려면 전체 대본을 다시 써서 추가된 시간에 맞춰 연극 전체의 속도를 조절해야 한다.

그것이 바로 우리가 인생 전체의 계획을 두고 해야 하는 일이다. 캐나다의 장수 구루이자 슈퍼퀸에이저 아비바 위튼버그—콕스가 설명한다. "사교댄스 같은 거예요. 예를 들어 우리가 배운 게 왈츠 같은 3박자 춤인데, 이제 서서히 4박자 춤으로 옮겨가고 있어요. 그래서 모든 게 다 바뀌어야 하는 거죠."

지난 20년간 광고기업들을 상대로 젠더 균형과 관련된 컨설팅을 해온 아비바는 기업의 어휘에 능통하다. 그녀는 지금 '4분기 생애주기'에 관해 알리고 있다. 기업들이 1년을 나눌 때 말하는 4분기의 그것이다. 아비바는 이 개념을 여러 세대가 함께 일하는 일터에 관한 새로운 사고방식, 우리 생애주기를 4막 형식으로 바라보는 새로운 접근 방식에 적용한다. 아비바는 "지난 100년 동안 의료과학의 발달이 인류에게 선사한 추가 수명"을 최대한 누리고자 하는 우리의 욕구에 큰 관심을 가지고 있으며 "4분기 생애주기가 장기적으로 새로운 로드맵이 될 것"이라고 생각한다.

그렇다면 새로운 4분기 생애주기의 각 분기는 무엇을 의미하는가? 아비바는 1/4분기를 '성장기'라고 부른다. 0세에서 24세까지의 기간이다. 우리가 태어나서 양육되고 청소년기를 거쳐 교육을 받고 세상으로 나가는 시기다. 우리가 신체적·관계적·지적으로 배우고, 탐구하고, 성장하는 시기다.

2/4분기는 '성취기'라고 부른다. 25세부터 49세까지다. 아마도 이 시기가 우리가 일반적으로 생각하는 성인기일 것이다. 취업으로 시작해, 부모로부터의 독립, 안정된 생활 기반 마련하기, 반려자와 가정 꾸리기, 커리어 다지기 등을 포함한다. "2/4분기는 대체로 세상에 자신의 가치를 입증하는 것이 주가 돼요"라고 아비바는 말한다.

그런 설명이 나는 무척이나 잘 이해된다. 내 삶에서 25세부터 49세까지의 구간은 명백히 성취의 시기였다. 결혼하고, 두 아이를 낳아서 키우고, 주택을 구입하고, 신문사에서 커리어를 쌓았다. 아주 피곤한 과정이었다. 모든 공을 허공에 띄운 채 저글링을 하느라 분투하면서도 모든 사람을 실망시키고 있다는 느낌이 들 때가 많았다. 2/4분기는 여자들에게 힘든 시기다. 아비바 역시 2/4분기의 경험은 심하게 '젠더화'되어 있다고 말한다.

"여자와 남자에게 다른 경험이에요. 왜냐하면 여자는 이 시기에 임신과 출산을 해야 하거든요." 그녀의 말이 맞다. 나는 모든 것을 2/4분기에 욱여넣지 않아도 된다는 메시지를 전달하는 강연을 수없이 많이 하면서 그 메시지가 여자들에게 큰 울림을 준다는 것을 알게 되었다. 나는 '여자들이여, 속도를 늦춰라. 시간은 충분하다'라는 제목의 뉴스레터를 썼다. 이 글에서 100세 시대를 살아가는 여자들에게는 50대나 60대에 커리어나 삶의 목적이라는 관점에서 다시 한번 힘내서 질주할 기회가 있다고 설명했다. 그러니 30대, 40대에 모든 것을 마쳐야 하는 것이 아니라고 강조했다. 이 뉴스레터는 젊은 여성들에게 열화와 같은 환영을 받았다. 그들은 인생에 유통기한이란 것은 없다는 소리에 환호했다. 60세에 오스카상을 수상한 양자경이 세상을 향해 선포한 말이 떠올랐다. "여자들이여, 그 누구도 당신에게 당신의 전성기가 지났다고 말하도록 내버려두지 마세요."

아비바는 스트레스에 짓눌려 어쩔 줄 몰라 하는 30대에게 주는 커리어 조언으로 "깊이 호흡하고, 잠시 멈춰서 3/4분기에 최대 효과를 낼 수 있는 계획을 세우라"고 한다. 흥미롭게도 내가 대형 은행에서 성취기에 관해 강연했을 때 몇몇 젊은 여성이 손을 들고 이렇게 말했다. "우리는 이 시기를 성취보다는 생존과 연결해요." 출산과 양육, 커리어를 이 20여 년 안에 어떻게든 다 해치우려고 애쓰느라 얼마나 지쳤을지 이해가 된다. 밀레니얼 세대의 여성들이 여기에 참가하기를 거부하면서 '모든 성취를 이루는 것'이 불가능할 뿐 아니라, 원하지도 않는다고 선언하는 것도 어찌 보면 당연하다. 그들이 목소리를 내지 않는 것은 퀸에이저보다 더 고분고분해서가 아니다. 다만 그들은 퀸에이저보다 더 일찍 퇴장하기로 결심한 것이다! 완전히 새로운 직업관을 지닌 '게으른 소녀Lazy Girl'가 등장했다. 젊은 세대는 왜 제 살을 깎아내면서까지 노력해야 하는지 납득하지 못한다. 그래서 다른, 대안 소득원을 찾는 데 더 열성을 쏟는다. 기업이 이 세대를 붙들고 싶다면 그 기업의 여성 임원이 되면 얼마나 좋은지를 알려줄 롤모델을 보여줘야 한다. 나는 많은 기업의 인사팀장들과 이야기를 나눴다. 그들은 여성 인력 파이프라인이 새고 있다며 걱정했다. 퀸에이저는 이후 세대의 여성들을 위해서 현재의 잘못된 관행들을 바로잡아야 한다고 경고하는 탄광 속 카나리아다.

커리어를 연장하는 것은 비단 중년 여성에게만 도움이 되는 것이 아니다. 그보다 더 젊은 여성들 역시 중년기가 다가오기 전에 모든 것을 해치워야 한다는 압박감을 느끼지 않게 될 것이다. 내가 어린 자녀를 돌보면서 잘난 직함을 달고 있던 시기는 오로지 피곤함으로 기억된다. 그 시절이 내 인생의 절정기였어야 했다. 직업적, 가정적으로 성공한 시간. 그러나 현실은 그냥 힘들기만 했고 나 자신을 잃은 시기였다.

그다음 단계인 50세부터 75세까지를 아비바는 3/4분기로 규정한다. 그리고 나는 이 구간을 '퀸에이저기'라고 규정한다. 이것은 100세 시대 퍼즐에서 새로운, 특히 중요한 조각이다. 아비바와 나는 둘 다 이 구간을 '내가 되어가기'의 시간으로 규정한다. 나는 정오 공동체에서 이렇게 말한다. 50은 우리가 늘 되고 싶었던 그런 여자가 되는 시기라고. 3/4분기는 우리가 장수의 혜택에 주목하고, 실제로도 건강을 잘 유지하면서 적극적이고 활발한 삶을 보내면 70대 이후까지도 충만한 시간을 얻을 수 있다는 사실을 깨닫는 시기다.

아비바는 경영 구루 피터 드러커의 연구를 인용한다. 그 연구에 따르면 미국 노동인구의 거의 40퍼센트가 현재 50세 이상이다(2030년에는 영국 노동인구도 50세 이상이 47퍼센트를 차지하게 될 것이다). 그러나 대다수 기업은 이 사실을 인지하지 못하고 있다.

"이렇듯 길어진 수명을 바라보는 관점을 재정립하고 그것이 일, 관계, 사회라는 측면에서 어떤 의미를 지니는지를 재검토하는 작업이 막 시작되었어요." 아비바가 설명한다. 그리고 3/4분기를 잘 보내려면 신중한 고민과 계획이 필요하다고 덧붙인다. "우리가 계속 우아하게 춤을 추면서 3/4분기로 들어서려면 토대를 다져두어야 해요. 삶을 대하는 우리의 사고방식을 바꾸고, 3/4분기라는 구간이 실존한다는 사실을 인정해야 하죠. 그리고 일찌감치 대비하고요."

많은 이들에게 2/4분기에서 3/4분기로의 전환이 순탄하지 않다는 사실은 명백하다. 내게는 50의 중대 전환, 즉 3/4분기가 직업 차원에서 시작되었다. 회사를 나와서 내 삶의 목적을 찾는 것이었다. 그 과정에서 나는 내 2/4분기의 동력이 '어떤 대가를 치르더라도 성취하기'라는 압박감이었음을 깨달았다. 그것은 우리 부모가 나에게 심어둔 생각이었다.

아비바의 경우에는 3/4분기로의 중대 전환이 더 사적인 영역에서 일어났다. 아비바는 남편과 헤어졌고, 그 과정에서 프랑스에서 꾸린 삶을 떠났다. 그녀는 런던으로 이주한 뒤에 재혼했다. "내가 한 일 중에 가장 힘든 일이었고, 엄청난 고통과 실패가 뒤따랐어요. 하지만 그런 전환이 지금의 나를 만들었어요. 그런 큰 변화에 뛰어들 용기를 가져야 당신의 3/4분기를 만들 수 있어요."

다행인 점은 50이 되면 우리는 마침내 다른 모든 사람들의 기대에서 벗어난다는 것이다. 가족과 문화적 조건화를 전부 털어버리고 나아갈 수 있게 된다. 3/4분기는 거추장스러운 것들을 벗어던지는 시기다. 그것이 나이듦의 즐거움이다. 다른 것은 정말로 아무것도 신경 쓰지 않고 별을 향해 손을 뻗는 시기다.

물론 여기에도 주의할 점은 있다. 3/4분기는 2/4분기를 발판으로 삼는다. 퀸에이저로서 내게 여러 선택지가 있었던 이유는 내가 성취기에 경험을 쌓고, 돈을 벌고, 가정을 꾸린 덕분이다. 안타깝게도 여기에는 삶의 불공정성을 반영하는 구조적 불평등이 존재한다. "2/4분기에 돈도, 연금도, 반려자도 없다면, 3/4분기에는 더 힘들어질 거예요. 2/4분기에 무엇을 얼마나 성취했는가에 따라 3/4분기의 출발점이 달라지죠. 근데 1/4분기를 어떤 조건에서 시작했는가에 따라서도 다른 분기에서의 출발점이 달라져요." 재정학 연구소에서 실시한 대규모 조사에 따르면 세대 간 격차가 점점 더 벌어지고 있다. 1960년대 이전에 태어난 세대에 비해 밀레니얼 세대의 부와 지위는 점점 더 부모의 부와 관련성이 커지고 있다.

아비바의 3/4분기가 마침내 모습을 드러냈다. 그 모습은 정오 공동체에서 자주 관찰되는 흐름, 즉 다시 학교로 돌아가기였다. 아비바가 다시 돌아간 학교는 명망 높은 하버드 대학교의 노인 아카데미였다. "다시 학생이 된 것이 매우 좋았어요. 해방감을 느꼈고 정말 재밌었어요! 일에 진절머리가 났다면 그걸로 일하는 삶은 끝난 거예요." 아비바는 학교에서 3/4분기 삶을 주제로 논문을 썼고, 그 논문이 그녀의 새 직업이자 잘나가는 뉴스레터 〈엘더베리즈〉의 토대가 되었다. "우리는 모두 새로운 것을 배워야 해요. 유연한 태도를 지니고 적극적으로 참여해야 해요. 일하면서 많은 영감을 주는 60대, 70대들을 만났고, 그들도 하나같이 새로운 장을 여느라 바쁘게 지내고 있었어요. 우리는 모두 3/4분기를 최대한 길게 끌 수 있기를 바라고 있어요.”

그러나 퀸에이저 구간인 3/4분기도 끝이 있다. 비록 건강수명을 길게 유지할 수 있다면 80대까지도 연장되지만, 언젠가는 우리 모두 4/4분기에 들어선다. 아비바는 이를 ‘수확기’라고 부른다. 내가 아버지에게 이 이야기를 하자 아버지는 박장대소하며 “수확이 아니라 죽는 거야!”라고 말했지만. 그 말에 나도 웃음을 터뜨렸다. 그렇게까지 웃을 일은 아니었겠지만.

그러나 어떤 의미에서 아버지의 말씀이 옳다. 서양 문화에는 죽음을 지향하는 모델이 사라졌다. 서구 사회는 삶에서 죽음을 완전히 도려내기 위해 애써왔다. 그래서 잘 죽고, 애도하는 이들을 지원하는 의례와 전통을 전부 잃었다. “물론, 우리가 죽기 전에는 사는 것에 초점을 맞춰야 해요. 4/4분기에는 그동안 시간과 노력을 들여 평생 심었던 모든 것을 수확하고 누리는 거예요. 그리고 가장 중요한 것은 계속 성장하는 거예요. 앞서 잘 심고 가꾼 이들에게 이 구간은 유산을 남기는 시간이에요. 환원의 시간. 조부모로서, 그리고 삶의 목적에 맞게. 하지만 많은 이들에게 외로움과 가난과 절망의 시간이 될 수도 있어요. 그렇기 때문에 더더욱 지금 현명하게 4/4분기를 위한 계획을 세워야 해요.”

나는 우리에게 주어진 더 긴 수명이라는 행운을 잘 누릴 수 있도록 삶을 성찰하고 장기적인 안목으로 자신의 기대를 재설정한다는 발상이 아주 마음에 든다. 나이가 들수록 전환은 쉽지 않다. 나는 이 책의 도입부에서 그런 변화가 얼마나 힘든지 이야기했다. 그러나 우리가 앞으로 직면하게 될 도전과 변화를 이해한다면 조금 더 쉬워질 것이다. 한 예로 나는 50대 초반, 아이들이 대학으로 떠나기 3~4년 전에 재교육을 받고 상담사가 된 친구와 이야기를 나눴다. 현재 그녀는 시를 통해 이행이나 슬픔에 관해 이야기하는 창작 그룹을 운영한다. 그녀는 이 일을 하면서 보람을 느낀다. "아이들이 집을 떠나는 시기에 이 새로운 일을 시작하게 된 것을 신에게 감사드렸어요. 덕분에 열정을 가지고 하루하루를 채워갈 수 있어요." 영국 해병대의 경구와도 같다. '사전 준비와 계획이 형편없는 수행 결과를 막는다.' 이것은 전쟁에서만이 아니라 삶에서도 진실이다.

100세 시대에 50세는 절반밖에 안 온 것이다. 우리가 늘어난 수명을 최대한 누리려면 다음 분기에 무엇이 필요한지 전략적으로 접근하고 일찍 계획을 세우기 시작해야 한다.

일터를 떠나는
퀸에이저들

45세 이상 여자들이 역사상 유례없는 규모로 일터를 떠나고 있다. EY 국제회계법인에서 발표한 새 보고서는 이 현상을 '사라지는 여자들'이라고 부른다. 지난 몇 년간 나는 퀸에이저 직원들을 붙들 방법에 관해 기업들과 대화를 나눴다. 어쨌거나 고위직을 정복할 수 있는 위치에 막 오른 여직원들이 떠나면 최상부에서 양성평등을 달성하는 것이 불가능하지 않은가. 내 옛 직장에서는 최고 중역이 되는 것을 '죽음의 지대에 들어서기'로 표현하곤 했다. 왜냐하면 일단 '최고'가 붙는 직함 또는 그 바로 아래 직함을 다는 순간 언제든 커리어가 종료될 수 있기 때문이다. … 공기는 희박하다. 사장이 바뀌기만 해도 모든 중역의 자리가 위험해진다. 그러나 중년 여성의 대탈출 속도 자체가 일반적인 이사 승진 탈락 속도보다 훨씬 더 빠르다. 연차가 높은 여직원의 대탈출을 막는 일은 정말로 중요하다.

영국의 FTSE 100 기업런던증권거래소에서 사용하는 지수 브랜드에는 약 여덟 명의 여성 CEO가 있다. 미국에서도 이와 비슷하게 포천 500 기업의 여성 CEO 비율은 약 10퍼센트다. 가장 최근에 크랜필드 여성 이사회가 실시한 조사에 따르면 고위 임원직의 여성 비율이 약 14퍼센트에 고착화되어 있다. 비상임 임원직의 여성 비율은 지난 10년간 12퍼센트에서 40퍼센트로 증가했다. 그러나 그런 증가는 눈속임에 불과하다. 운전대를 쥔 실질적인 권력이 있는 자리는 여전히 남자들의 것이기 때문이다.

무슨 일이 벌어지고 있는 걸까? 왜 25년, 심지어 30년간 미끄러지기 쉬운 기업 사다리를 용감무쌍하게 올라간 그토록 많은 퀸에이저가 항복 깃발을 들고 있는가? 이들은 돌기둥과도 같은 단단한 회복탄력성으로 무장한 집단이다. 우리는 잘나가는 변호사 친구가 '엉덩이에 손을 대는' 성추행이 보통인 시절에 일하기 시작한 세대다. 퀸에이저들은 그런 걸 견뎌내는 데 익숙하다.

문제는 더 높이 올라갈수록 더 남초집단이 된다는 것이다. 나는 중역이 된 여자들이 회사의 진짜 의사결정이 이루어지는 남자들만의 비밀 왓츠앱 그룹의 존재를 알게 되었다는 무시무시한 이야기들을 들었다. 또는 모든 의사결정이 여자들은 초대되지 않는 골프 모임이나 퇴근 후 (때로는 남자 전용 클럽이나 스트립클럽에서 열리는) 저녁식사 음주 자리에서 미리 확정된다는 이야기를 들었다. 이것은 고대 역사 비화가 아니다. 여전히 일어나고 있는 일이다. 영국의 최고 기업 조직인 영국 산업 연합Confederation of British Industry은 일련의 성희롱 스캔들로 발칵 뒤집혔다. 마치 중세 시대 영주의 초야권처럼, 자신보다 어린 여직원에게 손대는 것이 흔한 일이었던 것이다. 그것이 꼭 기존 대기업만의 이야기가 아니다. 실리콘밸리의 브로bro 문화도 어떤 의미에서는 우리 모두가 정주할 AI 미래를 설계하는 테크 선두 기업에서 여자들을 배척하는 방식으로 돌아간다. 산업계 전반, 그리고 사회 전반적으로 최상위층에서 여성 리더의 부재는 우리 모두에게 중요한 문제다.

최상부에 도달하는 많은 여자가 거기에 도달하기 위해 치마를 두른 남자가 되어왔다. 내가 아는 한 여성 CEO는 크리켓과 축구에 관해 해박한 지식을 자랑하는 대화를 이어갈 수 있고, 주말이면 군대식 체력 단련 훈련을 했다. 또한 앞서 구축된 모든 친여성 이니셔티브를 중단시켰다(남성 역차별이라는 근거로 그렇게 했는데 이는 남성 임원 무리에 합류하는 확실한 방법인 반면, 조직의 다른 여자들에게는 불리한 결정이다). 이런 리더는 언뜻 여자처럼 보이겠지만, 그들이 최상부에 도달해서 남자들보다 더 독해지면 여성 리더로서 차별화되는 역할을 전혀 수행하지 못하게 되는 것 아닐까? 한번은 내가 대기업의 수장에게 여성 CEO를 임명한 것을 칭찬했다. 이후에 파티에서 그 여성 CEO를 우연히 만났을 때 그녀가 화를 냈다. "우리 회장에게 내가 여자라는 사실을 다시는 상기시키지 마세요." 그리고 이렇게 말했다. "회장이 그 사실을 잊는 게 훨씬 더 좋아요." 어이쿠. 여성 리더는 다르다는 말이 무색해진다!

한편 회사에서 25~30년을 보낸 여자들에게는 선택지가 생긴다. 언제든 떠날 수 있다. 정오 설문조사 결과에 따르면 자신이 네모난 못인데 동그란 구멍에 억지로 맞춘 채로 지내야 하는 것, 사내 정치 게임을 하는 것에 신물이 난다는 감각이 퀸에이저들이 직장에서 느끼는 감정의 주를 이룬다. 케이트가 앞 장에서 표현했듯이, '비위 맞추기'를 하는 것에 진력난 것이다. 또한 이 시점에서는 우리에게 의미와 목적이 더 중요해진다. 나도 벌써 50이야, 내게 남은 시간이 많지 않을 수 있어. 남은 시간을 허투루 쓸 수 없어. 이런 감각도 강해진다. 그리고 많은 이가 승진하는 것 자체에 피로감을 느낀다. 널리 알려졌듯이 조직의 최상부에서 날뛰는 마초 나르시시스트들과 그들의 에고를 다루는 데 지친 탓이다.

셀마는 다니던 회사와 퇴사 합의를 마친 뒤에 나와 만나 커피를 마셨다. 셀마는 그 기업의 2인자였고 그녀가 그 기업에 머문 짧은 기간에 거의 30명의 여자들이 회사를 떠났다. CEO가 여성 혐오에 절은 독불장군이었기 때문이다.

셀마는 첫날 출근하자마자 자신이 들은 것보다 문제가 훨씬 더 심각하다는 것을 알게 되었다. "좀비 부서가 있다는 것을 알게 되었어요. 월급을 받는 직원 네 명이 소속되어 있었지만, 사무실에 출근하는 건 한 명뿐이었고 나머지 세 명은 장기 '병가' 중이었어요. CEO에게 심한 괴롭힘을 당한 나머지 정신건강에 문제가 생겨 더는 일할 수 없는 상태가 된 거예요." 셀마가 인사팀에 그 직원들이 CEO를 두려워한다는 이야기를 하려고 했지만, 인사팀은 그녀와 이야기하는 모습이 사람들의 눈에 띄는 것 자체를 꺼려했다. 그러다 보니 인사팀 부장과 이야기하려면 회사 밖에서 비밀리에 만나거나 드물게 출근하지 않은 날 줌으로 만나야 했다.

셀마는 여린 사람이 아니다. 25년 동안 건설업계에서 일했다.

그러나 이번 CEO는, 셀마의 말에 따르면 "너무나 가학적이고, 이번에도 또 누군가를 공개적으로 갈기갈기 찢어놓고는 만면에 미소를 띠고서 가벼운 발걸음으로 사장실로 향하는 모습이 목격"되는 사람이었다. 그 CEO는 여자들만 괴롭히지 않았다. 셀마는 한 남자 부장이 CEO로부터 무자비한 폭격을 속수무책으로 당했던 사실을 내게 전했다. "그 CEO는 자신이 '창의적 혼돈'을 조성하고 있다고 생각했지만 실제로는 조직의 효율성을 파괴하고 있었어요. 그런데 그 CEO는 소유주가 직접 임명한 사람이었기 때문에 누구도 그를 건드릴 수가 없었어요. 기업 강령에서는 회사가 훌륭하고, 공정하고, 포용적인 고용주라고 선언했지만 모두 헛소리였죠. 저는 사회생활을 하면서 그런 일을 너무 자주 목격했어요. 고객 또는 매출을 끌어들이는 사람으로 보이는 스타 CEO는 살인을 해도 용인돼요. 기업 강령과는 무관하게 말이에요."

어쨌거나 그 CEO의 심기를 건드리는 것은 여자들이었다. CEO는 정기적으로 셀마에게 그녀의 부서에 속한 여자들이 단순히 무용지물일 뿐 아니라 제정신이 아니고 무능하기까지 하다고 말하곤 했다. 그는 미팅에서 셀마의 부서 여직원들을 배제했고 다른 부서 직원이 그들과 이야기하는 모습을 발견하면 엄청난 비난을 쏟아붓는 방법으로 그들을 소외시켰다.

"CEO가 주재하는 일부 미팅에서는 그 회의실에서 가장 지위가 낮은 여자를 콕 집어서 사소한 사항에 관해 들들 볶고 심문했어요. 그 여자가 울음을 터뜨리거나 두려움과 수치심에 부들부들

떨 때까지요." 처음에 셀마가 직원들의 편을 들면서 지키려고 하자 CEO가 격분했다. 그가 여자 임원을 채용할 때는 패턴이 있었다. "처음에는 엄청나게 띄워줘요. 하지만 이후 그들의 권위를 깎아내리거나 그들이 내린 결정을 무효화하거나 핵심 미팅에서 배제하거나 오케이 사인을 받았다고 생각했던 프로젝트를 중단시켜요. 가스라이팅과 공포가 지배하는 문화였어요."

셀마는 CEO 주변의 모든 남자들이 그의 태도나 행동 패턴을 은밀하게 따라 하기 시작했다는 걸 눈치챘다. 그는 특정한 크림색 셔츠를 입었다. 셀마는 CEO가 주재하는 미팅에서 다른 모든 남자가 그와 똑같은 색 셔츠를 입고 있다는 것을 깨달았다. 그는 오로지 자신의 판박이만 신뢰하는 전형적인 사례였다. 부유한 가문의 체격 좋은 아이비리그 출신 남자만이 능력이 있다고 판단하는 것. 셀마의 입장에서는 대개 근거가 없는 자신감이었지만. "그런 남자들이 자격 조건이 부족한데 능력 있고 경험이 풍부한 여자들을 제치고 승진할 때마다 놀라웠어요. 그 CEO는 특히 하교하는 아이를 데리러 가기 위해, 또는 아이를 돌보는 사람을 퇴근시키기 위해 자리를 비우는 여자들을 맹렬하게 비난했어요. 그 여자들의 삶에 자신이나 자신의 변덕보다 더 중요한 것이 있다는 걸 견디지 못한 거죠."

기업의 많은 남성 리더들처럼 그 CEO는 직원들을 회사에 붙들어두는 것에 집착했다. "회사가 변해야 했지만, 그가 워낙 통제광이었고 모든 결정은 자신을 통해야 한다고 주장했기 때문에 연차가 낮은 직원들에게는 의사결정 권한이 없었어요 이 점을 지적하자 그는 격분했어요. 얼굴이 벌게지고 호흡이 거칠어지는 바람에 저는 사장실을 나와야 했어요. 인사팀에 회사를 떠나는 여직원의 수가 너무 많다고 문제를 제기했을 때 인사팀 담당자는 고개를 저으면서 자신들이 할 수 있는 게 없다고 말했어요.”

셀마는 그 경험으로 고통 받고 있는 게 분명해 보였다. 나와 만나서 이야기할 때 셀마의 손이 떨렸고 얼굴은 잿빛이었다. 그녀는 그 자리를 받아들인 자신을 탓했다. 애초에 그 일로 인해 그 CEO는 여성 임원을 고용했다는 명분을 얻었다. “들어가자마자 문제가 있다는 걸 깨달았어야 해요. 첫 2, 3주에 요새를 지키던 몇몇 4050 여직원들이 제 사무실에 와서 사직서를 냈어요. 더 이상 인간방패가 될 수 없다면서요.” 셀마의 여성 동료들도 하나같이 똑같은 이야기를 들려줬다. 끊임없이 폄훼당하고 공포 속에서 살아간다고. 그들은 상사로부터 이메일을 받으면 심장이 요동친다고 말했다. 자신감이 완전히 사라져서 아침에 일어나면 출근해야 한다는 사실에 괴로워했다.

셀마는 부서원들을 보호하려고 노력했지만 CEO와의 관계가 나빠지면서 깨달았다. “저는 오로지 최상부에 여성 임원이 있다는 명분을 부여하는 포장지 역할을 하기 위해 거기 있는 거였어요.” 결국 셀마는 자신이 그 자리에서 버티는 것이 오히려 CEO의 사악한 정권을 유지하는 걸 도울 뿐이라는 사실을 깨달았다. 셀마는 해고일까지 출근이 정지된 유급 휴가를 통보받았다.

이것은 내게 매우 익숙한 이야기다. 비슷한 시나리오를 겪은 전직 중역 여성의 수를 헤아리기를 이제는 포기했다. 그들은 퇴직 정산금을 받기 위해 비밀 유지 조항에 서명하고 침묵을 강요받기까지 한다. 셀마는 "좋아하는 일과 업계를 떠나온 일에 가슴 아파했다. 나아가 50대에 그와 비슷한 수준의 고위직 일자리를 찾기 어렵다는 것도 안다.

셀마의 이야기는 특히 극단적인 사례지만, 유감스럽게도 이것이 드문 일은 아니다. 적어도 셀마는 성희롱은 당하지 않았고 기술적인 트집을 잡혀서 아무런 보상금 없이 해고당하지도 않았다. 정오 공동체에서 우리는 이런 식으로 '떠난' 여자들의 이야기를 너무나 많이 들었다. '자발적 지원의 형식을 띤' 해고를 당하거나 중년의 소용돌이에 휩쓸린 데다 무자비한 기업 세계 논리를 견디지 못해서 퇴사하는 여자들의 이야기를. 많은 이들이 셀마처럼 자신을 규정해온 커리어에 등을 돌려야 한다는 사실에 큰 슬픔을 느꼈으며, "이른바 서랍장에 묻힌 다양성, 형평성, 포용성 정책과 그조차도 연령이나 젠더화된 연령차별주의에 관해 언급하지 않는" 현실에 억울함을 느꼈다.

"저는 제 일을 훤히 꿰고 있어요. 업계에서 인정하는 상도 받았어요. 왜 제가 저보다 재능과 노력이 부족한 사람을 조력해야 하죠?" 한 퀸에이저가 말했다. "나가서 제 회사를 차리려고요." 그녀는 현재 자신이 몸담았던 업계에 컨설팅 서비스를 팔면서 큰 수익을 내고 있다. "재수 없는 놈들 안 봐도 되고, 제가 일하고 싶을 때 일해요. 제 몸값은 제가 정하고, 여름휴가도 확실하게 챙겨요. … 무엇보다 제가 내는 아이디어들을 이해하지 못하는 상사들을 설득하려고 애쓸 필요가 없어요."

또 다른 퀸에이저는 금융업계에서 높은 직함을 막 내려놓았다. 그녀는 자신이 투자은행에서 어떻게 일했는지 설명했다. 투자은행업계는 1992년부터 특히 심각한 성별 임금 격차와 고위직에 남성 편중이 유명한 경제 부문 중 하나다. 그녀는 아이가 셋이고 아이들이 어릴 때 정규직으로 일하면서 MBA도 땄다. 그런 자격을 갖춘 덕분에 승진했고, 은행에서 최고위직 여성이 되었다. 팀원 12명 중 유일한 여자였다. "아주 오래전부터 과장된 추켜세우기 문화를 견디는 법을 배웠어요. 숙녀처럼 굴면 애초에 중역 회의실에 들어갈 수도 없어요. 이 세계에 발을 들이는 대가인걸요. 하지만 저보다 젊은 여성들이 걱정돼요. 저처럼 끈기 있지 않아요. 어떤 면에서는 좋은 거예요. 그런 마초 문화를 그저 견뎌내지 않을 테니까요. 하지만 그렇게 되면 그들에게 어떤 일이 일어날지 잘 모르겠어요. 왜냐하면 은행업계의 살벌한 문화는 변하지 않고 있거든요." 그녀는 자신이 '사내 중 한 명'이 되려고 노력했음을 털어놓았다. 하지만 불공정한 상여금 문화, 착취에 가까운 성과 목표, 믿을 수 없을 정도로 긴 근무 시간, 악의적인 뒷담화를 30년간 겪은 뒤에는 더 이상 견딜 수가 없었다. "그냥 더는 그렇게 살 필요가 없었어요. 이제 신출내기가 아닌걸요. 내게 맞는 조직을 꾸리고 의사결정을 내릴 수 있을 정도로 돈도 충분히 벌었어요. 이제 나도 54살이야. 뭘 위해서 사는 거지? 이 정도면 할 만큼 했어! 그런 생각이 들었죠."

그녀는 근무하던 투자은행의 CEO가 자신을 비롯해 고위직으로 올라간 여성들에게 지원을 아끼지 않았지만, 업무 특성상 퇴근 시간이 지나야 멘토링을 요청할 수 있어 오히려 더 피곤하기만 했다고 말했다. 또 중역들 사이에서는 여전히 기존의 '사내들끼리 똘똘 뭉치는 문화'가 건재했고, 바로잡아야 하는 성차별적 관행들이 너무 많았다고 했다.

많은 퀸에이저들이 자신이 갈망하는 자유를 확보하는 유일한 길은 사업체를 직접 운영하는 것임을 깨닫는다. 그러나 이 또한 까다로운 과업이다. 신설된 회사의 90퍼센트가 망한다. 또한 어떤 퀸에이저에게는 독립이 좋은 선택지이고 (나이 든 기업가는 젊은 기업가에 비해 창업 성공 확률이 2배 더 높다) 이런 여자들의 개인적 삶의 질은 올라가지만, 구조적인 문제는 여전히 해결되지 않은 채 남는다. 고위직 여성들이 전부 떠나면 최상부에서 양성평등을 결코 이룰 수 없을 것이다. 최상부에서 평등이 이루어지지 않으면 우리는 여자들을 대변하는 기업과 문화를 결코 얻지 못할 것이다.

45~60세 전문직 여성들이 고용주에게 무엇을 바라는지, 정오 공동체와 액센추어가 공동으로 조사했다(2022년). 그 결과 퀸에이저는 적절한 현업 관리, 긍정적인 문화, 인정, 자치권, 유연성, 존중, 의미를 원한다고 답했다. 그리고 이것은 젊은 세대가 원하는 것과도 정확하게 일치한다. 문제는 퀸에이저가 떠나면 조직에 중요한 사회자원도 부족해진다는 것이다. 린인닷오그와 맥킨지의 조사에 따르면 고위직 여성은 다양한 배경의 부하 직원 인재들을 멘토링하고 지원하는 경우가 고위직 남성에 비해서 68퍼센트 더 많다. 글로벌 로펌 리드 스미스의 경영 파트너인 타마라 복스

는 이렇게 말한다. "문제는 젊은 여자들은 우리 퀸에이저처럼 참지 않는다는 거예요. 순응하기를 거부해요. 더 일찍 그만두고 있어요. 그건 고위직으로 올라갈 젊은 여자 인재 파이프라인이 아예 없다는 걸 의미해요. 기업들이 퀸에이저의 가치를 인식하고 차세대 여성 리더를 키워야 해요. 하지만 구호에 그칠 뿐 실제로는 그런 일이 일어나고 있지 않아요."

퀸에이저는 개척자 세대다. 1980년대 말에서 1990년대 초에 남자와 거의 비슷한 숫자로 노동시장에 진입한 첫 세대다. 우리 대다수는 버텼다. 각자의 직업에서 30년 이상 일하고 상층부로 올라갔다. 그러나 최상부 문턱에서 내쫓기거나 떠나고 있다. 기업과 큰 조직들이 여전히 남성에 의해, 남성을 위해 구성되고 있기 때문이다. 여자들이 떠나느냐 남느냐를 결정하는 가장 중요한 요인은, 로펌 클리퍼드 챈스가 엔컴패스 이퀄리티와 실시한 연구에 따르면 '직속 상사에게 어떤 지원을 받는가' 하는 것이다. 직속 상사에게 제대로 된 지원을 받지 못한 여직원이 회사를 떠날 확률은 64퍼센트였다. 평균은 38퍼센트다. 해로운 직장 문화도 여직원이 2년 이내에 회사를 떠날 확률을 2배로 높였고, 이 확률은 나이가 많을수록 더 높아졌다. 회사 내에서 자신의 성장 가능성을 낙관적으로 보는 여성의 비율이 20대 여성에서는 65퍼센트인 데 반해 40대에서는 38퍼센트였다. 40대는 50대에 찾아오는 진정한 의미의 젠더화된 연령차별주의가 작동하기도 전이다. 나는 이를 영국의 한 대기업에서 수치로 확인했다. 40~45세와 45~50세 연령대 인력에서 여직원의 비율은 28퍼센트를 차지했다. 그러나 51~55세에서는 이 숫자가 20퍼센트로 급감한다. 이것이 퀸에이저 인재 유출 현상이다. 대다수 기업은 이런 중요한 성별과 연령의 교차점을 파악조차 하지 못하고 있다.

충격적인 것은 나이 든 여자들이 퇴사하거나 해고당하고 있는 현실이 아예 논의조차 되지 않고 있다는 점이다. 나는 이런 현실에 관해 계속해서 이야기를 듣는다. 그들은 떠났다. 또는 해고당했다. 그러나 아무도 관심이 없었다. 귀를 먹먹하게 만드는 침묵뿐이었다. 많은 기업들이 다양성과 포용성에 관해 이야기하고, 젠더 형평성이 필요하다고 말한다. 그러나 조직 내 나이 든 여성 인재의 몰살에 관해서는 근시안적으로 접근한다. 아예 측정조차 되지 않는다. 내 말이 믿기지 않는가? 당신 회사를 살펴보라. 50세 이상인 여직원이 얼마나 되는지, 지난 2년간 그중 몇 명이 회사를 떠났는지. 그들은 그 자리에서 버텼고, 중역 회의실에 들어가기 위해서 엄청난 부당함을 감내해야 했다. 젊을 때는 괴롭힘과 무시, 차별을 당했지만 그냥 꾹 참고 잊어야 했다. 아이가 있다면 엄마로서 양쪽 리그를 모두 뛰면서도 남자와 동등한 대우를 받는 척해야 했다. 업무와는 완전히 분리된 가정 살림이라는 별도의 핸디캡을 지닌 채로 일하고 있었는데도 말이다. 이제 50대가 되니 갱년기라거나 "얼굴이 벌겋다"거나 감정적이라거나 전성기가 지났다며 무시당한다. 또는 미래가 아닌 과거 취급을 당한다.

내 동료이자 《저항하는 여자들: 중년 여성이 파업하는 이유 Revolting Women: Why Midlife Women Are Walking Out》의 저자 루

시 라이언은 이런 이야기를 한다. "여자들이 권력에 더 가까워질수록 여자들을 밟아버려야 할 필요가 더 절박해져요." 조직에서 최상부에 막 도달하려는 시기에 이 모든 여자들이 떠난다는 점에서 흥미로운 지적이다. 그런데도 기업들은 갱년기에만 주목한다. 비록 건강 평등이라는 관점과 심각한 갱년기 증상을 겪는 25퍼센트의 여성을 보호한다는 관점에서는 환영할 만한 일이지만, 이는 또한 미래 리더로 진지하게 고려되어야 할 퀸에이저를 안면홍조라는 생물학적 상자에 도로 집어넣는 처사이기도 하다. 그토록 많은 기업이 갱년기 배려 정책을 민첩하게 수용한 것도 놀라운 일이 아니다! 정오 공동체의 설문조사 결과 4분의 3이 갱년기 렌즈가 적용되지 않기를 바란 것으로 나타났다.

물론 갱년기가 더 이상 금기사항이 아니게 된 것은 바람직한 변화다. 현재 의사들은 갱년기 증상에 관해 필수적으로 교육받는다(영국에서는 2012년에 이르러서야 그렇게 되었다). 그러나 중년 여성을 오직 갱년기라는 생물학적 렌즈로만 들여다보는 것은 도움이 되지 않는다. 퀸에이저가 월경과 돌봄 의무에서 벗어난 현실은 가려진 채 퀸에이저에게 신경질적인 호르몬 상자를 씌우는 건 아닐지 우려하지 않을 수 없다. 일하는 여성에게 50~75세인 3/4분기는 그들의 전성기여야 한다.

우리는 이 조용한 비극에 관해 큰소리로 외쳐야 한다. 퀸에이저는 현재의 자리로 오기까지 많은 고통을 감내했다. 여자들이 45세가 되었을 때 여성 인재의 2차 두뇌 유출이 일어나는 것은 도덕적으로도 옳지 않고 기업에도 좋지 않다. 또한 점점 더 벌어지는 성별 연금 격차라는 측면에서도 문제다. 여자의 연금 자산 규모는 남자의 35퍼센트에 불과하지만, 남자들보다 더 오래 산다. 정부 입장에서도 노년 빈곤을 막기 위해서는 퀸에이저들이 일해야 한다. 퀸에이저는 '슈퍼소비자'다. 기업에는 퀸에이저를 이해하고 퀸에이저에게 상품을 팔 수 있는 직원이 필요하다. 그러나 이 인구집단을 대상으로 삼는 광고는 10퍼센트가 채 안 되며, 퀸에이저의 절반 이상은 브랜드들이 자신들을 투명인간 취급한다고 느끼고, 광고업계에 자신들의 목소리가 반영되지 않고 있다고 느낀다. 더 넓게 보면 나이 든 여성은 가장 빠르게 증가하는 노동 인구집단이다(영국에서만 700만 명에 달한다). 세계 경제에서는 인재 부족 위기가 임박하고 있다. 그런데 왜 경험도 있고 기술도 갖춘 퀸에이저가 자발적으로 또는 해고라는 형태로 조직을 떠날까? 이는 반드시 수정되어야 할 문제다.

세상을 향해 소리를 질러라! 50세 이상 여성은 전체 인구집단의 4분의 1을 차지한다. 우리는 슈퍼소비자이고 핵심 인재 풀이다. 우리는 중요하다.

더 오래 사는데
더 가난한 여성들

50대 이상의 성별 연금 격차는 충격적일 정도로 심각하다. 67세 영국 여성의 평균 연금은 6만 9,000파운드약 1억 3,000만 원인 반면 동일 연령의 영국 남성의 평균 연금은 20만 5,000파운드약 3억 8,000만 원다. 이것은 경악할 정도로 큰 차이다. 특히 여자가 더 오래 산다는 점을 고려하면 더 그렇다. 여성의 3분의 1은 사적 연금이 전혀 없고, 4분의 1은 육아 휴직 중에 납부예외 신청을 하거나 개인적으로 납부한다. 이런 연금 격차는 전 세계에서 관찰되고 있다.

정오 공동체 고문 위원인 헬레나 모리시 남작부인은 30퍼센트 클럽의 설립자이자 한 투자은행의 전 CEO로, 많은 여성이 퇴직 자금이 부족하거나 재정 계획이 없는 이유가 여자들이 자신의 미래 필요를 우선순위에 두는 일을 미루기 때문이라고 지적한다. "분명한 것은 가족이 논의해서 각자 역할을 분담한 만큼, 가정의 재정에 미치는 영향에 대한 책임을 모든 구성원이 동등하게 져야 한다는 거예요. 여자들은 돌봄 책임과 경력 단절이 재정에 미치는 영향을 배우자가 함께 질 방법에 모색하기 위해 배우자와 솔직한 대화를 나눌 필요가 있어요. 돌봄만이 문제가 되는 게 아니에요. 미혼 여성도 재정적으로 불리한 입장이에요. 단독 가구의 1인당 생활비는 2인 이상 가구의 1인당 생활비보다 많이 드니까요."

우리는 이제 배려하는 걸 일단 멈추고 자신의 재정 상태를 정확하게 파악해야 한다. 노년에 경제적으로 여유가 있으려면 돈을 어떻게 운용해야 하는지 알아야 한다. 게다가 우리는 평균적으로 남자들보다 10년은 더 살기 때문에 자금이 그만큼 더 필요하다. 우리 세대의 많은 여자들이 남자가 곧 재정 계획이라고 생각하면서 자랐다. 우리에게 주어진 패를 제대로만 쓰면 다른 누군가가 우리를 돌봐줄 것이라고 기대했다. 우리 어머니 세대의 유산이다. 지금은 21세기이고 우리는 더 이상 탑에 갇힌 공주가 아니며, 우리를 구해줄 왕자는 오지 않는다. 우리가 스스로를 구하지 않으면 아무도 우리를 구해주지 않는다.

인구통계만 봐도 알 수 있다. 퀸에이저의 40퍼센트가 혼자 산다. 동거인이 있는 경우에도 절반 이상이 주 부양자다. 우리 집에서는 나와 남편 중에 내가 늘 주 부양자였다. 그래서 내가 그런 커리어를 이어나갔던 것이다. 나는 대학 동기들 중에 똑똑한 여자들이 결혼 후 남편의 커리어 때문에 정작 본인의 커리어를 희생한 사례를 많이 봤다. 나의 경우에는 내 월급으로 주택담보대출금을 갚았기 때문에 아이들이 아프면 남편이 집에서 아이들을 돌봤다. 그것이 주 부양자가 감당해야 하는 짐이지만, 또한 주 부양자에 걸맞는 지위를 부여하기도 한다. 통계만 봐도 알 수 있다. 여성의 55퍼센트는 첫 아이가 태어난 후에 정규직으로 복귀하지 않는다(남성은 95퍼센트가 복귀한다). 나아가 거의 절반가량의 여성이 육아와 다른 돌봄 책임(노인 돌봄이나 손주 돌봄)으로 인해 커리어와 재정에 영향을 받는다. 15퍼센트는 일을 그만뒀고, 18퍼센트는 근무 시간을 줄였다. 14퍼센트는 돌봄을 제공하느라 재정적으로 타격을 입었다고 말했다. 이것은 특히 나이 든 여성에게 문제가 된다. 또한 우리는 현재 50대 여성의 이혼율이 높다는 것을 안다. 이것은 재정적으로는 재앙이 될 수 있다. 평균적으로 여성의 연금 자산은 남성의 35퍼센트에 불과하다. 그런데 이혼한 여성의 경우 전남편의 연금 자산은 평균 20만 5,800파운드4억 450만 원로 추정되는 반면, 이혼한 여성의 연금 자산은 고작 2만 6,100파운드5,130만 원에 불과하다. 17만 9,700파운드3억 5,320만 원에 달하는 엄청난 차이가 나는 것이다. 그러니 이혼하기로 마음먹었다면 주택이 아닌 연금을 나눠야 한다!

내가 운영하는 많은 퀸에이저 워크숍에서는 자신의 미래 재정 안정성을 더 일찍 우선순위에 두어야 했다는 것을 깨닫고서 탄식을 내뱉는 순간이 항상 온다. 100세 시대가 환영할 만한 일이기는 하지만, 늘어난 수명만큼 돈이 든다는 것도 알게 되기 때문이다. 퀸에이저라는 집단으로서 우리의 첫걸음은 모래에 파묻은 고개를 들고, 자신의 재정 상태를 파악하는 것이다. 나는 우리 삶을 지지하는 기본 토대라는 의미에서 퀸에이저 맞춤 재정 워크숍을 운영하고 있다. 이 워크숍에서 참가자들과 제일 처음 하는 작업은 정찰이다. 그동안 일한 곳 중에 본인의 연금 계좌가 있을 것이라고 짐작되는 모든 직장의 목록을 적는다. 그런 다음 그 연금 계좌를 전부 한자리에 모은다. 그 연금 계좌 중에 단 한 가지라도 명시적으로 기술된 혜택이 있다면 유념해서 그 혜택을 유지하라. 그런 혜택이 없다면 여러 연금 계좌를 하나로 통합해서 추가 수수료가 나가지 않게 하는 것이 좋다. 둘째, 주택담보대출금이 있는가? 대출 상환 기간이 얼마나 남았는가? 실직했을 때를 대비한 자금이 있는가? 유언장이 있는가? 생명 보험은? 당신에게 정신적으로 문제가 생겼을 때를 대비해 후견인을 지정한 유효한 위임장이 마련되어 있는가? 이 모든 것이 무섭게 들린다는 걸 안다. 누구도 자신이 병자나 노약자가 되는 상황을 생각하고 싶어 하지 않는다. 하지만 노년에 빈털터리가 되지 않으려면 이런 것들은 필수다. 헬레나 모리시는 재정 건전성을 체력 관리처럼 접근해야 한다고 조언한다. 구호는 "적게, 자주"다. 이 모든 것에 관해 주도권을 행사하면 엄청난 뿌듯함을 느낄 수 있다. 자신의 상태를 알면 개선할 수 있고, 불안 요소를 줄이는 데도 도움이 된다.

나는 우리가 딸들과도 이 주제에 관해 되도록 일찍 대화를 나눠야 한다고 굳게 믿는다. 모든 젊은 여성은 20대에 연금 계좌를 만들어서 매달 아무리 적은 금액이라도 연금을 채우기 시작해야 한다. 그래야 복리가 마법을 부릴 수 있기 때문이다. 여성들에게 미래에 관해 최대한 일찍 생각하는 것이 얼마나 더 유리한지 알리기 시작해야 한다. 현재 금융업계는 전문 용어와 (적어도 나로서는) 이해 불가능한 스프레드시트로 우리의 눈을 가리고 있다. 그러니 우리가 그동안 몇몇 여성들에게만 전달된 재정과 관련된 여러 의사결정을 구체적으로 설명하는 이야기들을 들려주고 좋은 조언은 널리 퍼뜨려야 한다. 예를 들면, 상여금을 받으면 일부는 연금에 넣어라. 그 돈은 면세 대상이다. 여윳돈이 생기면 이자가 조금이라도 높은 예금에 넣어라. 누구나 아는 내용이라고 생각하겠지만, 나만 해도 그렇게 하지 않았다. 딸의 남자친구가 그게 얼마나 바보 같은 짓인지 지적하고 난 뒤에야 나는 더 높은 이자를 주는 통장으로 돈을 옮겼다. 핵심은 우리가 이런 재정과 관련된 모든 것을 제대로 파악하고 관리해야 한다는 것이다. 3/4분기, 우리의 새로운 장에 맞는 야심 찬 계획을 세우는 것도 좋지만, 그 비전을 실현하기 위해서는 탄탄한 재정적 기반이 필요하다.

별건 아니지만 내가 실행한 유일한 재정 계획이자 현명한 계획은 딸들을 위해 차일드 트러스트 펀드Child Trust Funds에 돈을 부은 것이다. 차일드 트러스트 펀드는 토니 블레어 정권에서 도입된 펀드로 2002년 9월 1일 이후 출생한 모든 아이에게 정부가 250파운드 상당액의 투자 바우처를 제공해서 그 아이가 18살이 될 때까지 어느 정도 자산을 마련할 수 있게 돕는 제도였다. 정부가 준 종잣돈을 불리기가 매우 쉽게 설계되어 있어서, 나는 딸들이 태어났을 때 월급 통장에서 자동이체를 신청해서 매달 꼬박꼬박 50~100파운드를 적립했다. 딸이 대학 졸업 후 대학원에 진학하거나 여행을 떠나고 싶다면 그 돈으로 할 수 있다. 내가 그동안 펀드에 적립한 덕분이다. 둘째도 마찬가지다. 나는 이것을 딸들의 '내 꿈 좇기' 펀드라고 생각한다. 그런 명칭이 지루한 복리 이자 계산표보다는 저축 습관을 들여야 하는 이유를 더 설득력 있게 나타낸다고 생각한다. 단언컨대, 저축하면 가능해지는 것들에 관한 더 흥미로운 이야기를 들려주면 더 많은 여자가 기꺼이 저축할 것이다. 특히 그런 이야기를 50세 이후에 여자들이 할 수 있는 것들과 연결시키면 더 효과적일 것이다.

우리가 자신의 돈 관리에 신경 써야 하는 또 다른 이유는 그것이 중요하기 때문이다. 퀸에이저는 엄청난 부를 쥐고 있다. 직접 번 돈도 있지만, 물려받은 돈도 있다. 가장 위대한 세대1901~1927년 사이에 태어난 미국인와 베이비붐 세대1946~1964년에 태어난 미국인로부터 우리 세대로 수조 파운드의 자금이 이동했다. 우리가 가진 힘을 이해하면 그 힘으로 세상을 더 나은 곳으로 만들 수 있다. 예를 들어 나는 내 연금을 하나로 통합하면서 화석연료 종목 펀드를 빼고 여성 기업가를 지원하는 재생에너지 펀드를 넣었다. 퀸에이저가 지닌 자본을 집단적으로 좋은 일에 사용할 수 있다. 특히 그 자금을 자매 연대 경제에 편입시킬 수도 있다. 자매 연대 경제에서는 여성이 세운 기업의 상품을 구매하거나 여성 설립자의 비영리사업에 투자하려고 의식적으로 노력한다.

우리는 의지만 있다면 돈 문제에서 얼마든지 주도권을 행사할 수 있다. 그것이 전부다. 우리가 물려받은 여느 조건화와 크게 다르지 않다. 우리가 해야만 한다고 세뇌당한 것이 무엇인지는 중요하지 않다. 우리 세대는 누군가의 기분을 좋게 해주고, 상대를 배려해야 하고, 다른 사람의 필요를 위해 자신의 필요는 억눌러야 한다고 배우면서 자랐다. 우리가 자신의 재정 안정성을 우선순위에 두지 않았다는 것도 그 연장선으로 볼 수 있다. 그렇기에 퀸에 이저 이야기의 다른 많은 것들처럼, 여성이 자기 재정을 주도적으로 관리하는 추세로의 대전환은 충격적일 정도로 새로운 변화다. 50대 여성은 진정한 개척자다. 1970년대에 우리 부모님이 이혼했을 때, 어머니는 대학교수였는데도 자기 명의로 주택담보대출을 받을 수 없었고, 남자 보증인을 내세워야 했다. 사우디아라비아와 같은 국가에서는 지금도 벌어지고 있는 일이다. 여자들이 자기 재정 관리의 주인이 된 것은 우리 세대에서 시작된, 비교적 최근의 일이다. 우리 중에서 주 부양자인 많은 여성이 그런 주도적인 역할을 수행한 최초의 세대다. 따라서 우리가 장애물을 뛰어넘는 데 다소 어려움을 겪는다고 해도 그게 당연하다. 그러나 우리는 해낼 수 있다. 이것이 정말 중요한 이유는 많은 여자들이 자신의 경제적 미래를 최우선순위에 두지 않는 반면 남자보다 더 오래 살다 보니 결국 노년 빈곤을 겪게 되기 때문이다. 우리는 재정에 관한 더 나은 길을 열고 그 이야기를 들려줌으로써 다음 세대가 그런 운명을 맞이하지 않게 해야 한다.

지루하고 겁이 나는 주제라는 것을 알지만, 자기 재정을 정확하게 파악해야 한다. 연금이 있다면 통합해서 관리하라. 미래에 생활비가 얼마나 들지 계산하고 필요하다면 돈을 더 모아라. 돈 문제에 관해서는 아는 것이 힘이다.

찾아야 보이는
숨겨진 힘

링크드인으로 연결된 여자들 중에는 나를 끊임없이 감탄하게 만드는 이들이 있다. 그 중 최고는 랄리타다. 나는 랄리타의 다음과 같은 게시물들을 좋아한다. '당신은 당신의 목적을 찾았다는 것을 알게 될 것이다. 왜냐하면 그 목적이 당신이 조류를 따라 손쉽게 헤엄치도록 유도하고 힘을 실어줄 것이기 때문이다.' 랄리타는 유색인종 여성으로 테크업계에서 일하는 것에 관해서도 감탄할 만한 글을 쓴다. 새로운 것, 특히 디지털 기술과 관련된 것이라면 적극적으로 받아들이는 자세가 성공을 거둔 비결이었다는 글도 훌륭하다.

랄리타는 TV 방송계에서 젊은 제작자 및 기자로 일할 때 대개 가장 지루하고 시시한 뉴스를 맡았다고 말했다. 스튜디오에 초대할 게스트도 없고, 아무런 이미지 자료도 없는 뉴스들. 그녀는 흥미로운 기사를 만들기 위해 색다른 각도에서 접근했고, 최초의 데이터 시각화 자료를 만들어내기도 했다. 상사는 그 자료를 높이 평가했고 이후 해당 뉴스 프로그램의 기사 보도 템플릿으로 삼았다. "하지만 너무 피곤했어요. 늘 남들보다 30퍼센트는 뒤에서 출발했으니까요. 여기서 말하는 남이란 대체로 상류층 출신의 젊은 백인 남성이었고, 그들에게는 흥미진진한 뉴스들이 주어졌어요. 제 기사가 주목받도록 하기 위해 아주 깊이 고민해야 했어요. 저 같은 흑인과 아시아계 여자는 언제나 2배는 더 능력이 뛰어나고, 3배는 더 노력해야 해요. 제 말은 스스로가 경쟁적 우위를 얻을 수 있는 경로를 찾으라는 거예요. 그게 제 슬로건이기도 하고요."

랄리타는 늘 문화적 압력을 느꼈다고 말했다. 아시아계 여자로서 '집단에 충성하고 튀지 않아야 한다'는. 그녀는 인생 대부분을 카메라 뒤, 그리고 편집실에서 보냈다. 그러나 60이 가까워 오자 마침내 자기 삶의 볼륨을 높이기 시작했다. 현재는 링크드인에 정기적으로 글을 게시한다. "내 경험과 관점을 나누고 있어요. 해주고 싶은 말이 많아요. 이 업계에서 30년을 일했으니까요. 그런데 제 목소리를 내는 게 쉽지 않더라고요. 처음에는 공개적으로 말하는 게 매우 불편했어요. 하지만 제 내면의 진짜 생각들을 공유하자 많은 독자가 유입되었어요. 상상할 수 없을 정도로 많은 사람이 제 글을 읽어주고 있어요." 랄리타는 58세에 마침내 자신의 무대 위에 서고 있다. 결과는? 디지털 공간의 선도자라는 새로운 커리어를 얻었다. 랄리타는 자신의 영향력과 쇄도하는 강연 요청에 설렌다. 그러나 "흥분, 즐거움과 함께 분노도 느껴요. 그토록 오랫동안 저를 침묵시킨 사회적 구조에요. 그렇지 않았다면 더 일찍 누렸을 자유와 힘을 누리지 못했다는 사실에 화가 나요."

랄리타의 성공담은 이 연령대 여성들의 성공담이 대개 그러하듯 상실에서 시작되었다. 랄리타의 남편은 50세 생일을 앞두고 갑자기 사망했다. 그녀는 발을 다친 아들과 집에 있을 때 남편이 회사에서 갑자기 쓰러졌다는 전화를 받았다. "현관 앞에 경찰차가 와서 저를 병원으로 데려갔어요. 남편은 심각한 심장마비를 일으켰어요. 우리는 전혀 몰랐어요. 남편은 체력이 좋았고, 어디든 자전거를 타고 다녔고, 평생 담배를 피우지 않았어요. 그 사람은 49살이었어요. 아이들은 15, 17살이었고요. 병원에서 남편을 살리려고 1시간 동안 애썼지만, 소용이 없었어요."

남편의 죽음이 너무나 갑작스러웠기 때문에 랄리타는 마치 유체 이탈을 한 것 같은 경험을 했다. "울부짖는 소리와 비명을 들었어요. 그 소리를 내는 사람이 저라는 걸 몰랐어요." 사흘은 아무것도 할 수가 없었다. 그러다 마침내 정신을 추슬렀다. 아이들을 위해서였다. "관리비를 내기 위해 일터로 돌아갔어요. 암울하고 힘든 시간이었어요."

그러나 많은 퀸에이저에게 자주 듣듯이 그렇게 불 속에서 단련되는 순간, 자신이 알았던 옛 삶이 끝났을 때가 결국 해방의 순간이기도 했다. 그전까지 랄리타는 자신을 아내이자 엄마로만 봤다. 그러나 이제는 자신이 선택한 역할, 자기 정체성을 만들어내야 한다고 느꼈다. "저는 이것이 제 황금기, 전성기라고 생각해요. 제 50대의 시간으로 60대를 준비하고 있어요. 그리고 그 60대 또한 최고의 시간이 되리라는 것을 알아요."

그녀는 나와 마찬가지로, 퀸에이저가 되고 나서 우리가 여자로서 얻은 모든 경험과 지혜를 활용하고 소리 내어 말하는 것이 얼마나 중요한지를 배웠다. "세상에는 그런 일이 정말로 필요해요. 그리고 저 자신을 탄탄한 브랜드로 세운 지금, 저는 컨설턴트라는 미래도 확보했다고 느껴요. 60대와 70대에도 계속 중요한 역할을 할 수 있다고 믿어요." 랄리타의 든든한 무기는 디지털 기술이다. 랄리타는 다른 퀸에이저들에게도 디지털 기술을 익히기를 권한다. 특히 AI 관련 기술을. 그래야 계속 중요한 역할을 할 수 있다고 전한다. "어쨌거나 지금이 아니면 언제 하겠어요? 아무도 나 대신 그런 걸 해주지 않아요. 자신감이 있어야 내가 사회에 내어줄 수 있는 것이 얼마나 많은지 깨달을 수 있어요. 저는 무대 뒤에서, 그리고 무대 위에서 스스로를 대변하는 법을 배웠어요. 그리고 그것은 제가 사회에 환원할 수 있고 다른 여자들에게 기회를 열어줄 수도 있다는 걸 의미해요. 이런 걸 예전에 알았더라면 더 좋았겠죠. 그게 제가 지금 목소리를 내는 이유예요."

랄리타는 다양한 배경의 젊은 설립자들을 멘토링하는 시간을 늘리고 있다. "사명감이 뚜렷하고, 영감을 주는 젊은 사람들에게서 많은 에너지를 얻어요. 그리고 그들에게 제가 문을 열어줄 수 있고요."

랄리타는 개인적으로도 매우 좋은 시기를 보내고 있다. "남편이 죽은 뒤에 저는 나중을 위해 아끼는 것이 소용없다는 걸 깨달았어요. 우리 부부가 아껴둔 크리스털 잔과 세련된 옷이 있었어요. 남편은 그걸 한 번도 써보지 못하고 죽었어요. 그래서 저는 저에게 돈을 썼어요. 부업으로 사업을 시작했고, 잘 운영되고 있어요. 좋은 옷과 가방을 사고 피부과 시술도 받았어요. 휴가를 떠나기도 하고요. 온라인 데이트 사이트에 등록해서 남자친구도 생겼어요.” 나는 랄리타가 자신의 새로운 장을 최대한 누리기 위해 스스로에게 투자한 것에 경의를 표한다. “저는 절망이 아닌 즐거움을 선택했어요. 아시다시피 그건 선택할 수 있는 거예요. 아무리 암울한 시간을 보내고 있더라도요.” 랄리타의 이야기가 희망으로 가득 차 있어서 이를 듣는 사람에게도 희망을 전파시킨다.

다음은 랄리타가 제안하는 성공을 위한 10가지 팁이다.

1. 항상 자신을 상냥하게 대하라.

2. 네트워크를 구축하라. 직업 네트워크와 취미 네트워크를.

3. 자신만의 북극성을 찾아라. 내 북극성은 디지털 기술이다.

4. 긴 글을 읽고 일기를 써라.

5. 현실 세계의 사람들을 만나라.

6. 스스로를 돌봐라. 젊은 시절에 자신에게 투자하면 나이가
   들어서도 계속 좋은 외모를 유지할 수 있다.

7. 자신이 무엇을 먹는지 의식하면서 건강하게 먹어라. 한 입 한 입
   모두 즐겨라.

8. 새로운 취미를 시작하라. 그것이 젊음을 유지하는 비결이다.

9. 관대하라, 우주가 당신에게 미소를 지을 것이다.

10. 사회에 환원할 기회를 찾아라—자원봉사에 나서라!

나는 랄리타의 침착하고 평온한 태도와 흔들리지 않는 낙관주의가 매우 마음에 든다. 랄리타는 앞으로 올 것이 아직 훨씬 더 많이 남았다는 사실을 입증하는 살아 있는 증거다.

중년의 솎아내기는 매우 고통스럽지만 결국 큰 수확으로 돌아올 것이다.

그만하겠다는 결심

내가 무엇을 하고 싶은지 늘 알았다는 점에서 나는 운이 좋았다고 생각했다. 대학을 졸업한 뒤에 기자가 되었고, 처음에는 전혀 멋지지 않은 〈탱크 월드〉와 〈컨테이너 관리〉 잡지에서 일을 시작해 항구의 크레인과 컨테이너에 관해 썼다(그곳에 일할 때 최고의 순간은 40미터짜리 컨테이너를 들어서 쌓는 거대한 스프레더라는 크레인을 운전해본 것이었다. 장난감 트럭을 탄 아이처럼 신났었다). 잡지사 사무실은 고속도로 옆에 있었다. 우리가 기사를 쓴 적이 있는 탱크로리가 지나가면 우리는 소리를 질렀다. 아주 스릴 넘쳤다.

처음부터 사명감으로 일하는 사람들도 있다. 리지의 이야기를 살펴보자. 리지는 네 살 때 심장에 난 구멍을 봉합하는 수술을 받은 이래 영국 국민 보건 서비스에서 일하고 싶었다. 수술 후 깨어났을 때 "예쁜 간호사가 바나나 커스터드를 먹는 걸 도와줬어요. 그때부터 간호사가 되고 싶었어요. 퇴원하고 집에 돌아오는 차에서도 엄마에게 그렇게 선언했어요."

그런데 자기 일을 사랑하는 사람조차도 몇십 년을 일한 뒤에는 변화가 필요할 수 있다. 우리가 할 수 있는 모든 것을 다했기 때문일 수도 있고, 세상 또는 우리가 변해서 그 일이 더 이상 우리에게 맞지 않기 때문일 수도 있다. 또 기술 발전으로 우리가 하던 일이 사라졌기 때문일 가능성도 점점 더 커지고 있다.

자신이 사랑하는 일에서 해고당하는 건 괴롭다. 그러나 그 일이 더 이상 자신에게 맞지 않아서, 어떤 의미에서는 자신의 선택으로 떠나야 하는 것 또한 괴로울 수 있다. 리지의 사연은 자신이 사랑하는 일에 대한 환멸이 점점 더 커지는 상황, 자신이 원한다고 생각했던 것과 현실 사이에서 갈등하는 상황을 잘 보여준다. 현실을 받아들이고 변화를 꾀하기 위해서는 용기가 필요하다. 어린 시절의 꿈을 실현해서 살고 있고 그것이 자기 삶이 되었을 때는 특히 더 그렇다.

해고당하는 경험은 끔찍했다. 그러나 이제 와 돌아보니 감사한 일이었다. 내가 열정이 식었고 변화가 필요하다는 걸 알고 있었지만 해고당하지 않았다면 아직 그 자리일지도 모른다. 그런데 지금의 나는 그때보다 더 행복하기 때문이다. 그런 과감한 결단을 할 만큼 내가 용감하지 않다는 것을 알기 때문에 그런 첫걸음을 내딛는 사람들이 나는 존경스럽다. 자신이 떠날 때가 왔다는 것을 깨닫고 실제로도 떠날 용기가 있는 사람들. 특히 리지처럼 소명이라고 생각했던 일을 떠나야 할 때는 더욱 그렇다.

리지는 22년 동안 영국 국민 보건 서비스 소속 간호사로 일했다. 내가 언론계에서 일한 기간과 거의 같다. 마침내 사직서를 제출했을 때 리지는 눈물을 쏟았고, 간호사 팀은 그를 안아주었다.

리지는 간호학과를 졸업하고 나서 응급실 간호사로 일하면서 두 번의 임신과 출산을 치렀다. 리지는 이렇게 말한다. "한때는 생사가 걸린 상황에서 아드레날린이 솟구쳤고 20년이 지난 뒤에도 빨간색 전화기가 응급 환자 이송을 알려주면 소생실로 달려가면서 늘 긴장감에 휩싸였어요. 곧 닥칠 일, 우리가 무엇을 해야 하는지, 어떻게 해야 하는지 생각하다 보면 머릿속이 번쩍거렸어요. 환자를 살릴 수 있을까 하는 긴장감이요." 우리의 도움을 받지 못했다면 죽을 수도 있는 사람을 살리는 건 황홀한 경험이었지만, 패배하는 경우도 생겼다. 리지는 환자를 아무리 많이 구해도 죽은 사람들을 생각하면 여전히 괴롭다고 말했다. "환자 가족들이 고통스러워하는 모습을 보면 종종 눈물이 났어요. 하지만 경력이 길지 않은 간호사가 그런 일에 대응하면서 힘들어하는 걸 볼 때면 제가 그동안 트라우마에 얼마나 잘 대처하게 되었는지 깨달았어요."

물론 그런 치열한 현장에서는 동료애가 버티는 힘이 된다. 언제나 서로에게 든든한 편이 되어주는 끈끈한 동료들. 간호사의 일은 기자의 일처럼 길고 비정상적인 근무 시간을 요구하고 가족과 함께하는 시간을 포기해야 한다. 그런 직종에서는 팀이 당신의 세계다. "제가 그토록 오래 간호사로 일할 수 있도록 붙들어준 것은 친구들이었어요. 병원이 제게 제2의 집이었어요."

그러나 시간이 지날수록 버티는 게 점점 더 버거워졌다. "47살이 되었을 때쯤에는 그냥 영원히 피곤한 상태였어요. 마지막 근무조를 예로 들어볼게요. 당일에 들어온 환자 세 명을 돌봤어요.

팔이 부러진 남자아이에게 깁스를 해주고 예정된 수술을 받을 때까지 병동에서 대기하게 했어요. 다음 환자는 감염 상처로 수액 치료를 받고 있었어요. 세 번째 환자는 머리를 다친 노인이었어요.” 리지는 응급 병동이 늘 너무나 바쁘게 돌아가서 식사는커녕 화장실에 갈 5분의 여유도 없었다고 설명했다. 간호사로 일하는 동안 업무량은 기하급수적으로 늘어난 반면 금전적 보상은 계속 줄어들었다.

“이 일을 위해 치르는 대가가 너무 크다는 생각이 점점 더 커졌어요. 단순히 돈 문제가 아니었어요. 병원 밖 사회생활이 불가능한 근무 시간, 생사가 걸린 무거운 책임, 문제를 해결할 수 없는 상황이 걸림돌이었어요.” 리지는 자해 환자의 폭발적인 증가와 정신건강 돌봄 서비스가 충분한 자원을 확보하지 못한 채 무리하게 운영되고 있는 것을 목격했다고 말했다. “환자들을 보면 가슴이 찢어졌지만 우리가 그들에게 해줄 수 있는 일에는 한계가 있었어요. 삼중 감옥에 갇힌 느낌이었어요. 엄마로서도, 간호사로서도, 그리고 딸로서도 실패하고 있는 것 같았어요.” 삶의 모든 부분에서 느끼는 그런 실패의 감각은 병원 밖 사람들과 교류가 어려운 근무 시간으로 인해 더 깊어졌다. 가족이나 친구들이 휴가를 보낼 때 늘 근무해야 했고, 리지가 휴가를 받으면 가족과 친구들이 일하고 있었다. 아이들이 어렸을 때는 남편이 육아를 담당해주었고, 리지는 추가 수당을 받았다는 점에서 그런 근무 패턴에도 장점이 있었다. “하지만 아이들이 자라자 그런 장점이 더 이상 장점처럼 느껴지지 않았어요.” 리지는 번아웃 증후군을 앓았던 것 같다. 그녀는 종종 '죽음의 근무조'를 뛰고 난 뒤에는 정서적·신체적으로 소진된 느낌이었다고 말했다. "스트레스에 파묻혀 질식하는 것 같았고 엄마로서 느끼는 죄책감이 커질수록 간호사로서 느끼는 죄책감도 커졌어요. 어느 곳에 있든 제가 줄 수 있는 모든 것을 주지 못하고 있고, 최선을 다하고 있지 않다는 느낌이 들었어요."

리지는 망설였지만 40대 중반이 된 자신이 더는 버틸 수 없다는 걸 깨달았다. 삶의 질과 정신건강을 위해, 그리고 가족을 위해 건강에 좋고 회복에 도움이 되는 다른 일을 찾아야 했다. "앞으로는 사람들에게 삶의 모든 측면이 더 나아진다고 느끼도록 만들어주는 일을 하고 싶다고 생각했어요. 응급실의 일은 보람되지만 한계가 있었거든요. 사람들을 더 총체적으로 돌보고 싶었어요. 응급에서 벗어나는 수준을 넘어 진정한 의미에서 지속 가능한 웰빙을 이룰 수 있도록요."

리지는 한 병원의 수술실에 재취업했다. 그곳에서 리지는 모든 수술 환자와 처음 연락을 취하는 사람이다. 근무 시간이 일반 직장인과 같고, 보수도 더 높다. 또한 덜 소진될 것이다.

"제가 원하는 것은 환자들의 전반적인 상황이 더 나아질 수 있게 돕는 거예요. 네 살 때 저를 돌봤던 간호사들처럼요"

리지의 선택이 옳았다. 나이가 들면서 우리에게 활력을 불어넣고, 아드레날린을 분출시키고, 의욕을 불러일으키던 긴장감이 더 이상 그런 효과를 내지 못하게 되기도 한다. 그런 일을 너무 오래 했거나, 당시에는 자신에게 잘 맞았던 일이 더는 우리에게 맞지 않는 일이 되었을 수도 있다. 많은 퀸에이저에게 자신이 쌓은 모든 경험과 능력을 다른 방식으로 활용할 때가 되었다는 것을 깨닫는 시점이 온다. 우리는 삶을 향상시키기 위해 삶의 요소들을 재배치할 수 있다. 그리고 이제 다른 사람들의 필요를 우선시하기보다 자신을 돌보는 일을 조금 더 중시할 수 있다. 나는 이런 이야기를 무척 자주 듣지만, 리지의 이야기는 그중에도 훌륭한 모범 사례다. 그러니 만약 리지의 이야기가 익숙하게 느껴진다면, 당신이 사랑했던 일이 더 이상 당신의 필요를 충족하지 않는다고 느낀다면, 변화를 고려하라. 두려울 것이다. 그러나 그런 두려움도 지나갈 것이다. 그저 겁만 내지 말고 설렘을 느껴보자. 어쨌거나 완전히 새로운 장이 당신을 기다리고 있지 않은가.

우리가 어릴 때 효과가 있었던 것들이 나이가 들어서도 효과가 있을 거란 보장은 없다. 그래도 괜찮다. 방향을 바꾸고 싶은 마음은 실패가 아니다. 당신이 사랑했던 것이 더 이상 당신의 마음에 불을 붙이지 않는다고 해서 그것이 실패의 증거가 될 수는 없다. 변화를 시도하라. 변화를 포용하라. 그것이 당신이 한 일 중 가장 잘한 일이 될 수도 있다.

어렸을 때 당신은
꿈이 있었다

내가 퀸에이저에 관해 이야기하는 이유는 이 '젊은 노년기'에 우리 인생의 후반기가 시작된다는 점에서 청소년기와 다소 유사한 점이 있기 때문이다. 우리는 새로운 인생 단계에 들어섰다. 우리 중에는 (사춘기 청소년처럼) 호르몬의 영향을 조금 더 많이 받는 이도 있고, 대체로 전환기에 뒤따르는 고통이 점점 더 커진다고 느낀다. 우리가 무엇을 원하지 않는지, 더는 할 수 없는 것이 무엇인지 알지만, 다음에 무엇이 올지를 명확하게 파악하지는 못한 번데기 단계다. 미국의 현대 현자로 불리는 칩 콘리는 중년을 위기가 아니라 번데기라고 부른다. 그의 말이 옳다. 이 시기는 우리가 유지했던 과거 모습에서 우리에게 가능한 미래 모습으로 옮겨가는 대전환기다.

나는 이런 대전환기의 가능성을 조금이라도 포착해서 보여주고 싶었다. 미지에 대한 두려움 가운데 낙관주의를 제시하고 싶었다. 정오 설문조사에서 특히 명백하게 드러나는 것은 퀸에이저들의 절박함이다. "지금은 나의 시간이야. 지난 30년 동안 남들을 돌보면서 살았어. 지금이야말로 내가 될 수 있는 시간이야!” 또한 매우 뚜렷한 소리가 들린다. “지금이 아니라면 과연 언제?” 우리는 아직 건강하고 의욕도 있지만, 그런 건강과 의욕이 언제까지 지속될지 알 수 없다는 감각이다.

앞으로 나아가야 한다는 그런 절박함에 흔히 따라오는 것은 앞선 세대 사람들이 가지 않은 길을 가야겠다는 굳은 결심이다. 인생이 우리를 위해 세운 다른 계획들, 예컨대 가족, 생계 등 일상적인 것들 때문에 우리가 놓치거나 잊은 부분에 대한 갈망이 있기 때문이다. 그리고 체크리스트 목록을 대부분 해치운 우리에게 마침내 우리가 가고 싶었던 길로 돌아갈 기회가 생긴 것이다. 50대 전후가 되면 우리는 부모나 사회가 우리에게 해야 한다고 주입한 모든 것을 해본 상태다. 성공했든 실패했든. 이상하게도 이 시점이 되면 성공이나 실패는 중요하지 않게 된다. 성공했다고 하더라도 이미 끝난 일이고, 그다지 잘되지 않았더라도 다 지난 일이다. 어느 쪽이든 새로운 것을 불러들일 때다.

내가 모임에서, 워크숍에서, 대화에서, 강연에서 만난 여자들에게서 반복해서 보는 것은 그들이 느끼는 갈망이다. 늘 진심으로 하고 싶었던 일을 하고자 하는 욕구. 너무 늦기 전에 그런 것들을 하고 싶다는 욕구. 이 책을 읽는 독자 여러분도 늦지 않았다. 상황이 아무리 절망적으로 보여도 앞으로 올 것이 아직도 훨씬 더 많이 남았다.

아이를 키우고 가정을 꾸리느라 꿈을 접어야 했던 이도 있다. 사회적 제약으로 인해 꿈이 가로막힌 이도 있다. 줄리 오언 모일

란은 내가 처음 정오 공동체를 시작했을 때 메일을 준 사람이다. 나는 이메일 첫 문장을 읽자마자 줄리에게 푹 빠졌다. 줄리는 서점에 들를 때마다 자신이 책을 썼다면 그 책이 꽂혀 있을 만한 책장을 찾아서 자리를 만들었다고 한다. '언젠가는 내 책으로 채워질 작은 틈을 남겨뒀어요. 그 틈이 제게는 행운의 부적이 되었습니다. 작가가 되겠다는 꿈이 죽지 않았다는 걸 스스로에게 보여주는 유일한 방법이었어요.'

나는 우리가 꿈의 조각이나마 비밀스럽게 살려두는 방법들이 무척 마음에 든다. 그런데 줄리는 왜 더 일찍 자신의 꿈을 좇지 않았을까? 줄리는 자신이 다녔던 학교가 커다랗고 영혼 없는 교육 지배 체제라고 생각했다. "속기사와 노동자 부대를 생산하도록 설계된 곳이었죠. A레벨 과정은 제공되지 않았어요. 필요가 없었던 거죠. 제가 아는 한 '작가'라고 표기된 직업군은 없었어요."

줄리의 할머니는 청소부였고 가장 큰 소원은 줄리의 어머니가 다른 사람을 위해 청소하는 사람이 되지 않는 것이었다. "결혼하기 전에 공장에서 일했던 어머니는 제가 사무실에서 일하는 사람이 되기를 바랐어요. 우리는 포부가 작을 수밖에 없었어요. 임대주택에 사는 사람들에게도 다른 가능성이 있을 수 있다는 걸 몰랐으니까요."

줄리는 진로의 날에 진로 상담사도 겸하는 물리 교사를 만나기 위해 지루한 표정의 아이들과 함께 긴 줄을 서서 기다렸다. 그 해 여름에 졸업하는데, 무엇을 하고 싶은지 전혀 알 수 없었다. "그 말을 어떻게 해야 하는지 몰랐던 거죠. '작가가 되고 싶어요.'

딱히 그런 말을 들어줄 사람도 없었고요. 제 앞에 서 있는 여자애가 미용사가 되고 싶다고 말했어요. 그게 뭔가 창작하는 일처럼 들렸어요. 제가 할 수 있는 일 가운데 가장 예술적인 일로요. 그래서 제 차례가 되었을 때 저도 미용사가 되고 싶다고 말했고, 지역 기술전문대학 지원서를 받아왔어요. 그게 끝이었어요."

줄리는 이렇게 설명한다. "제 머릿속에는 아주 오랫동안 제 인생을 결정하는 위원회가 존재했어요. 그들은 제가 정해진 길에서 벗어나지 않게 '유용한' 메시지를 냈어요. 이런 문장들을요. '네가 감히 누구라고 생각하는 거야?' '그런 걸 시도하기에는 나이가 너무 많아.' 이 위원회가 언제부터 제 머릿속에 자리 잡았는지 정확하게는 모르겠어요. 하지만 50살이 되자 그들을 정말로 내보내야만 했어요. 퇴거 절차가 순조롭지는 않았어요. 위험과 두려움이 방해했거든요. 실패할지도 모른다는 두려움. 바보처럼 보일지도 모른다는 두려움. 제 꿈이 깨질 거라는 두려움. 애초에 시도하지 않으면 실패할 일도 없고 계속 꿈꿀 수 있다는 생각이 드는 거죠. 시도할 권리를 쟁취하기 위해 자신과 싸움을 벌이는 일이 작가가 되는 10년 여정의 첫걸음이었어요."

줄리는 50세 생일을 맞이해 스스로에게 선물을 했다. 창작 야간 석사 과정에 등록한 것이다. 그리고 다양한 연령대와 수준의 사람들이 모인 소그룹에서 단편 및 장편소설 쓰기를 진행했다. 줄리는 그 모든 것을 빨아들였다. "권장도서 목록에 있는 책을 모조리 다 읽었어요. 한번은 뉴욕에서 휴가를 보내는 중간에 비행기를 타고 날아갔어요. 세미나 수업을 듣기 위해서였죠. 그 정도로 학구열에 불타고 있었어요. 석사 과정을 마칠 무렵에는 단편소설 구성을 꽤 잘하게 되었어요. 대개는 완벽한 틀이 짜였고, 어느 날 각각 다른 잡지에 보낸 단편소설 두 편이 게재될 거라는 연락을 받았어요."

마침내 작가가 되었다는 환희와 글을 쓰도록 스스로를 다독인 노력을 보상을 받았다는 뿌듯함. "제 졸업 논문을 교정한 조교는 제가 제출한 1만 단어 분량의 장편소설이 출간해도 좋을 수준이라고 확인해주었고, 저는 날아오를 듯 기뻤어요. 곧 데뷔해 문학계를 정복할 것이라고 믿게 된 거죠." 그렇게 쉽지는 않았다. 줄리는 에이전트를 찾는 데 거듭 실패했고, 출판계의 문지기 역할을 하는 사람들에게서 거듭 거절당했다. 출판계 에이전트들은 늘 투고 원고에 파묻혀 있다. 답변을 받기까지 오랜 시간을 기다려야 하는데 대개는 답변조차 오지 않는다. "제 첫 장편소설이 70번이나 거절당해서 저는 완전히 기가 죽었어요. 옛 인생 결정 위원회가 끼어들어서 자신들이 옳았다고 말했어요. 제 나이가 너무 많다는 거였어요. 실력도 부족하다고 했어요."

하지만 줄리는 포기하지 않고 온라인 장편소설 쓰기 과정에 등록했다. 전문가의 피드백과 에이전트와의 미팅 기회를 약속한 프로그램이었다. 줄리는 조심스럽게 장편소설의 도입부 장면을 써서 온라인 그룹 비평 게시판에 올렸다. "그게 얼마나 두려운 일이었는지는 아무리 강조해도 지나치지 않아요. 게다가 아이디어가 단 한 개도 떠오르지 않았어요. 그러다 갑자기 첫 문장이 제 의식 속으로 흘러들어 왔어요. '그 상자가 도착한 날, 어머니는 자신이 예수라고 생각했다.' 그 문장이 첫 장이 되었고, 강사의 격려와 피드백을 받으면서 제 장편소설의 초안이 만들어졌어요."

그로부터 몇 달이 지난 11월의 어느 흐린 날, 이메일을 확인한 줄리는 깜짝 놀랐다. 몇몇 에이전트가 그 도입부가 아주 마음에 드니 더 읽어보고 싶다고 연락해온 것이다. 그 뒤로 2주 동안 줄리는 출판업계의 거물 몇 명을 만났고 크리스마스 즈음에는 에이전트와 계약했다. "두 권의 출간을 보장하는 계약서에 서명했고, 지금 제 데뷔작인 《그 초록색 눈동자 소녀That Green Eyed Girl》가 서점에 진열되어 있어요. 지금도 서점에 들어가서 제 책이 들어갈 틈을 만들어두곤 해요. 달라진 점이라면 지금은 실제로도 제 책이 그 자리에 있다는 거죠. 너무 늦은 때란 없어요. 아무리 나이가 많아도 괜찮아요. 꿈을 절대로 포기하지 마세요."

우리는 모두 꿈을 가지고 시작한다. 50세 정도가 되면 그 꿈을 실현하기 위해서는 이제 시작해야 한다는 것, 시간이 없다는 것을 깨닫는다. 당신의 꿈은 무엇인가? 어릴 때 당신은 삶이 끼어들기 전에 정말로 어떤 사람이 되고 싶었는가? … 지금이 그 사람이 될 시간이다!

어떤 약점은
경험이 더해져 무기가 된다

어떤 장애는 외부로 드러나고, 어떤 장애는 그렇지 않다. 우리는 ADHD, 난독증 등 정신건강과 정신장애에 대한 우리 사회의 이해가 크게 변화하는 것을 지켜봤다. 특히 대체로 사회성이 뛰어나서 그런 장애의 증상을 '가릴' 수 있는 여자들의 경우에 그런 정신건강 관련 진단 사례가 급격하게 치솟았다. 지난 몇 년간 영국에서는 성인 ADHD 환자가 기하급수적으로 늘었다. 넓게 보면 최근 들어 ADHD가 더 잘 진단되고 있기 때문이다. 한 친구는 딸을 의사에게 데리고 가서 증상을 확인한 과정을 조목조목 설명했다. 충동성, 산만성, 시간관리 기술 부족, 주의집중의 어려움, 분주함 등. 내 친구는 자신에게도 그런 증상이 모두 관찰된다는 사실을 깨달았다. 친구는 약을 먹기 시작했고, 난생처음으로 그동안 뇌 속을 휘저었던 모든 정신 분산 요소들의 스위치가 꺼져서 집중할 수 있게 되었다고 말한다.

내 학창 시절에는 이런 증상을 보이는 아이들을 그냥 문제아나 바보로 낙인찍었다. 단순히 그 아이들이 배우거나 행동하는 방식이 표준 모델에 들어맞지 않는다는 이유로 방치한 것이다. 그 중 많은 아이들이 어떤 공식적인 졸업증이나 자격증을 따지 못한 채 학교를 떠났다. 내 경험상 난독증을 앓는 아이들은 지능이 매우 높은 경향이 있고, 세상을 보는 관점이 다르며, 내가 만난 사람들 중 똑똑한 사람들이기도 하다(또한 이 항목에 속한 기업가 목록에 요식업계의 스타 제이미 올리버, 버진 그룹 회장 리처드 브랜슨 등 수없이 많은 인물이 있다).

〈선데이 타임스〉에서 내가 맡은 업무 중 하나는 천재 저널리스트 A. A. 길의 글을 교정교열하는 것이었다. 그는 심각한 난독증이 있어 원고를 직접 쓸 수 없었기에, 그가 구술하면 누군가가 글로 옮겼다. 그렇게 완성된 원고를 받으면 아무런 문장부호도 없이 단어들이 죽 이어지는 의식의 흐름으로만 채워져 있었다. 원고의 마감이 촉박하면, 예를 들어 선거 특집 기사로 유세 중인 특정 정치인에 관해 쓴 A. A. 길의 원고가 데드라인을 지나서 도착하면 공포에 휩싸일 정도였다. 신문의 한 면 전체를 차지하게 될 그의 원고는 전혀 이해할 수 없는 글이어서 그대로 내보낼 수가 없었다. 그러면 나는 숨을 크게 들이마신 뒤에 원고를 찬찬히 살펴보면서 단어들을 소리 내 읽는다. 그러면서 원래 어떤 문장이었는지를 찾아 나선다. 이를테면 '멜론 콜리'를 '멜랑콜리'로 바꾼다. 쉼표와 마침표, 대문자를 집어넣는다. 그는 신문에서 가장 뛰어난 글을 쓰는 칼럼니스트였다. 글을 '쓰지' 못했는데도. 그의 글을 다듬으면서 어떤 것도 피상적으로 판단해서는 안 된다는 교훈을 얻었다.

나는 몰리와 이야기를 할 때마다 A. A. 길을 떠올린다. 몰리는 중년 변신의 대표적인 모범 사례다. 몰리는 16살에 졸업장을 받지 못한 채로 학교를 떠났다. ADHD와 난독증이 둘 다 중증인 그에게 학교는 실패의 장소였다. 그래서 깊은 수치심을 가슴에 품고 있다. 그 수치심이 너무나 깊어서 50세가 된 지금도 그 시절에 관해 이야기하면 눈물을 쏟는다. 몰리가 수치심을 느껴서는 안 되는 거였다. 몰리의 지능은 매우 높다. 내가 매주 칼럼을 쓰던 시절, 나는 키보드로 문장을 입력하기 전에 몰리에게 그 문장을 불러주곤 했다. 몰리는 늘 적절한 뭔가를 제안했는데, 대개는 내가 생각하지 못했던 것이었다. 몰리는 개인 피트니스 트레이너로 몇 년간 일하다가 필라테스 강사 자격증을 땄다. 나는 몰리만큼 몸과 마음의 문제에 연관된 뇌의 작동방식에 매료된 사람을 보지 못했다. 또한 몰리만큼 고객이 무엇을 필요로 하는지를 직관적으로 알아채는 사람도 드물었다. 따라서 몰리가 코로나 봉쇄 조치가 내려진 초창기에 신경과학 석사 과정을 밟고 싶은데 지원하는 걸 도와줄 수 있느냐고 물었을 때, 기꺼이 돕겠다고 말했다. 그렇게 몰리는 런던 킹스칼리지의 신경과학 석사 과정에 합격했다. 몰리는 구술 내용을 받아 적는 AI 기술(그리고 때때로 사람)의 도움을 받으면서 거침없이 그 과정을 수료했고 우수한 성적으로 졸업했다.

나는 정오 공동체에서 50이 되어 대학으로 돌아가는 여자들을 많이 만난다. 그중 한 명은 외교관 일에 신물이 난다면서 의사가 되었다. 사회학을 공부하기 위해 대학으로 돌아간 회원도 있고, 영문학을 공부하려고 다시 대학에 입학한 회원도 있다. 많은 퀸에이저가 상담사나 코치 자격증을 따는 것 같다. 그러나 몰리처럼 학업적인 실패를 경험했던 사람이 어떻게 50세에 처음으로 대학에 진학할 자신감을 얻었는지 궁금했다. "인생에서 이 시기에 들어서면서 뭔가가 변했어요. 그전에는 불가능했던 것들이 가능해졌어요. 제게는 늘 야심 찬 포부가 있었고, 친구들과 고객들의 지지를 받으면서 그들의 도움을 받으면 해낼 수 있겠다는 생각을 갖게 되었어요."

몰리의 여정은 그녀의 딸도 ADHD가 있다는 사실로 인해 더 희망적인 이야기가 된다. "딸이 분투하는 것을 보면서 제 신경다양성(자폐, ADHD, 난독증 등을 장애로만 보지 않고 뇌신경의 차이로 발생하는 다름으로 인식하는 관점)이 그동안 제 삶에 어떤 영향을 미쳤는지를 돌아보았어요. 그리고 제 머릿속에서 무슨 일이 벌어지고 있는지 더 잘 이해하고 싶다는 마음이 커진 것 같아요."

물론 학위라는 종잇조각 하나가 생겼다고 해서 그동안 몰리를 괴롭힌 자기 의심이 한순간에 사라진 것은 아니었다. "석사 학위만 받으면 그 모든 부정적인 감정들이 사라질 거라고 기대했어요. 하지만 인생이란 게 그렇게 돌아가지는 않잖아요. 열등감은 여전히 저를 괴롭혀요. 그건 ADHD, 난독증과도 연결되어 있어요. 여전히 저를 구성하는 기본요소여서, 정신이 늘 한순간에는 여기에 있다가 어느 순간 저기에 가 있어요. 제 머릿속은 TV 채널 16개가 동시에 방영되고 있는 방과도 같아요. 평화로운 순간이 없어요." 몰리의 정신은 끊임없이 다른 곳으로 흘러가는데, 대개 어두운 곳으로 간다고 설명한다. 불안, 스트레스, 걱정에 천착하면서 몰리를 정서적 롤러코스터에 태운다.

그러나 ADHD의 가장 힘든 점은 감정 조절을 방해한다는 점이다. "수업 시간에 교사에게, 회의 중에 상사에게 꾸지람을 들으면 슬퍼서 울음을 멈출 수 없게 돼요. 그러다가도 한순간 돌변해서 생존본능이 발동하면 큰 소리로 쉴 새 없이 떠들면서 신경 쓰지 않는 척하는 식이죠."

몰리는 또한 사회가 감정을 드러내지 않는 침착성을 중시하고 감정을 드러내는 걸 창피하게 여기는 분위기가 있다 보니 강한 척해야 했다고 말한다. "제 감정 표출 방식은 정상적인 방식이 아니었어요. 그래서 무척 창피했고, 자존감 또한 바닥을 쳤죠. 학창 시절은 최악이었어요. 수치스러운 경험이 연거푸 이어졌거든요."

몰리는 모든 정서 조절 이상을 내면화했다. "자신이 열등하다고 확신하게 돼요. 집중할 수 없으니까, 글자를 쓸 수 없으니까 아무것도 할 수 없다고 믿게 되는 거죠. 그리고 스스로가 멍청하다고 생각할 수밖에 없게 돼요. 너무나 애쓰고, 너무나 상처받고, 그러다 화가 나면 방어적으로 변해요."

몰리는 가면을 쓰는 법을 배웠다. 감정을 숨기고 주류에 섞여 들기 위해 외모에 힘을 쏟았다. 그녀는 가슴 성형 수술을 받았고 30년간 매일 필라테스를 한 덕분에 20대도 부러워할 만한 몸매를 유지했다. "그건 제 약점을 가리기 위한 장막이었어요. 하지만 내면이 변하면서 석사 학위를 따는 일 외에도 40대에 결혼생활을 끝낼 용기도 얻었어요. 해방이었죠."

몰리가 들려주는 이야기는 전환기 충돌 사고의 긍정적인 면이다. 좋지 않은 결혼생활을 끝낼 힘, 교육에 대한 부정적인 경험을 밀어내고 신경과학 석사 학위를 딸 용기. 물론 그런 변화에는 고통이 따랐다. 우리는 놀라울 정도로 쉽게 자신의 가장 깊은 두려움, 어두운 곳으로 다시 빨려 들어간다. 그런 어둠은 늘 그곳에 있기 때문이다. 하지만 우리가 허락하지 않는다면 어둠이 우리가 앞으로 나아가지 못하게 막지 못한다는 사실을 깨달아야 한다. 그것이 중년의 과업이다.

요즘 몰리는 자신의 신경다양성을 자신이 짊어져야 하는 십자가이자 초능력으로 여긴다. "그 모든 것 덕분에 저는 아주 다정한 사람이 되었고, 깊이 공감하는 능력을 얻었어요. 저는 사람들을 돌보는 일을 하고 싶어요." 몰리는 20년 넘게 아이 돌보미로 일했고, 돌봄 시스템에서 받아주지 않는 10대들을 돌봤다. "저는 고통받고 있는 사람들을 이해할 수 있어요. ADHD가 남들에게 없는 정서적 능력을 제게 줬거든요. 덕분에 깊은 우정을 쌓는 능력이 탁월해요."

몰리는 ADHD에 또 다른 긍정적인 면이 있다는 것을 발견했다. 주의력을 분산시키기도 하지만 초집중 상태를 유지하는 능력도 생긴다. 몰리는 이렇게 설명한다. "진정으로 즐거운 상태에 머물고, 아주 오랫동안 완벽한 몰입 상태를 유지할 수 있어요. 제가 정말로 좋아하는 걸 할 때, 이를테면 사람들의 외모를 꾸며줄 때, 그 사람에게 딱 맞는 옷을 찾아줄 때, 아니면 코치로 일할 때 초집중 상태에 들어가요. 몇 시간이고 집중력을 유지할 수 있어요.

그럴 때는 멈추고 싶지 않아요." 몰리는 최근 신경과학 석사 학위를 발판으로 인생 코치 자격증을 땄다. 그리고 이렇게 말한다. "고객과 함께 일할 때 몰입 상태에 들어가요. 딸에게서도 그런 걸 봐요. 딸은 미용사가 되려고 준비하고 있는데, 미용 일은 몇 시간이고 계속할 수 있더군요. 그것이 우리의 초능력 같아요."

종종 우리의 가장 큰 결함이 우리의 반짝이는 빛이 될 수 있다. 저항하는 것에서, 버티면서 결국 승리하는 과정에서 즐거움을 찾을 수 있다. 자신을 충분히 사랑하면서 내면의 트라우마에 연민을 느끼되 그 트라우마가 나를 무너뜨리도록 내버려두지 말자.

삶의 방향을 바꿔
목적을 추구하라

할머니는 늘 이렇게 말씀하셨다. "애야, 그 어떤 일도 결코 네 열정을 돌려주지 않는단다." 할머니만의 방식으로 내가 너무 열심히 일한다는 걸, 일에 과도하게 헌신한다는 걸 지적하신 거다. 세계 여성의 날 토론회에서 사회를 보는데, 청중석에서 한 젊은 여성이 패널들에게 주당 평균 몇 시간 일하는지 물었다. 그때 할머니의 말씀이 떠올랐다. 질문한 여성은 자신이 야망도 있고 커리어에서 성공하고 싶지만 커리어가 자기 삶을 집어삼키는 건 원치 않는다고 말했다. 어린 자녀도 있었다. 그녀는 최상부에 도달하기 위해서는 어떤 대가를 치러야 하는지 솔직한 답변을 듣고 싶어 했다.

난처한 순간이었다. 내 옆에 앉은 패널은 나 같은 여성 설립자 두 명, 여행사 대표(남성), 대기업 인사팀 부장이었다. 여행사 대표는 일주일에 최소 70시간을 일한다고 답했다. 여성 설립자 두 명은 자신이 워커홀릭이라고 고백하면서 일주일에 최소 70시간, 아마도 그 이상 일한다고 답했다. 그리고 내 차례였다. 나는 정오 공동체 회원들을 위해 일하거나 고민하거나 글을 쓰는 시간을 전부 합치면 아마도 꽤 많은 시간일 것이라고 답했다. 그러나 여기서 핵심은 내가 그것에 관해 어떻게 느끼는가 하는 것이었다. 신문사 임원이었을 때는 내 시간이 늘 다른 사람의 시간이었고, 다른 사람의 돈이었다. 나는 항상 스트레스를 받고 있었다. 허둥거렸고, 이리저리 치였고, 자정까지 남아서 일할 게 뻔한 데도 아침에 5분이나 10분만 지각해도 죄책감을 느꼈다. 지각하는 이유는 내가 게으르거나 꾸물거려서가 아니었다. 망할 사무실로 나가기 전까지 또 다른 '업무'도 수행해야 했기 때문이었다. 두 딸의 도시락을 싸고, 세탁실에서 수영복이나 체육복을 꺼내는 것이 포함되어 있었고, 간간이 세계 책의 날 코스튬을 만들거나, 딸들의 중요한 학교 과제 마무리를 돕거나, 학교 과제물을 찾거나, 싸움을 말리거나, 감정이 격해진 딸의 상담사가 되는 일들이 끼어 있었다. 그 와중에 나도 출근 준비를 하고 사무실에 도착하기 전에 다음 날 신문 기사 아이디어 목록을 작성해야 했다.

나는 전업주부를 아내로 둔 남자들을 부러운 눈으로 바라보곤 했다. 그 남자들은 출근 전에 아무것도 안 해도 될 테니까. 체육관에 다녀오거나 느긋하게 커피를 마시면서 신문을 읽었을지는 모르겠다. 물론 출근하고 나면 진정한 의미에서 아수라장이 시작되었다. 하루 일정은 이미 정해져 있었다. 내가 참석해야 하는 회의와 면담들이 나와는 상의되지 않은 채 내 일정표에 새겨졌다. 고위직 간부들의 호출에 언제든 응할 수 있도록 대기하고 있어야 했다. 상사와 잡담하면서 몇 시간을 흘려버려야 할 때도 많았다.

상사의 주말이나 세계정세에 관해 수다를 떠는 동안 내 속은 타들어 가고 있었다. 상사 앞에 앉아 있는 시간이 고스란히 퇴근 시간 후에 남아서 일하는 시간이 될 것이고, 아마도 딸들이 잠자리에 들기 전에 집으로 돌아갈 수 없을 것이기 때문이었다. 나는 늘 내가 할 수 있는 바를 다 하지 못하고 있다고 느꼈다. 늘 부족하다고 느꼈다. 내가 아무리 노력해도, 스스로를 아무리 몰아붙여도, 누군가를 홀대하고 있었다. 실제로도 어느 정도는 그랬다.

여전히 열심히 일하지만 지금은 내가 좋아하는 일을 한다. 그리고 무엇보다 내가 내 시간의 주인이라는 점이 가장 좋다. 멈추고 싶으면 멈춘다. 매일 정오에 나가서 연못에서 헤엄친다. 전화기를 꺼둔다. 늘 대기 상태일 필요가 없다. 내가 상사니까. 때로는 늦게까지 일한다. 때로는 남편이 자러 들어갈 때도 소셜미디어를 관리한다(남편이 질색한다). 어떤 날에는 저녁까지 퀸에이저들과 함께 행사를 진행한다. 또는 퀸에이저들을 이끌고 해외로 모험을 떠나거나 워크숍을 연다. 일처럼 느껴지지 않는다. 재밌다. 그 모든 것이 좋다. 즐거움, 성취감, 의미가 나를 채운다. 종종 내가 쓴 글이나 누군가에게 한 조언이 도움이 되었다는 이메일, 내 덕분에 자신을 더 긍정적으로 바라보게 되었다는 이메일을 받는다. 그러면 내 안에서 따뜻한 기운이 솟아난다. 목적과 열정이 나를 불태운다. 우리가 세상을 조금씩 변화시키고 있다.

지금까지 열의를 가지고 자신의 프로젝트에 매진하느라 주 70시간 일하는 것과 큰 조직에서 상사 비위 맞추며 주 70시간을 일하는 것은 완전히 다르다는 걸 장황하게 설명했다. 후자의 경우 지위나 연봉이 아무리 높아도 결과는 같다. 다른 사람을 위해 일할 때는 언제든 해고당할 수 있다. 한 현명한 여성이 내게 한 말이 기억난다. "당신의 진짜 자본은 당신이 당장 내일 이 직함과 연봉을 잃더라도 여전히 지니고 있을 모든 것이에요." 이것이 진실이다. 그러니 당신의 느슨한 네트워크를 풍성하게 채워두어라.

내가 해고당한 뒤에 나를 살린 것은 내가 여성 언론인 협회 회장으로 한 일들과 그곳에서 쌓은 엄청난 네트워크, 그곳을 통해 실시한 조사 결과들, 그곳에서 한 생각들이었다. 커리어가 멈췄을 때도 여성 언론인 협회는 여전히 그 자리에 있었다. 생명줄이었다. 그러니 당신의 삶에도 그런 것들이 있는지 생각해보라. 안전망을 구축하고 있는가? 당신을 고용한 고용주와는 무관한 인맥을 업계 전반에 걸쳐 형성하고 있는가? 다음에 무엇이 올지, 당신이 앞으로 무엇을 하게 될지 생각하고 있는가? 당신이 열정을 쏟아부을 수 있는 프로젝트나 부업이 있는가? 만약 그렇지 않다면 이제부터 어떻게 찾을지 생각하기 시작해야 할 것이다.

스스로가 고용주가 되면 당신이 한 모든 일과 결과물이 당신 것이 된다. 이메일 목록, 돈, 고객. 마음에 안 드는 사람과 일하더라도 하루이틀이 전부다. 게다가 그런 사람은 대개 그 사람을 견뎌낼 가치가 있을 만큼의 보상을 지불한다. 그리고 내가 선택할 수 있다. 상사가 시키는 대로 할 필요가 없다. 상사의 사고방식을 따를 필요가 없다. 나는 지나치게 오랫동안 그렇게 해왔다.

전환기를 맞아 목적으로 삶의 방향을 돌리는 것은 우리 나이 대의 여자들 사이에서는 흔한 일이다. 또한 그렇게 하는 것이 우리가 잃었다고 느끼는 것을 채우는 데 도움이 된다. 수의 이야기를 들어보자. 수는 세계적으로 유명한 주간지에서 편집자로 30년간 일했다. 수는 업계에서 최고가 되었다. 그러다 어느 순간, 아무런 설명 없이 해고당했다.

수는 깨어 있는 모든 시간을 일에 빠져 지냈는데, 한순간에 갑자기 그 일이 끝나버렸다. 그러자 휘몰아치는 감정의 소용돌이에 빠졌다. 처음에는 만성 불안증에 굴복했고, 이후에는 공황 발작을 일으켰다. "이름 없는 공포와 두려움에 빠졌어요. 갑자기 정상적인 인간으로 기능할 수 없게 된 거예요. 빠른 속도로 집에 갇힌 포로가 되었어요."

낮에는 친구와 가족이 주변에서 힘을 보탰지만, 밤이 힘들었다. 몇 주 동안 잠을 잘 수가 없었다. 약 처방도 받고 라디오도 듣고 집안일을 해보기도 했지만 소용이 없었다. "공황 상태에 빠져 심장이 쿵쾅거리고 피가 혈관을 빠르게 돌았어요. 머릿속에는 끝없는 생각의 실타래가 굴러다녔어요. 상황이 최악이었을 때, 저는 침대 옆 협탁에 전화기를 두고 누워 있곤 했어요. 화면에는 자살예방 상담센터의 전화번호를 띄워놨어요. 녹색 버튼만 누르면 되게 준비한 거죠. 그때 깨달았어요. 낮이든 밤이든 이야기할 사람이 있다는 것, 그냥 거기에 누군가 있다는 걸 안다는 게 얼마나 중요한지를요." 수는 그 번호를 실제로 누른 적은 없지만, 그 번호를 누를 수 있다고 아는 것만으로도 얼마나 안심이 되었는지를 잊지 않았다.

나는 수의 이야기에 깊이 공감했다. 망망대해를 떠다니고 있는 느낌, 자유낙하 하는 느낌, 삶의 모든 일상에서 단절되었다는 느낌. 그런 느낌은 내게 무척이나 익숙한 것이었다. 갑작스러운 전환은 우리를 송두리째 뒤흔든다. 스스로 대견스러울 정도로 안정적이고 현실적이라고 생각했던 사람조차도 불안도가 높아진다. 퇴직에이저들에게서 자주 목격되듯이 수는 중년의 소용돌이에 휩쓸렸다. 해고를 당한 지 갓 1년이 지났을 때 어머니가 돌아가셨다. 그것 또한 치명타였다.

"그 끔찍한 해는 어머니의 장례식으로 마무리되었어요. 어머니는 몇 달간 건강이 나빠지고 있었어요. 어머니의 죽음은 또 다른 큰 충격이었어요. 슬픔이 제 인생을 멈춰 세웠어요. 어머니의 죽음과 해고로 생긴 빈자리를 과연 채울 수 있을지 회의가 들기 시작했어요. 또 편집자로 지낼 때가 그리웠어요. 무엇보다 다시 한 번 삶의 목적을 갖고 싶었어요."

수는 1년 넘게 바다에 내던져진 부표가 된 느낌이었다고 말했다. 자신을 위한 새로운 분출구를 찾아야 한다는 것을 깨달았다. 그때 자살예방센터가 떠올랐고, 그곳에서 일하면 자신이 갈망하는 삶의 목적을 다시 찾을 수도 있겠다는 생각이 불현듯 들었다. 그녀는 인터넷을 검색해 집에서 가까운 지점을 찾았고 설명회에 참석했다.

수는 설명회에서 들은 내용이 너무나 마음에 든 나머지 그 자리에서 등록했다. 바로 일일 워크숍에 참석했고, 근무에 필요한 안보/범죄 이력 확인을 받은 후 훈련 교육생으로 선발되었다. 3개월간 3시간짜리 수업을 10회에 걸쳐 받았다. 전 회차 출석이

의무였다. 수업을 전부 마친 뒤에는 4개월간 멘토와 함께 3시간 근무를 20회 수행했다. 그리고 마침내 단독 상담 업무를 시작했다. 훈련 교육 프로그램 네 개를 더 이수한 뒤에 고유번호를 배정받았다. "정규 전화 상담 자원봉사자라는 것을 확인해주는 고유한 회원 번호예요. 과정 전체를 완료하는 데 거의 1년이 걸리는데, 고유번호를 부여받으면 엄청나게 자랑스러운 감정이 들어요."

수가 새로운 삶의 목적과 보람을 찾는 데는 새로운 스킬을 배운 것이 결정적인 역할을 했다. 편집자로서 수는 즉흥적으로 생각해야 했고, 위기에도 침착해야 했으며, 모든 것에 의견이 있어야 했고, 해결책을 즉시 찾아야 했다. 자살예방센터에서는 '적극적으로 경청하기'를 배웠다. 즉, 전화를 건 사람이 무슨 말을 하는지 듣고 이해하고 그들의 어려움에 공감하고 정서적 지지를 제공하는 법을 배웠다. 그들이 자신의 짐을 쏟아낼 때 정서적으로 '안아주는' 법을 배웠다. 적절한 말을 건네고, 토닥여주고, 침묵이 흐르도록 두고, 끼어들거나 판단하거나 조언하거나 해결책을 제시하고 싶은 충동을 물리치는 법을 배웠다. 수는 과거에 누군가가 자신에게 상담사가 잘 맞을 것 같다고 말했다면 웃어넘겼을 것이라고 인정했다. 그러나 지금은 이렇게 말한다. 사람들이 '고통을 향해 나아가도록' 돕는 법을 배웠다고.

수는 전화를 건 사람들이 이야기를 침착하게 들어주고 적절하게 반응하는 자신에게서 도움을 받는 만큼, 자신도 많은 도움을 받았다고 힘주어 말한다. 수가 듣는 이야기는 대부분 참혹하다. 예를 들어 최근 남편을 잃은 폴린이 있었다. 그녀는 정신질환이 있어서 결코 자립할 수 없는 성인 아들에 대한 걱정을 토로했다. "통화를 끝내기 직전에 폴린이 물었어요. '당신 이름을 안 물어봤네요. 이름이 뭐예요?' 제가 답하기 전에 폴린이 이렇게 말했어요. '아니, 됐어요. 그냥 당신을 천사라고 부를게요. 오늘 밤 제게 천사가 되어주었으니까요.' 폴린이 제게 노벨상을 줬다고 해도 그보다 더 행복하지는 않았을 거예요."

수의 이야기는 앞으로의 삶을 사회에 환원하겠다는 새로운 목적으로 방향을 전환하면 자신만이 아니라 다른 사람까지도 치유할 수 있다는 것을 보여준다. 그것이야말로 의심의 여지 없는 궁극의 퀸에이저 윈윈 전략이다.

목적으로 삶의 방향 돌리기, 자신보다 더 큰 목적을 위해 일하기를 통해 당신도 뭔가 긍정적인 것을 환원할 수 있다. 그런 것들이 훌륭한 치유제가 된다.

우리는 함께 일어선다

다른 여자를 볼 때 어떤 생각이 머리를 스치는가? 내 자매처럼 애정을 가지고, 그들의 존재 자체에 경의를 표하는가? 아니면 그들과 스스로를 비교하면서 이리저리 재고 예단하는가? 나는 여자들의 연대에 생긴 깊은 골에 관해 더 많이 생각해보게 되었다. 우리가 서로를 평가하고 비교하고 불신하게 된 과정을. 본질적으로 이것은 이이제이以夷制夷 전략, 옛 제국이 식민지를 여러 부족으로 나누고 그들 사이를 이간질해서 그들끼리 싸우게 만드는 전략이다. 요컨대 그들이 연합해서 진짜 적인 제국에 맞서지 않도록 주의를 딴 곳으로 돌리는 전략이다. 여자들이 단절됨으로써 서로를 불신하고 편견을 가지게 만들면, 우리가 연대해서 집단의 힘을 이용해 우리의 운명을 변화시키지 못할 것이다. 이것이 우리가 당한 조건화 중에서 특히 해제하려고 노력해야 하는 가장 필수적인 부분이다. 그리고 내가 정오 공동체에 그토록 열정을 쏟는 이유 중 하나다.

최근에 나는 트리시스터스TreeSisters의 설립자 클레어 뒤부아가 운영하는 '자매되기' 워크숍에 참석했다. 클레어는 내가 만난 여자들 중에서도 특히 강인한 여자다. 해고되었을 때 나는 그녀를 많이 의지했다. 나는 작가이자 칼럼니스트로 25년을 살았는데도 이제 신문사에서 요구하는 이야기가 아니라 내 마음에서 우러나는 이야기를 하려니 글이 좀처럼 안 써진다고 그녀에게 토로했다. 상당히 창피한 일이었다. 심지어 클레어는 대규모 축제에서 수만 명의 군중을 앞에 두고 기후변화에 대처하고 지구를 구하기 위해 산림을 재건해야 한다고 알리는 우상과도 같은 존재였다. 그런데 그 앞에서, 고작 해고당했다고 칭얼거리면서 불평하고 있었다. 자기가 느끼는 바를 글로 쓰기가 힘들다는 이유로.

"그건 당신이 약해서가 아니에요." 클레어가 말했다. "원래 힘든 일이에요. 여성성을 진정으로 표출하는 일에는 늘 고통이 따릅니다. 우리 내면의 모든 세팅이 그렇듯이 우리가 목소리를 내면 벌어질 수 있는 일로부터 우리를 보호하려는 거예요. 우리가 스스로 위험에 뛰어들지 못하게 막는 무의식적인 방어기제인 거죠. 역사적으로, 그리고 오늘날에도 여전히 세계 전역에서 여자들이 목소리를 내는 것, 진실을 말하는 것은 위험한 일이에요. 특히 권력에 맞서서 말할 때는 더 그렇죠. 그냥 그 일에 수반되는 고통과 두려움을 받아들이고, 그러거나 말거나 계속 쓰세요. 쓰다 보면 시간이 지날수록 더 쉬워질 거예요."

내가 받은 최고의 조언 중 하나였다. 눈에 띄어서도 안 되고 소리를 내서도 안 된다는 이야기를 수백 년간 들은 여자들의 경험에서 우러난 조언이다. 그래서 그때의 나처럼 자신을 표현하는 일에 어려움을 겪거나 목소리를 냈을 때의 후폭풍을 두려워하는 여자들에게 이 조언을 건넨다. 남편에게 복종하지 않거나 사회 규범을 따르지 않는 여자들에게 내려지는 형벌은 죽음이었다. 그리 오래된 일이 아니다. 여자로서 목소리를 내는 것이 곧 죽음을 의미하는 곳이 오늘날에도 존재한다. 파키스탄에서 여학생의 교육받을 권리를 목소리 높여 주장한 용감한 말랄라를 떠올려 보라. 그런 행동에 나선 대가로 머리에 총알이 박혔다. 아프가니스탄의 여성혐오주의 정권에 의해 학교에 가지 못하는 소녀들과 공원이나 미용실에 가는 것이 금지된 여자들을 떠올려 보라. 이란에서 여성에게 강요되는 이슬람식 복장 규정에 반박했다는 이유로 죽음을 맞이한 여자들과 소녀들을 떠올려 보라.

자매되기 워크숍에서 클레어는 박해받은 여자들의 역사에 관해 이야기했다. 유럽에서는 수백 년간 정기적으로 여자들이 마녀로 낙인찍혀 화형당했다. 중세 시대부터 빅토리아 시대에 이르기까지 수천 명의 여자들이 마녀라는 죄목으로 재판받았다. 그들이 저지른 죄라고는 대개 다른 여자들과 대화하는 것과 같은 무해한 행위였다(이를 두고 '계략 모의'라고 비난했다). 아니면 남편을 잃고(큰 유산을 물려받은) 과부가 된 여자들이었다. 남자로부터 어떤 식으로든 자립한 여자는 마법을 부리는 위험한 존재로 여겨졌다. "여자가 살해당하지 않기 위해 할 수 있는 가장 안전한 조치는 스스로를 남자에게 구속시키고 자매들을 멀리하는 것이었다"고 클레어는 설명했다. 이런 박해가 사회적으로 용인되었고, 종종 사람들이 자신이 속한 공동체에서 '마녀'를 지목하면 교회에서 공식적으로 재판을 주관했다. 마녀는 대개 그 공동체에서 미움을 받는 여자였다. 그들은 대부분 독신녀, 과부, 산파였다. 고대 방식으로 다른 여자들을 돌보고, 가부장적 규범에 반기를 들고, 튀는 여자들이었다. 여자들은 다른 여자와 함께 있으면 종종 동기화된다. 생리 주기가 같아지는 것처럼 일상적인 생활과 관련된 것일 수도 있고, 자매가 곤경에 처했을 때 이를 알아차리는 직관적인 감각과 관련된 것일 때도 있다. 마녀사냥은 바로 그런 자매 연대를 파괴하려는 시도였다. "마녀재판과 화형의 유산은 여자들의 관계에 대형 교통사고와도 같은 거예요. 마녀재판이라는 역사적인 경험으로 인해 우리는 자신의 안전을 위해 다른 여자를 의심하고, 판단하고, 멀리하도록 세뇌당했어요."

우리가 다른 여자들을 재빨리 평가하는 것을 마녀와 연결 지어 생각하지 않을지도 모른다. 그러나 우리는 동성을 첫눈에 머리부터 발끝까지(그것도 대개는 엄격하게) 훑어보도록 설정되어 있어서 무의식적으로 그렇게 한다.

참석자 모두가 서로를 그냥 사랑하고 지지하지 못하도록 방해하는 것이 무엇인지 볼 수 있도록 클레어는 일련의 과제를 냈다. 첫째, 무작위로 파트너를 골라서 마주 보고 앉아 상대방의 눈을 지그시 바라봐야 했다. 두 사람 중 한 명은 그냥 완전한 사랑과 수용의 마음을 담아 상대방을 바라보기만 하면 되었다. 다른 한 명은 2분간 자신이 느끼는 감정을 독백으로 내뱉어야 했다. 나는 사랑을 담아 상대방의 눈을 바라보는 일이 흥미로웠다. 우리 뇌가 곧장 비평으로 뛰어들지 못하도록 의도적으로 침묵시키기가 처음에는 쉽지 않았다. 그러나 세 번째 파트너를 만났을 무렵에는 훨씬 더 쉬워졌다. 어떤 근육이든 쓸수록 강해진다. 완전한 사랑과 애정을 담아 다른 여자의 눈을 지그시 바라보는 것은 깨달음의 시간이었다. 그 여자의 머리카락이나 눈이 얼마나 아름다운지를 생각하게 되었다.

그러나 시선을 받는 쪽이 될 때는 불편했다. 탐문하는 듯한 시선에 열이 확 올라왔다. 낯선 사람을 상대로 오롯이 나에게만 집중된 친밀한 시선을 계속 마주하기가 힘들어서 시선을 돌리고 싶었다. 그러나 그 과정은 일종의 허물벗기처럼 작용했다. 그것은 기분 좋은 경험이었다. 우리가 그런 감정으로 다른 여자를 대하는 일이 얼마나 드문지 깨닫게 되었다. 우리가 얼마나 경쟁심을 불태우고 질투하고 폄훼하는지. 그렇게 하고 싶어서 그렇게 하는 것이 아니다. 그냥 깊은 무의식의 수준에서 그렇게 하도록 훈련받았다.

일단 그런 조건화가 작동하는 현장을 포착하면 우리는 변할 수 있다. 우리를 가두고 방해하는 것이 무엇인지 보게 되면 거기에 도전하고 다르게 행동할 수 있게 된다. 또한 우리가 연대해서 서로를 도울 수 있다. 서로를 경쟁심이나 의심이 아닌 애정을 가지고 만나기만 하면.

트리시스터스는 사회 변화를 추구하는 단체다. 각 사람이 기후 변화 해결책의 일부로서 자신에게 고유한 역할이 부여되었다는 사실을 깨달을 수 있도록 모든 개인에게 영감을 주고자 한다. 이 단체는 기후 온난화를 막고 기후변화에 대처하기 위해 전 세계에 나무 1,900만 그루를 심었다. 클레어의 행보가 우리에게 특별히 더 흥미로운 점은 그녀가 전환기의 깨달음을 얻은 덕분에 그런 일을 시작하게 되었기 때문이다. 클레어는 나무를 심기 위해 수천 명의 사람들을 동원했고 수백만 파운드를 모금했다.

그러나 몇 년 뒤에 클레어에게 번아웃이 찾아왔다. 조직에서 퇴출당하는 힘든 과정을 거친 많은 설립자와 마찬가지로 클레어는 새로운 조직을 만들어내고 키웠다. "폐경이 마른하늘에 날벼락처럼 나를 덮쳤어요. 당분간 속도를 늦춰야 한다는 걸 알았어요. 아프고 기운도 없었으니까요. 하지만 사명감과 의욕이 나를 채찍질했어요. 결국 나를 위해 내 몸이 나를 멈춰 세웠어요. 일어날 수가 없었거든요. 결국 제 삶이었던 트리시스터스에서 물러났고, 현재는 회복 중이에요. 가만히 있으면서. 지금은 어떤 단체도 대변하지 않아요. 찰흙덩이예요. 다음에 되어야 할 것이 되기 위한 과정에 있어요."

여기서 내가 감탄하는 부분은 클레어의 완전한 평온함과 확신이다. 클레어는 자신에게 새로운 직함이나 목적을 주거나 무작정 다음 것으로 뛰어들려고 애쓰지 않았다. 나는 클레어가 자신이 '과도기', 즉 번데기 단계에 있다는 것을 받아들였다는 점이 존경스럽다. 인안나처럼 갈고리에 매달린 채. 클레어는 자신이 해초라고 상상했다. 조류에 몸을 맡기고 앞뒤로 움직이는 그런 해초. 지금 그녀는 미래에 대한 이야기가 나올 때마다 '해초'가 되어야 할 필요성을 느낀다. 다음 단계로 서둘러 나아가기보다 그 단계가 우리를 찾아오기를 기다리는 중이다. 클레어와 나는 함께 조금 더

오래 해초가 되어보기로 했다. 조류를 타고 흔들거리면서. 서로를
안아주면서.

때로는 같은 직장에 다니는 다른 여자가 우리의 최대 적일 수 있다. 특히
최상부로 처음 올라간 세대의 여자들은 더 그렇다. 왜냐하면 그들은 스스로를
대다수 여자와는 다른, 비범한 여왕벌로 규정하면서 그렇게 높이 올라갔기
때문이다. 원탁에 여자의 자리가 오직 하나일 때가 많았던 시기에는 여자들끼리
경쟁할 수밖에 없었다. 그러나 그 시절은 지났다. 우리가 여자로서 일어서려면
서로를 지지하면서 함께 일어서야 한다. 다음번에 다른 여자에게 경쟁심이
느껴진다면 그 여자를 자매를 바라보듯 애정 어린 눈길로 바라보라. 우리는 함께
모일 때 무적이 된다.

5부

우리의 몸

매일 정오에 나는 수영 준비물을 챙긴다. 고무장갑, 검은색의 낡은 수영복, 울 모자, 수건, 드라이로브 서퍼들이 웨트슈트 위에 걸치는 온몸을 감싸는 기능성 방한 후드 재킷…. 그런 다음 햄프스테드 히스에 있는 연못으로 차를 몰고 간다. 날씨가 어떻든 1년 365일 하루도 빠짐없이 연못에서 수영하는 이 루틴을 성실하게 지키는 것은 내 중년 여정의 일부다. 웰빙을 위해, 속도를 늦추기 위해, 내 몸 안에, 그리고 자연 안에 있기 위해서.

연못에서 내 눈에 띈 것은 나무와 새만은 아니었다. 그곳에서 갈 때마다 나이 든 여자들의 아름다운 몸도 눈에 띄었다. 나이 들어가는 여성의 몸에도 아름다움은 있다. 우리 문화가 남성 렌즈를 통해서 보도록 훈련시켜서 그 아름다움을 보지 못하게 만들었을 뿐이다.

간단한 실험을 해보자. TV를 보거나 잡지를 읽거나 밖을 돌아다닐 때 여자를 전면에 내세운 광고물이 보이면 50세 이상 여자가 몇 명이나 나오는지 세어보자. 우리가 현실 세계인 연못에서

본 것과 같은 몸을 보여주는 광고판은 어디에 있을까? 진짜 중장년 여자들의 아름다움을 보여주는 잡지 표지는 어디로 갔는가? 어디에도 없다. 장담한다. 나는 주간지 편집자로 일할 때 표지 모델로 세계적인 배우를 섭외해서 사진 촬영을 진행한 적이 있다. 70대인 그 배우는 시대의 아이콘이었다. 사진은 숨이 멎을 정도로 아름다웠다. 하지만 (남자) 편집장에게 가져가서 보여줬을 때 그는 이렇게 말했다. "맙소사, 망했군! 왜 젊고 섹시했던 그 시절의 그녀를 표지 모델로 섭외할 수 없는 걸까? 내 방에 이 배우 포스터도 붙여놨었는데. 이런 모습은 보고 싶지 않아!" 이것이 내가 말하는 남성 렌즈다.

신문사만이 아니다. 나이 든 여성의 힘과 지혜를 찬미하는 광고 캠페인은 다 어디로 갔는가? 그런 것은 아예 존재하지 않는다. 앞서 지적했듯이 우리가 상당한 소비력을 지녔는데도 말이다. 이 책을 쓰는 동안 1990년대를 풍미한 네 명의 슈퍼모델 크리스티 털링턴, 린다 에번스, 나오미 캠벨, 신디 크로퍼드가 〈보그〉 표지를 장식했다. 내가 소셜미디어에 그게 얼마나 신선한 발상인지에 관한 글을 올리기도 전에 그들이 '장례식이나 이혼 축하 파티에 가는 진짜 주부들'처럼 보인다며 젠더화된 연령차별주의적 비난이 쏟아졌다.

나는 정오 공동체에서 여자들이 스스로를, 그리고 서로를 예단하고 평가하도록 훈련받은 것에 관해 이야기를 나눴다. "그게 제가 소홀히 하려는 영역이에요." 한 여자가 인정했다. "예단하지 않도록 의식해야 해요. 나이 든 여성에게서 아름다움을 찾으려고, 나이와 지혜를 축하하려고 노력해요. 어느 정도 미리 설정해 두고 노력하면 모두 그렇게 할 수 있어요. 다른 여자를 남자의 눈으로 판단하지 않도록 스스로를 재교육해야 해요." 이것은 내가 연못에서 하던 것이기도 하다. 다른 유형의 인식 키우기. 비판적인 눈으로 바라보지 않음으로써 새로운 아름다움 찾아내기.

우리는 스스로 자신의 나이나 '결함'의 증거를 찾고 그보다 더 날카로운 눈으로 다른 여자들의 나이나 '결함'의 증거를 평가하도록 배웠다. 심지어 이를 어머니에게 배우는 경우도 많다. 우리 어머니 세대는 끊임없이 다른 여자의 몸을 비평하고, 다른 여자의 결함을 지적하고, 자신이 절대로 충족할 수 없는 내면의 기준을 충족하기 위해 스스로를 굶겼다. 내 어머니는 지금 80살이지만 여전히 자신이 뚱뚱하다고 걱정한다(전혀 그렇지 않다!). 어머니 세대는 모두 '너무 부자이거나 너무 마른 건 없다'는 경구를 새기면서 자랐다.

"살 빠졌죠?"가 여자에게 가장 쉽게 할 수 있는 칭찬이다. 늘 외모가 언급되고, 논의된다. 마치 외모가 여성의 정체성에서 가장 중요한 요소인 양. 외모로 어떤 남자의 관심을 끌 수 있는가, 얼마나 마르고 아름다운가가 가장 중요한 문제인 양. 이처럼 많은 여자가 남성 렌즈로 자기 자신을 바라본다. 이것을 내면화된 여성혐오라고 부른다. 여자들이 서로를 끌어내리도록, 다른 여자들을 판단하고 검열하도록 가르쳤다. 그리고 남자의 관심을 두고 경쟁해야 한다고 배웠다.

그러나 꼭 그래야 하는 것은 아니다. 내 딸들은 그렇게 하지 않는다. 딸 세대에서 다른 사람의 몸에 관해 말하는 것은 무례한 행동이다. 그 세대의 많은 여자가 식이 관련 '문제'를 겪었다. 거식증, 폭식증, 식이장애. 그들은 한 사람의 마름이나 마르지 않음에 관해 무심코 던진 말이 그 사람의 내면에서 혼돈의 산사태를 일으킬 수 있다는 것을 안다. 그래서 몸무게나 몸매에 관한 말을 결코 꺼내지 않는다. 나는 그들이 남성 렌즈로 스스로를 판단하거나 재는 일은 점점 더 줄어들 것이라고 생각한다. 나도 그렇게 하지 않는 법을 배웠다. 그러자 해방감이 느껴졌다. 한번 시도해보라. 다른 여자의 몸이나 몸무게에 관해 한마디도 하지 않도록 노력하라. 처음에는 기분이 이상하겠지만, 어느 순간 효과가 난다. 그냥 그런 것에 관해 생각하지 않도록, 그런 것이 무대 중앙을 차지하지 않도록 스스로를 훈련시켜라. 마음이 정말 가벼워진다!

우리는 누구나 다른 사람과 스스로를 판단하는 우를 범할 수 있다. 거울 속 자신을 노려보면서 자기혐오를 느낄 수 있다. 주름을 펴고, 튀어나온 뱃살을 집어넣으려고 숨을 참을 수도 있다. 나도 그렇게 하니까. 스스로를 그렇게 엄격하게 판단하는 대신, 사랑하고 너그럽게 대하려고 노력하면 어떤 일이 벌어질지 궁금하다. 가부장제가 우리에게 주입했듯이 여자의 가치가 오로지 성적 매력과 생식력으로 결정된다고 여기는 대신, 우리의 세월과 지혜를 축하하는 퀸에이저 렌즈로 스스로를 바라보면 어떻게 될까? 어쨌거나 우리가 자기 자신과 동년배 여자들의 진짜 모습을 보지 못하고, 진짜 모습을 사랑하지 않는다면, 과연 다른 사람은 그렇게 할 수 있을까? 모든 변화는 우리 한 사람 한 사람 안에서 시작해 긍정적인 진동을 일으키면서 전 세계에 퍼져나간다.

30대에 둘째를 출산한 후 마사지숍에 다니던 게 기억난다. 나는 건강이 매우 안 좋았고 지쳐 있었다. 마사지사가 내게 말했다. "언젠가는 당신의 몸 안에서 살아가는 법도 배우게 될 거예요. 그리고 그렇게 사는 걸 좋아하게 될 거예요." 당시에는 흘려들었다. 20년이 지난 지금은 그 말의 의미를 이해한다.

매일 연못을 찾아가는 루틴에서 시작된 내 중년기의 신체 몰입은 단순히 체력 증진이나 신체 능력 향상, 심지어 수명 연장을 염두에 둔 것이 아니다. 감각을 더 깊이 받아들이는 것과 관련 있다. 햇살이 얼굴에 닿을 때, 너도밤나무 숲에서 숨을 깊이 들이마실 때 느끼는 즐거움, 꽃을 피우는 식물의 뿌리나 씨앗을 심으면서 비료나 흙더미에 손을 깊숙이 집어넣었을 때 느껴지는 감각, 온종일 걷거나 열심히 자전거 페달을 밟을 때 우리 몸을 타고 흐르는 리듬, 우리 피부에 반려동물의 털이나 거친 혀가 닿았을 때 느끼는 감각, 다른 인간과의 연결. 해가 거듭될수록 우리는 '존재하기'라는 단순한 행위에 더욱더 감사하게 되는 것 같다. 이 몸 안에서, 이 시간에, 여전히 여기에 있는 것에.

외모 경쟁 벗어나기

내 심기를 건드린 것은 한 트윗이었다. '새 시즌, 새 헤어커트!' 영국 최고 시청률을 자랑하는 TV 아침방송의 중년 진행자인 수재나 리드가 새롭게 변신한 단발머리를 자랑하고 있었다. "52살을 맞이해 싹둑 잘랐어요. 그런데 오늘 아침 셰어가 이렇게 말하더군요. 여자들은 나이가 들수록 긴 머리를 고수해야 한다고요. 당신은 어떻게 생각하시나요?" 그녀가 아주 친근한 말투로 물었다.

솔직히 말하면 내가 뭘 입고 뭘 입지 말아야 하는지, 내 머리카락을 어떻게 해야 하는지에 관한 이야기를 듣는 것에 신물이 난다! 그리고 공중파에 나오는 유일한 중년 여성이 실제 나이보다 수십 년은 젊어 보이는 외모를 지닌 여자라는 것도 지긋지긋하다. 그런 여자만이 사람들 앞에 설 자격이 있으니 나머지 여자들도 영원히 젊은 외모를 유지하기 위해 노력해야 한다는, 특히 돈을 써야 한다는 신호처럼 느껴지기 때문이다.

이것은 남성 렌즈의 작품이다. 여자들이 남자들의 눈으로 자신을 바라본다. 여자는 오로지 외모만으로 가치가 평가된다고, 스스로 믿는다. 나이가 들수록 더 열심히 땀을 빼고 자기 몸에 칼을 대면서 젊음에, 성적 매력이라는 무기에 그 어느 때보다도 절박하게 매달려야 한다고.

이런 고인 물이 화려한 잡지에서 분출되고, (대개 뷰티 브랜드로부터 돈을 받는) 여자 연예인에 의해 거래된다. 미를 무기로 삼은 전쟁을 포기해도 좋은 시점, 그 전쟁에서 우아하게 물러나도 되는 시점은 존재하지 않는다. 실제로 영원히 젊음을 유지해야 한다는 압박이 그 어느 때보다도 우리를 더 강하게 짓누른다. 수술, 시술, 필러. 우리의 성적 매력을 어떻게든 붙잡아야 한다고 부추기는 산업이 존재한다. 〈스포츠 일러스트레이티드〉 잡지의 표지에 비키니를 입고 포즈를 취한 마사 스튜어트는 80살이지만, 전신을 화장으로 꼼꼼하게 가리고, 포토샵으로 주름을 지워서 섹시한 금발 미녀처럼 보이게 꾸며졌다. 그것 또한 충족 불가능한 미의 기준이다. 적어도 우리가 90살 가까이 되었을 때는 그런 행태를 멈춰야 하는 것 아닐까?

그렇다 나는 '타임'을 외치고 있다. 어느 주말 퀸에이저들의 몸과 얼굴이 남들에게 불쾌감을 불러일으키지 않으려면 반드시 갖춰야 한다고 주장하는 끝이 보이지 않는 '필수품' 목록이 내 눈앞에 쏟아져 나왔다. 그중에는 우리가 늘 입고 있어야 하는 보정속옷의 정확한 종류를 설명하는 기사도 있었다. 그리고 중년 나이에 비키니를 입어도 되는지 안 되는지를 논하는 기사도 있었다 (툭 까놓고 말해서 그건 개인의 판단이자 취향의 문제다). 검은색이 아니라 남색을 입어야 하며, 늘어진 팔뚝 살을 드러내면 안 되고 무릎도 드러내면 안 된단다. 스카프는 주름진 목덜미를 가리는 필수 패션소품이라고.

헤어스타일의 경우에도 끝이 없다. 퀸에이저의 헤어스타일은 가슴 아래까지 오는 긴 기장이 필수라고 한다. 왜냐하면 기네스 펠트로가 그렇게 하고 있고, 사라 제시카 파커, 비욘세, 아말 클루니, 그 외 1990년대 슈퍼모델들이 그렇게 하고 있기 때문이다.

진실은 이 모든 것이 헛소리라는 거다. 퀸에이저의 핵심은 우리가 해야만 한다고 들었던 모든 것, 특히 외모와 행동에 적용된다고 들었던 모든 필수사항으로부터 스스로를 해방시키는 것이다. 그 목록의 최상단에는 '즐겁게 해줘야 한다'는 의무 벗어던지기가 있다. 여러분은 어떤지 모르겠지만, 나는 인간관계를 부드럽게 하는 윤활유가 되고 나보다 나이가 많은 남자 상사들의 기분을 맞춰주기 위해 하이힐을 신고 힘겹게 돌아다니느라 너무 많은 시간을 허비했다. 중년의 특장점은 우리가 오로지 자기 기분만 맞추면 된다는 것이다. 내가 말하는 퀸에이저의 정의에 따르면 당신은 자신이 원하는 무엇이든 될 수 있다. 옷과 신체 부위에 관해서도 마찬가지다.

우리가 되고 싶은 사람이 될 자유가 퀸에이저의 본질이다. 정오 공동체에서 실시한 설문조사에서 60퍼센트의 여성이 이에 동의했다. "지난 몇십 년간 다른 사람을 돌보는 데 전념했어요. 이제는 나를 돌볼 시간이 되었어요." 이것은 다른 사람이 원하거나 기대하는 것이 아니라 우리 마음이 가는 대로 하는 것을 의미한다.

또한 50이 되면 외모로 자신을 규정하는 것이 완전히 시간 낭비라는 것을 안다. 점점 사라지는 자산을 두고 발을 동동 구르는 거나 마찬가지다. 런던 중심가에 있는 클래리지스 호텔의 화려한 대연회장에서 열린 자선 파티에 참석한 적이 있다. 그곳에 모인 어느 정도 나이를 먹은 부유한 여성들을 둘러봤다. 하나같이 다듬어지고, 시술을 받고, 극한의 필라테스로 다져진 모습이었다. 안타까운 것은 어떤 수술로도, 어떤 제품으로도, 아무리 큰돈을 지불해도 다시 젊어지는 건 불가능하다는 점이다. 본래의 나이를 거부한 그들은 자연스러움과 거리가 멀었다. 피부에 지나치게 광이 돌았고, 얼굴 근육이 움직이지 않았고, 똑같은 눈썹을 하고 있었다.

50이 되는 시점에서 우리는 건강을 관리하고, 몸을 활발하게 움직이고, 자신이 되고 싶은 모습이 되고, 느끼고 싶은 감정을 느껴야 한다. 나는 우리 각자가 자신의 주인이라고 굳게 믿는다. 그러나 명심하자. 50이 되면서 얻는 큰 해방감은 이 시기에 이르면 그전에 우리가 아무리 아름다웠다고 해도, 외모가 더는 우리 삶의 어떤 면에서도 핵심 열쇠가 아니라는 데서 나온다. 이제 여성적 외모에 대한 끝없는 집착에서 벗어날 때가 되었다. 등을 돌리고 나아가야 한다. 우리의 모든 모습을 축하하고 누려야 한다. 남자들의 눈을 즐겁게 해야 한다는 압박감에서 벗어나야 한다.

나는 그 전환을 직접 체험했다. 코로나 봉쇄 조치가 내려지기 전에 나는 하이힐을 신고 다녔다. 키가 작고 통통한 편이기 때문에 하이힐을 신어야 조금이라도 커 보이고 고상해 보인다고 생각했다. 이제는 절대로 높은 굽의 신발을 신지 않는다. 발이 아플 뿐만 아니라, 지하철 문이 닫히기 전에 타려고 달려갈 수도 없고 미팅 약속이 연달아 있을 때 걸어서 이동할 수도 없다. 가방에 하이힐을 넣고 다닐 수도 있겠지만, 굳이 그래야 할까? 보통 노트북을 들고 다니는데 이제는 하이힐까지 들고 다니고 싶지 않다. 사람들도 더 이상 내 몸을 눈여겨보지 않는다. 이제는 안다. 사람들이 내 머리와 내 개성 때문에 나를 만난다는 걸. 발랄해 보이는 건 좋다. 화려한 것도 그럭저럭 괜찮다. 우리 자신의 가장 좋은 모습을 보여주는 거다. 80살이 된 내 멘토의 말대로 "말쑥하고 깔끔하게, 그게 우리가 할 수 있는 최선이다." 그것으로 충분하다.

그것은 세상을 살아가는 다른 방식이기도 하다. 나는 매력적으로 보이려고 노력하지 않는다. 더 이상 성적 자본을 거래하지 않는다. 내 목표는 기억에 남는 것이다. 멋지고 편안한 나 자체로. 금색 나이키 운동화가 좋고, 커다란 금테 선글라스가 좋다. 엄청난 곱슬머리를 휘날리고 쨍한 초록색 스웨터를 즐겨 입는다. 초록색 가죽코트도. 손톱에는 반짝거리는 초록색 매니큐어를 칠한다. 그것이 퀸에이저의 멋이다. 섹시함이 아니라 생동감 넘치는 나 자신으로 지내는 것. 마음이 한결 가벼워진다.

여자의 매력은 자신감에서 나온다. 진실은 이것이다. 나이가 들수록 더 그렇다. 우리가 특정한 외모 조건을 갖춰야 한다고, 그렇게 만들어주는 제품이 필요하다고, 주름이 생길까 봐 걱정하고, 튀어나온 살을 제거해야 한다고 생각하는 이유는, 수십억 달러 규모의 뷰티 산업이 우리에게 그렇게 해야 한다고 주입하는 데 어마어마한 돈을 쓰고 있기 때문이다. 뷰티 제품의 마진이 80퍼센트가 넘는다는 사실을 알고 있는가? 돈을 찍어내는 권리를 가진 거나 마찬가지다. 나는 정오 북클럽 행사에서 미국 작가 키어스틴 밀러 덕분에 이 사실을 알게 되었다. 갱년기를 중심으로 펼쳐지는 스릴러 《변화The Change》를 쓴 키어스틴 밀러는 작가가 되기 전에 뉴욕에서 25년간 광고 일을 했다.

"기업들은 수십억 달러를 써가면서 특정 샴푸, 긴 금발, 특정 다이어트 제품 등을 소비해야 우리가 특정한 외모를 가질 수 있다는 생각을 우리에게 주입해요. 당신에게 제품을 팔아야 하니까요. 그런데 실제로 여자를 매력적으로 만드는 건 활기, 자신감, 내면의 자기 인식이에요. 하지만 광고주들이 그런 걸 팔 수는 없잖아요. 그래서 화장품, 향수, 헤어 제품을 파는 거예요. 그건 새빨간 거짓말이에요!"

명심하자. 당신의 머리카락, 당신의 얼굴, 당신의 몸이다. 당신이 판단하기에 당신에게 맞는 걸 하라. 뷰티 법칙은 없다.

긴 은발을 지닌 타비사 제임스 크란은 55살이 된 우아한 퀸에이저다. 글로스터셔에서 미용사로 일하는 타비사는 매일 중년 여성 고객과 그들이 자신에 관해 어떻게 생각하는지, 어떤 외모를 원하는지 이야기한다. 타비사만큼 중년 여성의 조건화와 불안감을 이해하는 사람도 없다.

놀랍게도 타비사는 실제로 연령집단별로 큰 차이가 존재하며, 퀸에이저의 핵심 그룹인 50대 여성이 전환기 세대라고 느낀다. "65세 이상 여성은 외모로 자신의 가치가 정해진다고 배웠고, 그래서 가능한 한 젊게 보이는 데 집착해요. 그런데 50대 여성에게서 변화의 조짐을 봐요. 그들은 각자 개성대로 나이 드는 데 더 관심이 많아요. 종종 젊은 여성들, 자기 딸 세대 걱정을 해요. 인스타그램 필터 기술 사용이 일상이 된 세상에서 자라고 있으니까요. … 나이 든 여성들 사이에서 젊은 세대에게 롤모델이 되어야 한다는 인식이 점점 커지는 게 느껴져요. 나이가 들어가면서 자기 가치를 어떻게 정해야 하는지를 젊은 세대에게 보여줘야 한다고 생각하는 것 같아요. 보톡스와 수술과 염색의 쳇바퀴를 끝없이 돌리는 연예인들의 방식을 거부하고, 자기 긍정과 진정성을 추구하는 본보기가 되어야 한다고요."

타비사가 하는 말들이 내게는 무척이나 흥미로웠다. 나도 주변에서 그런 현상을 보기 때문이다. 15년 이상 인연을 이어오고 있는 대학 동기들과 얼마 전에 술자리를 가졌었다. 거기에 온 여자들 중에 보톡스를 맞아서 얼굴이 팽팽하게 당겨진 사람은 한 명도 없었다. 모두 자신의 주름을 자랑스럽게 내보이고 있었다.

타비사의 목표는 중년 고객들이 그들의 현재 모습을 존중하도록 이끄는 것이다. 주름을 자기 삶, 본인이 경험한 즐거움과 슬픔의 증거로 여기도록. "그들이 자신감을 가지고서 현재의 모습, 단순히 헤어스타일만이 아니라 더 넓은 의미에서 자신의 강점과 개성을 당당하게 내세울 수 있게 해주고 싶어요." '외모가 나의 전부'라는 생각에서 멀리 떨어뜨려 놓아야 하는 거죠. 예쁜 외모를 가지고 싶어 하는 건 자연스러워요. 하지만 그것 때문에 스스로를 억압하거나 구속하거나 제약할 정도가 되면 안 돼요. 고통스럽거나 다른 선택을 못 하게 막아서도 안 돼요. 그건 외모에 휘둘리고 있다는 증거예요." 작은 소녀들이 아주 어린 나이에 배우는 수사법을 해체하는 것이 핵심이다.

여자들은 어릴 때부터 자신에게 가장 중요한 것은 외모라고 배운다. 우리는 어린 소녀와 젊은 여성에게 "어쩜 정말 예쁘구나, 정말 착하구나"라고 말하는 걸 멈춰야 한다. 대신 강인한 의지, 창의력, 다정함, 유머감각을 칭찬해야 한다. 남자애는 파란색, 여자애는 분홍색과 같은 스테레오타입에 빠지기는 무척 쉽다. 우리 모두 그런 편견을 지니고 있다. 그러나 그런 조건화를 뒤집는 유일한 방법은 다른 모범을 보여주는 것이다. 나는 어린 조카딸들에게 그런 시도를 하고 있다. 바다에 뛰어들 때 용감하다고 칭찬하고, 그림을 잘 그렸다고 칭찬하고, 서로를 배려하는 걸 칭찬한다. 당신도 시도해보라.

자신을 있는 그대로 받아들이자. 예뻐 보이고 싶다면 그것도 좋다. 하지만 그렇게 하기 위해 고통을 감내하고, 엄청난 시간, 돈, 에너지를 써야 한다면, 그런 노력이 당신의 삶을 구속하고 지배하기 시작했다면, 달라져야 할 때가 된 거다. 당신을 있는 그대로 받아들여라. 당신이 좋아하는 색을 입고, 특이한 운동화나 튀는 재킷을 사라. 외모 경쟁에서 벗어나라.

이대로 나이 들자,
자연스럽게

젠더화된 연령차별주의란 무엇인가? 성차별주의와 연령차별주의가 충돌하면서 이중 차별을 낳는 교차점이라는 내 생각은 앞서 공유했다. 우리는 2023년 그래미상 시상식에서 마돈나가 자신의 얼굴을 보고 움찔한 세상을 성토하는 걸 지켜봐야 했다.

"나는 다시 한번 우리가 사는 세상에 깊숙이 배어 있는 연령차별주의와 여성혐오의 못마땅한 시선에 묶였다." 마돈나는 인스타그램을 통해 입장을 표명했다. "45세를 넘은 여자에게 경의를 표하기를 거부하는 세상, 45세가 된 이후에도 강한 의지를 가지고 열심히 일하고 모험하는 여자를 처벌해야 한다고 느끼는 세상이다."

그녀의 말에서 나는 모순을 느낀다. 동안 시술을 받으면서 연령차별주의적—여성혐오적 수사법을 활용한 것은 마돈나 본인이었다. 전설의 록 밴드 롤링스톤스는 젊어 보이려고 뺨을 부풀리지는 않았다. 주름진 얼굴을 뽐내며 무대에 올랐다. 자신들이 채운 세월을 후광으로 삼았다. 당연한 말이지만, 마돈나가 정말로 자기 나이를 받아들이고 싶었다면, 연령차별주의에 맞서고 싶었다면 64세인 자신의 모습 그대로 당당하고 도발적으로 노래하지 않았을까? 마돈나는 늘 아름다웠다. 왜 그냥 나이 든 아름다운 여자로 무대에 서지 않는 걸까?

나는 마돈나의 열렬한 팬이다. 마돈나의 노래들은 퀸에이저의 삶에 배경음악이 되어주었다. 마돈나의 여자들을 응원하는 발랄한 철학에 여러 세대에 걸친 수십억 명의 여자들이 공감하고 열광했다. 그렇기에 마돈나조차도 나이 든 자신을 내버려두지 않는다는 사실이 슬프다. 마돈나는 진짜 60대인 자기 모습으로 살기를 거부하고 있다. 그런 선택이 마돈나의 젊은 팬과 늙은 팬들에게 과연 어떤 메시지를 전달할까? 자기 긍정, 자연스럽게 나이 드는 법, 유명한 여자가 주름이 있어도 괜찮다는 메시지일 수 있을까? 대중 앞에 서는 많은 여자들이 더 젊어 보이기 위해 헛된 시도를 하는 현실에 분노를 느낀다. 돈이 아무리 많이 들고, 고통스럽고, 심지어 효과가 없는데도. 그냥 이상하게 보일 뿐이다. 이보다 더 한계효용의 법칙을 잘 보여주는 예가 또 있을까?

성형수술과 관련해서 조앤 리버스의 이야기에서 교훈을 얻을 수 있다. 원로 코미디언인 조앤 리버스는 얼굴과 몸에 700번 넘는 성형 시술을 받았다. 조앤의 딸은 조앤이 사망한 뒤에 '어머니가 자기 외모를 늘 혐오했고 완벽하지 않다는 걱정에 끊임없이 시달렸다'고 썼다. 분명 그건 어떤 시술로도 바로잡을 수 없는 것이었을 테고, 그러니 그토록 많은 시술을 받았을 것이다. 〈프렌즈〉에서 모니카를 연기했던 코트니 콕스는 또 어떠한가. 그녀는 보톡스, 필러 등 시술을 지나치게 많이 받았다고 용기 있게 고백했다. 그리고 더는 그런 시술을 받지 않겠다고 선언했다. 현재 60세인 코트니는 이렇게 말한다. "60세가 되는 게 잘못된 것은 아니다. 시간은 빨리 가니까. 내가 예전보다는 더 현실을 직시하게 되었다는 데는 의심의 여지가 없다. 나는 살면서 아주 많은 것을 배웠다. 무엇을 즐겨야 하는지, 무엇을 더 하려고 노력해야 하는지, 무엇을 내려놓아야 하는지."

젊음을 내려놓는 것, 중년의 나쁜 점과 좋은 점을 온전히 받아들이는 것. 나는 세계적으로 선망 받는 여성들이 그런 모범을 보여주기를 바란다. 한 퀸에이저가 정오 인스타그램에 이렇게 썼다. '성차별주의, 연령차별주의, 인종차별주의, 가부장제 때문에 삶에서 어떤 시기에 있든 여자들이 자신의 얼굴과 몸을 비틀어야 한다고 느끼는 현실이 안타깝다.'

맞는 말이다. 근본적인 사고의 전환이 필요하다. 나는 이런 식의 전환 과정을 염두에 두고 있다. 여자를 무지개 같은 존재라고 생각하자. 우리의 신체적 자아가 띠 하나다. 생식 능력에서 또 하나의 띠가 나온다. 정신과 사고 역량에서도 띠가 나온다. 우리의 사명이 띠를 이룬다. 사랑과 연민, 돌봄의 역량에서도 띠가 나온다. 창의성, 의지, 에너지, 부단한 노력이 모두 각각 멋진 색깔을 펼치는 띠가 된다. 그러나 기성 문화는 우리를 이루는 전체 스펙트럼을 너무나 자주 무시한다. 남자들을 즐겁게 해주는 외모나 생식능력만을 본다. 이건 딱 《시녀 이야기》가 아닌가? 마거릿 애트우드가 그 책을 썼을 때 그 안에 있는 이야기는 역사의 어느 시점엔가 어느 사회에선가 실제로 일어난 일이었다고 말했다.

우리는 스스로 자신의 외모와 젊음을 평가할 때도 가부장적 게임 규칙을 따른다. 어느 쪽으로 시선을 돌리든 남성 렌즈를 통해 스스로를 바라보도록 권장된다. 그래서 셀룰라이트를 미워하고, 해변가에 어울리는 몸매가 아니라고 좌절하거나 코끼리 발목, 살이 늘어진 팔뚝에 신경 쓰거나 주름이 생기는 걸 걱정한다.

여자들이 나이 드는 걸 두려워하는 현상이 특히 끔찍한 이유는 아주 이른 나이부터 그런 두려움에 휩싸이기 시작한다는 것이다. 한 51살 여성은 21살인 딸이 보톡스 시술을 받을 수 있도록 의사에게 데려갔다고 말했다. 또 다른 25살 여성은 주름이 생겨서 걱정이라고 말했다. 한 퀸에이저는 18살인 딸이 입술에 필러를 주입해서 연어 같은 입술을 만들었다고 말했다. 인스타그램 필터 앱 탓도 크다. Z세대는 나이 드는 걸 특히 더 두려워한다. 온라인에서 살아가고, 끊임없이 사진이 공유되기 때문이다. 완벽하게 보이지 않을지도 모른다는 두려움은 그들에게 내려진 혹독한 형벌이다.

이것은 미친 짓이고, 위험하다. 19세기에 시작된 페미니즘 운동의 핵심은 여자들이 생물학적 특성에 의해 규정되어서는 안 된다는 것이었다. 그런데 2026년 현재, 왜 그토록 많은 20대 여성이 필러로 입술을 부풀리거나 아직 존재하지도 않는 선을 지우기 위해 사랑스러운 젊은 얼굴에 독성물질을 주입하는 걸까?

우리는 스스로 탈조건화해야 한다. 연령차별주의적, 여성혐오적 렌즈로 자신을 들여다보는 것을 멈춰야 한다. 그리고 그냥 자연스럽게 나이 들자. 나이 듦에도 아름다움은 존재한다. 내 친구 레이철 페루가 아주 좋은 예시다. 레이철의 이야기는 누구나 일단 마음만 먹으면 성취할 수 있는 전환을 보여주는 등대와도 같다. 레이철은 50살에 플러스사이즈 속옷 모델이 되었다. 44사이즈와는 거리가 먼 그녀는 거의 평생을 자기 몸에 불만을 품고 살았다.

아무런 진로 계획 없이 졸업한 레이철은 10년 동안 소매업종에서 일하면서 생계를 이어갔다. 30살이 되었을 때는 이미 결혼해서 두 명의 아이가 있었고 셋째를 임신한 상태였다. 그런데도 여전히 공허했다. "계속 생각했어요. '이게 전부일까? 이렇게 내 인생을 채우다가 끝나는 건가?' 39살이 되었을 때 뭔가가 변했어요. 제 안에 무시할 수 없는 새로운 절박함이 솟아났어요." 레이철은 16살에 부부의 연을 맺었던 남편과 이혼했다. "그 뒤로 3년 정도는 감정의 롤러코스터를 탔어요. 제가 등 돌린 삶에 대한 슬픔과 함께 내가 어떤 사람인지, 어떤 사람이 될 수 있고 어떤 것을 할 수 있는지를 찾아 나선다는 설렘이 뒤섞여 있었어요."

레이철은 자신의 40대를 위한 키워드를 정했다. 용기.

빈티지 옷 판매업을 시작했다. 주말마다 축제 현장을 찾아가서 직접 판매도 하고 인터넷 쇼핑몰도 시작했다. 이것을 계기로 고향 요크셔에서 열린 맥밀런 암 환자 지원 패션쇼에 모델로 서게 되었다. "무대 뒤에서 런웨이로 나가 워킹할 차례를 기다리는 동안 너무나 긴장됐어요. 부정적인 감정이 계속 머릿속에서 돌아갔어요. '하이힐을 신고 걷다가 넘어지면 어떡하지? 나를 보고 사람들이 뭐라고 생각할까?' 하지만 실제로는 짜릿했고, 날아갈 것 같았어요."

"행사가 끝나자마자 그저 다시 런웨이에 나가고 싶은 마음뿐이었어요. 런웨이를 걸을 때 주인공이 된 것 같았거든요. 그곳에 있던 그 순간에 그랬듯이, 있는 그대로의 제 모습으로도 충분하다는 걸 깨달았어요. 저는 오랫동안 제 몸을 받아들이지 못해서 괴로워했어요. 그래서 많은 것을 포기했어요. 새로운 스포츠를 배우지 못했고, 옷 쇼핑하러 가는 걸 두려워했죠. 아이들이 어릴 때 사진을 보면 제 부재를 확실하게 느낄 수 있어요. … 저는 단 한 번도 전문 모델이 되겠다는 생각을 한 적이 없어요. 그냥 제 관심사 밖이었어요. 어쨌거나 저는 키가 170센티미터에 99사이즈를 입고 흰머리가 난 44세 여자이니까요. 전형적인 모델의 신체 조건들은 아니죠."

레이철은 모델 활동을 진지하게 고민해 모델 에이전시에 사진을 몇 장 보냈다. 그리고 런던에 있는 모델 에이전시와 금방 계약할 수 있었다. 그녀는 마침내 열정과 목적을 찾았다. 플러스사이즈 모델을 하면서 그녀와 같은 40세 이상 여성들에게 받는 피드백이 그녀를 행복하게 만든다. "광고계에서 40세 이상 여성은 여전히 투명인간 취급받거나 아예 등장하지 않아요. 그런데 그런 피드백은 늘 제게 힘을 주고 열등감을 뛰어넘을 수 있게 해줘요." 레이철은 현재 전 세계를 돌면서 모델 활동을 하고 있으며, 자신의 일이 같은 연령대의 여자들에게 영감을 준다는 사실에 보람을 느낀다.

우리는 자기 내면에 자리 잡은 연령차별주의에 맞서야 한다. 우리가 자기 주름을 들여다보면서 평가하고 혐오하는 걸 스스로 멈춰야 한다. 우리의 몸을 애정 어린 눈으로 바라봐야 한다. 왜냐하면 이 몸은 지금까지 우리를 위해 일했고, 앞으로도 우리를 위해 일할 테니까. 이 몸 덕분에 우리는 이 자리까지 올 수 있었고, 지금 여기 있는 우리는 행운아니까.

여자는 무지개다. 당신의 모든 면을 아끼고 찬미하라.

우리 몸에서
가장 중요한 것

태곳적부터 여자의 몸은 장신구, 남자의 눈요깃거리로 취급되었다. 수십 년간 기업들이 자동차를 어떻게 팔았는지만 떠올려 봐도 알 수 있다. 옷을 벗긴 젊은 여성을 자동차 후드 위에 늘어뜨려 놓는다. 젊은 여성이 덤인 양, 자동차에 딸려 보내는 선물용 과일 바구니인 양 전시한다.

우리도 이런 것에 영향을 받지 않을 수 없다. 특히 나이 들어가면서 우리 사회가 우리에게 강요하는 이상에서 멀어질수록 더욱 더 영향을 받는다. 특히 이상적인 기준에 가장 가까운 이들이 자신이 완벽하지 못할까 봐 걱정하고 스스로를 끊임없이 엄격하게 평가하는 여자들이었다. 그들은 키가 크고 날씬하고 아름다웠다. 그런데도 자신이 여전히 부족하다는 생각으로 스스로를 괴롭혔고, 어떤 결함이든 과대평가했다. 내 친구들 중에서도 외모가 뛰어나고 외모를 정체성의 본질적인 부분으로 삼았던 친구들이 리프팅 시술이나 보톡스 시술 등을 고려하고 있다고 고백한다. 미인들은 자신이 이미 '미의 기준' 그 자체라는 사실을 전혀 깨닫지 못하고 있는 것 같다.

나는 주류 미적 기준이 제시하는 '우리가 마땅히 지녀야 할 외모'와는 한참 거리가 멀다. 나는 늘 통통하고 풍만했다. 여덟 살 때부터 부모님은 내가 너무 뚱뚱하다고 생각했다. 어머니가 내 접시에 놓인 음식을 눈으로 평가하는 게 느껴졌다. 나는 식탁을 치우면서 접시를 식기세척기에 넣기 전에 남은 감자 요리를 몰래 먹어치웠다. 어머니는 책을 구입했다.《아이들이 날씬해지는 요리 Cooking to Make Kids Slim》. 표지에는 풀이 죽은 통통한 여자아이가 체중계 위에 서서 숫자를 절망적으로 바라보고 있었다. 정말이지, 그 책이 몸서리치게 싫었다.

나는 학교에 '건강한' 점심 도시락을 들고 가야 했다. 미지근한 당근 퓌레와 코티지 치즈로 채워진 플라스틱 용기를 지금까지도 내 머리에서 완전히 지워내지 못했다. 그런 점심 도시락을 들고 급식실에 나타나는 건 주홍글씨를 새기고 나타나는 것과도 같았다. 내 주홍글씨는 이렇게 말하고 있었다. '너무 뚱뚱해, 문제가 있어.'

10대가 되자 상황이 더 나빠졌다. 다이어트 전문 의사에게 가야 했는데 그는 내 식욕 조절을 위해 각성제인 암페타민을 처방했다. 나는 수년간 암페타민을 복용했는데, 최근에 나온 위고비 주사 같은 역할을 했다. 그 약을 먹으면 배가 고프지 않았고 다소 흥분된 상태가 되었다. 그러나 여전히 날씬하지는 않았다(다만 당신 내 사진을 보면 완벽하게 평균 사이즈였는데도 주변 사람들이 내가 통통하다고 느끼게끔 했다).

내 몸무게에 대한 부모의 집요한 관심은 아무리 좋게 말해도 도움이 되지 않았다. 내가 다섯 살이었을 때 아버지가 어머니와 이혼했고, 가끔 아버지와 만나는 날은 다이어트 의사에게 가는 날이었다. 부모님은 서로 의견이 일치하는 것이 거의 없는데 내 사이즈에 관해서만큼은 의견이 일치한다는 사실로 인해 나는 스스로를 부정적으로 평가할 수밖에 없었다. 마치 내가 덜 존재해야 할 필요가 있다는 느낌, 사랑받기 위해는, 심지어 부모의 사랑을 받기 위해서도 나를 고쳐야 한다는 느낌.

지금은 꽤 자신감이 생겼지만, 그럼에도 외모는 여전히 내 아킬레스건이 되기 쉽다. 기조연설이나 TV 인터뷰를 하기 전에 내 불안은 내가 말할 내용이 아니라 내가 입을 옷에 집중된다. 나는 침대에 누워서 가능한 의복 조합의 장점과 단점을 검토하면서, 말 그대로 몇 시간이고 보낼 수 있다. 편안한 복장(낮은 굽 신발, 편안한 바지)과 세련된 복장, 즉 더 날씬해 보이는 복장(하이힐, 스판덱스) 사이에서 타협점을 찾는다. 외모가 행사에 대한 내 신경을 곤두세우는 가장 큰 요소가 된다. 그러고 나면 내용이 아닌 형식에 집착하는 데서 오는 자괴감에 빠진다. 얼마나 바보 같은지 안다. 50살이 넘은 지금은 특히나 더 그런 시선으로 바라보지 않는데 말이다. 여자로서 우리는 자기 외모를 끊임없이 신경 쓰도록 조건화되어 있기는 하다. 당신이 어린 소녀에게 얼마나 자주 예쁘다는 말을 하는지, 입고 있는 옷이 잘 어울린다고 말하는지 생각해보라. 나도 예외는 아니다. 변명하자면, 우리가 어렸을 때는 그런 소리를 지금의 아이들보다 훨씬 더 많이 들으면서 자랐기 때문에 습관을 버리는 일이 좀처럼 쉽지 않다.

다만 나는 몸무게와 사이즈를 둘러싼 모든 헛소리에 대항하는 최고의 해독제는 건강 이상이라는 사실을 배웠다. 얼굴에 있는 점이 거슬려서 병원에 간 적이 있다. 그런데 의사는 나를 상급 병원으로 보냈다. 거기서는 내 몸에 그런 수상한 점이 더 없는지 샅샅이 살폈다. 내 뺨에 있는 점은 문제 없는 것이 밝혀졌지만, 어깨에 있는 흑점은 제거해야 한다는 결과가 나왔다. 별생각 없이 병원에 갔다가 기습공격을 받은 느낌이었다. 2주 동안 수영하지 말라는 지시를 받았다. 검사 결과가 피부암이라면 어떻게 될지 생각하지 않으려고 애쓰면서 불안한 열흘을 보냈다. 다행히도 암이 아니었다. 정상이라는 결과지를 받고서 울음을 터뜨렸다.

그러나 이 모든 사태의 밝은 면은 내가 내 몸을 완전히 다른, 감사함이라는 새로운 관점으로 바라보게 되었다는 것이다. 내 몸이 어떻게 생겼는지, 덜어내야 할 부분이 있는지는 이제 문제가 아니었다. 내 몸이 여전히 움직이며, 대체로 활동적이고 건강하다는 사실이 얼마나 행복하고 감사한 일인지 깨닫게 되었다. 내 몸은 내가 아틀라스산맥을 등반하게 해주고, 산호초 주변을 헤엄치게 해주고, 스키를 타게 해주고, 연못에 데려다준다.

나는 건강이야말로 귀중한 재화라는 사실을 일깨워주는 사건을 겪었다. 그러나 건강은 50대의 삶에서 중요한 부분 중 하나이지만 모두가 운이 좋은 것은 아니다. 마치 마피아 게임 같다. 다음에 누가 죽을지 알 수가 없다. 나는 함께 저녁을 먹던 친구가 자궁 검사를 추가로 받아야 해서 병원에 다시 다녀왔다는 말을 들었을 때 이상하게도 두려운 마음과 안 좋은 예감이 들면서 소름이 돋았다. 아무 말도 하지 않고 헤어질 때 친구를 꼭 안았다. 집으로 돌아오는 차 안에서 눈물을 조금 흘렸다. 친구가 아파서가 아니라 내게 아주 소중한 사람을 잃을 수도 있다는 생각 때문이었다. 그리고 오랫동안 알고 지낸 다른 친한 친구에게 충동적으로 전화를 걸었다. 유방암을 진단받고 방사선 치료와 화학요법을 받고 있는 친구였다. 친구의 목소리가 처음에는 다소 가라앉아 있었지만, 잡담을 조금 한 뒤에는 대화가 솔직하고 즐거웠기 때문에 통화를 끝내면서 전화하길 잘했다는 생각이 들었다. 내가 친구를 위로했다는 걸 알지만, 친구도 나를 위로했다. 더 일찍 전화했어야 했다.

어려운 시기는 우리 모두에게 찾아온다. 그것 또한 새로운 울타리와 목적을 찾는 퀸에이저 경험의 일부분이다. 심각한 대화를 나눌 일이 점점 흔해진다는 사실, 이런 대화가 우리 삶에 미치는 영향의 중요성은 강조되지 않는다. 그러나 나는 우리가 친구들과 그런 어려운 대화를 나누는 일을 소홀히 하거나 피해서는 안 되며, 오히려 더 깊숙이 개입하고 사랑과 경험, 지식을 활용해서 친구가 잘 대처할 수 있도록 도울 의무가 있다고 생각한다. 실제로 그런 대화는 중년기에 당연히 수행되어야 하는 친구의 핵심 역할일 것이다. 대개는 그냥 그 자리에 있는 것만으로도, 안부를 확인하는 것만으로도 도움이 된다. 사려 깊은 행동 … 쪽지, 문자, 의미를 담은 이모티콘조차도 아주 큰 힘이 될 수 있다.

그러나 가장 중요한 것은 언제든 그런 상황을 마주할 준비를 하는 것이다. 중대하고 두려운 문제가 친구에게 생겨서 그에 관해 이야기해야 하고 친구를 위해 그 자리에 있어줘야 하는 상황에 대비해야 한다.

나는 퀸에이저들이 그런 일을 잘한다고 생각한다. 우리는 이미 겪을 대로 겪어서 그런 개입이 때때로 필요하다는 것을 안다. 그런 게 삶이라는 걸 안다. 고통받는 사람을 위로하고, 어려운 시기에 그 사람의 편에 서주는 것. 다른 사람을 위하는 마음으로 그 자리에 함께하려고 노력하는 그런 대화가 우리가 인간으로서 누릴 수 있는 가장 환한 시간이 되기도 한다. 어두운 가운데 찾아오는 연결의 순간이야말로 우리가 가장 밝게 불타오르는 시간이다.

당신이 누군가와 대화를 나눌 필요가 있다면, 당신이 위로할 수 있는 사람이 있다면, 그 사람과 앉아서 대화를 나눠라!

일상처럼 다가오는
질병에 대처하는 법

원래는 밖에서 즐거운 밤을 보낼 계획이었다. 우리는 킹스 크로스에 있는 클럽에서 열리는 스테레오 MC의 댄스파티에 가기 전에 함께 술을 한잔하려고 우리 집에 모였다. 친구들은 런던 교외에서 왔다. 우리는 그날을 학수고대하고 있었다. 그러나 라이자와 그 남편이 나타났을 때 뭔가 문제가 생겼다는 걸 알아차렸다. 평소에 라이자의 밝은 초록빛 눈동자는 늘 장난스럽게 반짝거렸다. 그날 밤에는 그 반짝임이 보이지 않았다. 병약하고 늙고 슬퍼 보였다. 나는 라이자를 2층 빈방으로 데리고 올라가 꼭 안아주었다. "괜찮아?" 그러자 라이자가 울기 시작했다. 그날 종일 MRI 스캐너에 들어가 고통스러운 유방촬영술을 수십 차례 받았다고 했다. 결과는 나빴다. 유방암 진단을 받았고, 수술해야 했다. 수술 후에는 3개월 동안 화학요법과 방사선 치료도 진행해야 했다. 라이자의 남편은 뺨을 한 대 맞은 사람 같았다. 그러면서도 그는 의사가 괜찮을 거라고 말했다고 전해주었다. 우리는 요즘 의료기술이 얼마나 발전했는지 이야기했다.

나는 밝은 분위기를 유지하려고 애썼지만, 너무나 걱정되었다. 더구나 바로 며칠 전에 나는 화학요법으로 머리카락이 빠진 다른 친구와 1시간 동안 통화를 한 터였다. 친구는 두건 쓰는 걸 깜빡하고 나갔다가 자신의 대머리가 "동네 가게의 노친네들을 공포로 몰아넣었다"고 했다. 그녀는 농담하면서 용감해지려고 노력했지만, 떨리는 목소리에서 두려움이 느껴졌다. 친구는 살아가면서 우리가 원하지 않는 소식을 듣는 그런 순간, 그 소식을 듣기 전과 후로 삶이 갈리는 그런 순간에 관해 이야기했다. 그리고 그 전후 사이에 존재하는 깊은 골짜기에 관해서도 말했다. 돌아갈 방법은 없다.

그러나 어쨌거나 살아남은 사람이 있다. 그리고 희망이 있다. 그래서 유방암을 이겨낸 린지의 이야기가 그토록 큰 용기를 주는 것이다.

크리스마스가 지나고 새해가 되기 전 어느 날, 린지가 겨드랑이 털을 면도기로 밀 때 혹이 만져졌다. "그때 전 45살이었어요. 의사에게 전화를 걸어 2주 뒤에 유방촬영술 예약을 잡았어요. 유방촬영술을 한 직후에 생체검사를 했어요. 그런데 지역 보건의를 만난 뒤에 의료 상담사를 만나기 전에 유방에서 또 다른 혹이 만져졌어요. 좀 웃겼어요. 남편과 침대에 누워 뒹굴거리면서 유방에서 혹을 발견하는 게 정말 어려운 일이라고 말하면서 장난스럽게 촉진하는 시범을 보였어요. 아시다시피 손으로 유방을 여기저기 문질러보는 거요. 그런데 혹이 하나 만져지는 거예요. 전혀 웃기지 않았어요."

유방촬영술을 한 번 더 했고 이번에는 의료 상담사 한 명이 아니라 의료팀 전체를 만났다. "상황이 좋지는 않아요." 의료진이 말했다. "유방암 2기, 악성도 2단계예요. 유방절제술을 실시하고, 림프샘도 떼어내야 해요."

린지는 그것이 최악의 순간이었다고 말한다. "진짜 죽을 거라고 생각했어요. 그 생각뿐이었어요. 나는 죽는다. 집에 가서 남편을 붙들고 밤새 말했어요. 죽고 싶지 않다고" 다행히도 아침이 되자 정신을 차릴 수 있었다. 린지는 죽음이 아니라 오로지 긍정적인 면만 생각하기로 했다. 의사들은 치료가 가능하다고 말했다. "그 말이 구명보트라도 되는 양 매달렸어요."

린지는 다시 병원으로 돌아갔다. 이번에는 일주일 동안 머물렀다. 전이된 림프샘 17개와 원발 암 주위로 암성 세포를 추가로 발견했다. 갈비뼈 바로 아래에도 또 다른 암이 자라고 있었다. 그 암은 3기였다. 전부 절제해야 했다. 그러나 의사들이 여전히 치료가 가능하다고 말했으므로 린지는 그 말에 매달렸다.

린지는 6개월간 화학요법을 진행했고 방사선 치료를 25회 받았다. 힘들고 치열한 과정이었다. 주목할 만한 것은 린지의 태도다. "저는 대체로 컵에 물이 반이나 있다고 생각하는 부류예요. 부정적인 생각을 해봐야 점점 더 나쁜 생각만 하게 되니까요. 최대한 즐겁게 지내려고 노력했어요. 혹을 보여주려고 제 자그마한 유방에 선을 감았을 때도 웃긴 부분을 찾으려고 했어요. 그냥 이런 생각이 들었어요. 확 다 잘라내 버려! 심지어 혼자 웃기도 했어요."

그런 블랙 유머가 힘든 시기를 버티는 데 도움이 되곤 한다. 장례식장에서 웃음이 새어 나오거나 죽어가는 와중에도 누군가와 웃을 수 있으면 잠시나마 숨통이 트이는 것처럼. 린지는 병을 숨기지 않았다. "저랑 있는 누군가가 어색해하거나 어떤 주제는 절대로 입 밖에 내면 안 된다고 생각하지 않기를 바랐어요. 아이들에게는 처음부터 이야기했고 의사들이 괜찮아질 거라고 생각한다고 말했어요. 그 말을 듣고 아이들은 안심했어요."

린지에게 최악의 순간은 아름다운 긴 머리가 다 빠졌을 때였다. "체육관 샤워실에서 머리에 린스를 바르는데 우수수 빠지더라고요. 손가락에 막 엉켜 있었어요. 좀처럼 손가락에서 머리카락을 떼낼 수가 없더라고요. 싱크대가 안 보였어요. 맥베스 부인이 된 것 같았어요. '지워져라, 이 망할 얼룩아, 썩 지워지지 못할까!'" 그 일이 있고 나서 린지는 머리카락을 전부 밀어버리고 두건과 화려한 스카프로 민머리를 감췄다.

린지는 체육관에서 한 젊은 여자 옆에서 두건을 벗었던 일을 묘사했다. 그 여자도 스카프를 벗었다. "그 여자도 민머리였고 제게 정말 용감하다고 말했어요. 그리고 슬픈 목소리로 말했어요. '당신 머리카락은 치료가 끝나면 다시 자라겠죠. 제 머리카락은 다시 자라지 않을 거예요. 저는 탈모 환자거든요.'"

그 후로 린지는 스카프를 꼭 써야 한다는 강박에서 벗어났다.

린지의 이 경험은 9년이 된 과거다. 그녀는 이제 약도 중단했다. "암 진단을 받은 이후에도 삶은 계속돼요!" 린지는 그 경험에서 어떤 교훈을 얻었을까? "제 친구들이 진짜 친구라는 걸 알게 되었어요. 그리고 제가 남편을 사랑한다는 것도 다시 한번 깨달게 되었고요. 모두 저와 처음부터 끝까지 함께 해줬어요. 그 누구도 잃지 않았어요. 그래서 제 삶에 확신이 들었고 제가 주변 사람들을 제대로 봤다는 생각도 했어요." 린지는 심지어 많은 사람들이 공감할 만한 밝은 면도 있었다고 말한다. "저는 늘 큰 죄책감을 안고 살았어요. 별일 아닌 것에도 걱정하고 끊임없이 인정받고 싶어 했어요. 요즘은 그러지 않아요. 그런 회의감에 빠져 있을 시간이 없어요. 지금은 허락이나 승인을 구하는 대신 용서를 구해요. 스스로에게 이렇게 물어요. 이걸 해서 일어날 수 있는 최악의 시나리오가 뭐지? 그런데 그거 알아? 3기 암 환자가 되는 것에 비하면 그 무엇도 그렇게까지 최악은 아니야. 그러니까 저지르자!"

내 친구 라이자 또한 치료를 무사히 받았고 회복했다는 기쁜 소식을 전한다. 라이자는 머리를 아주 짧게 잘랐고 흰머리를 염색하지 않은 채 내버려두었다. 무엇보다 중요한 것은 라이자가 여전히 우리 곁에 있다는 사실이다. 라이자의 생일이 크리스마스 다음 날이어서 그녀의 남편이 깜짝 파티를 준비했다. 나는 우리 아이들에게도 라이자를 위한 파티가 열린다고 알렸다. 그러자 두 녀석 다 선약이 있었지만 즉시 취소했다. 라이자는 거실에 들어와서 우리를 본 순간 울음을 터뜨렸다. 우리도 똑같이 울음을 터뜨렸다. 그 집에 있는 사람은 한 명도 빠짐없이 눈물을 흘렸다. 보라색으로 꾸민 크리스마스트리 옆에 보라색 드레스를 입고 서 있는 라이자는 살아 있었다. 우리는 하마터면 라이자를 잃을 수도 있었다는 사실을 뼈저리게 느꼈다. 그녀가 여전히 우리 가운데 있어서 얼마나 행복한지 실감했다.

우리의 몸은 기적이다. 지금 이 순간, 바로 여기에 있는 영광을 누리게 해준다.

암 진단은 킨지에게 깨달음을 주었다. 자신이 현재 머물고 있는 그 순간을 생생하게 느끼게 해줬다. 파란만장하고 소중한 삶에서 똑바로 나아가고 있다는 것을 일깨워줬다. 당신도 그렇게 말할 수 있는가? 당신이 생생하게 깨어 있고, 당신에게 맞는 삶을 살고 있다고?

갱년기,
안면홍조가 전부는 아니다

중년 여성의 몸에 관해 쓰면서 갱년기를 언급하지 않기란 불가능하다. 갱년기는 그동안 감추고 싶어 하는 변화에서 최근에는 활발하게 논의되는 문제가 되었다. 이것은 기자인 케이트 뮤어의 뛰어난 캠페인 덕분이다. 케이트는, 본인의 말을 빌리자면 갱년기라는 '충돌 사고'를 당했고 그에 관한 책 《당신이 갱년기에 관해 궁금한 (하지만 차마 물어볼 수 없는) 모든 것Everything You Need to Know About the Menopause(but were too afraid to ask)》을 쓰고 다큐멘터리도 제작했다. 책과 다큐멘터리가 나온 뒤에 영국 전역에서 갱년기를 주제로 한 논의가 활발하게 일어났고, 그 결과 호르몬 대체 요법 처방이 35퍼센트 증가했다. 이것은 스토리텔링이 세상을 변화시킬 수 있다는 것을 입증하는 사례다.

캐럴린 해리스와 같은 퀸에이저 의원들의 적극적인 캠페인도 영국이 이 논의를 주도하도록 만들고 있다. 2018년부터 의회에서 갱년기의 대변인으로 나선 캐럴린 해리스는 현재 더 많은 여성을 이 논의에 참여시키고자 노력하고 있다. "판매직 노동자들과 갱년기에 관해 이야기하고 있었어요." 해리스가 내게 말했다. "그런데 그중 한 명이 이렇게 말하더라고요. '갱년기라니, 높으신 분들은 한가한 소리를 하는군요.' 저는 그런 사람들이 걱정돼요. 치료나 정보를 제공받기 힘든, 낮은 임금을 받으면서 종일 일하는 여성들이요. 그런 여성들은 결국 호르몬 대체 요법이 아니라 항우울제를 처방받게 돼요. 호미로 막을 걸 가래로 막는 격이죠." 해리스의 말대로다. 영국의 빈곤 지역에서는 호르몬 대체 요법을 처방받는 여성 환자의 수가 부유층 거주 지역에 비해 절반밖에 되지 않는다. 또한 흑인과 아시아계 등 다른 인종 여성이 받는 치료에도 큰 격차가 존재한다. 흑인과 아시아계 일부에서 여성은 갱년기가 더 일찍 찾아오거나 증상이 더 심하게 나타나기도 하고, 진단받는 경우도 더 드물다(여기에 관한 연구도 거의 없다). 정오 공동체의 의사이기도 한 니갯 아리프 박사는 이렇게 설명한다. "제가 속한 파키스탄인 공동체에서는 갱년기를 뜻하는 단어가 없어요. 그냥 '불임'으로 표현해요." 안타깝게도 세계 전역에 그런 곳이 여전히 많다. 모든 여자가 갱년기를 겪는다. 그런데 영국에서는 2023년이 되기 전까지 의사들이 갱년기에 관한 교육을 받는 것이 필수가 아니었다.

갱년기를 주제로 한 대화가 늘어나고 있는 것, 많은 업계에 갱년기 대변인들이 있고 미디어에 출연해 자신이 겪은 안면홍조에 관해 이야기하는 배우와 방송 진행자가 넘쳐나는 것이 퀸에이저의 첫 포효라고 믿는다. 이 대화를 계속 이어나가고 결코 흐지부지되지 않도록 하는 것이 중요하다. 왜냐하면 케이트가 '충돌 사고'라고 부를 정도로 정상적인 생활이 불가능할 만큼 고통을 겪는 여자들이 실제로 존재하기 때문이다. 그런데도 이 주제에 관해 무지한 사람이 여전히 많다. 아리프 박사는 25퍼센트의 여성이 정말로 곤란한 갱년기 증상(중증 우울증, 불면증, 빈맥)을 보이지만, 필요한 치료를 받지 못하는 이들이 여전히 많다고 말한다. 케이트 뮤어의 경험은 지금도 묵직한 울림을 준다.

케이트는 갱년기, 그리고 갱년기의 지독한 전조인 폐경이행기를 맞이하기 전까지는 어떤 문제든 대처할 자신이 있었다고 말한다. "중년의 혼돈은 나에게 겸손을 가르치는 교훈의 시간이었어요. 아무것도 할 수 없는 상황에서 고통받는 사람들을 더 잘 이해하게 되었죠."

케이트의 이야기는 한밤중에 갑자기 찾아온 빈맥과 부정맥에서 시작한다. "갑자기 심장이 당혹스러울 정도로 빨리 뛰었어요. 목구멍이 닫힌 것 같았고요. 아직 월경을 하고 있었지만, 안면홍조도 몇 번 있었어요." 여기서 많은 여자들에게 익숙한 이야기가 펼쳐진다. 케이트의 산부인과 의사는 케이트가 갱년기를 겪기에는 아직 젊다고 판단했으므로 심전도 검사를 실시했다. 심장에 아무 문제가 발견되지 않자 의사는 카페인 과다 섭취라고 진단했다. "물론 수많은 갱년기 지침서를 읽은 지금은 그런 무해한 빈맥이 에스트로겐 수치 하락의 전형적인 증상이며, 약 11퍼센트의 여성이 이 증상을 겪는다는 것을 알아요. 그러나 제 담당의는 몰랐던 거죠. 왜냐하면 갱년기와 폐경이행기는 당시에는 산부인과 교육 과정에 필수 학습 내용이 아니었어요."

케이트는 폐경이행기에 관해 단 한 번도 들어본 적이 없다는 사실에 당황했다. 월경이 완전히 멈추기 전에 에스트로겐 수치가 하락한다는 사실을 누구에게도 듣지 못했다. 우리 몸의 모든 부분에 에스트로겐 수용기가 있다. 출렁대는 호르몬이 전자 신호를 불규칙적으로 전송한다면 몸은 어떻게 반응할까?

어느샌가 케이트는 전형적인 중년의 위기 사태 한복판에 있었다. 그녀는 자녀 셋을 키우고 있었고, 정규직으로 일하고 있었다. 게다가 병든 어머니를 돌보기 위해 스코틀랜드를 오가고 있었다. 짐이 너무 무거웠다.

케이트는 폐경이행기에 관해 다음과 같이 표현했다. "제가 통제할 수 없는 힘에 의해 움직이는 마리오네트가 된 것 같았어요. 호르몬이 좋은 경찰, 나쁜 경찰 전술을 써요. 한번은 저를 달랬다가 어느 순간 괴롭혀요. 잠을 안 재우면서 무너뜨려요. 그러니 정신건강에 이상이 생길 수밖에 없죠."

또 다른 〈타임스〉 칼럼니스트 케이틀린 모란은 폐경이행기에 에스트로겐이 사라지는 것을 다음과 같이 표현했다. "내 안에 '자애로운 여사'가 더는 설 자리가 없어지고, 그곳에서 분노가 점점 자라요. 비슷하게 갱년기를 겪고 있는 친구들을 만나면 서로를 부추기면서 그런 분노의 불길을 더 활활 불타오르게 만들어요."

정오에서 실시한 설문조사 결과, 중년이 된 많은 퀸에이저가 그전까지 수십 년은 다른 사람을 위해 살았지만 이제 우리의 시간이 돌아왔다는 걸 본능적으로 느낀다는 것을 알 수 있다. "모성 호르몬 분비로 나타났던 돌봄 중심의 자아가 사라지기 시작하면 해방감을 느끼면서도 겁이 나죠." 케이트가 말한다.

중년의 삶으로 매끄럽게 이행하는 여자들도 있다. 그러면서 질투를 유발하는 말을 한다. "아, 그냥 갱년기는 가볍게 지나갔어." 그런 여자들은 갱년기라는 전환기에 그저 마음의 전환을 위해 "신화, 상징, 의식을 탐구해야 한다"고 말한다.

그러나 케이트에게 필요했던 건 상징이나 허브 요법이 아니라 호르몬 대체 요법이었다. "탈모가 시작되었고, 기억력이 감퇴했어요. 홍조는 말 그대로 악마의 소행 같았고요. 그런데 호르몬 대체 요법에 관해 물었을 때 합성 프로게스테론 처방만 받았어요. 제 몸에서 에스트로겐을 달라고 비명을 지르고 있었는데 말이죠."

이후 갱년기 대서사시가 펼쳐졌다. 개인 의원에서 법망을 벗어난 약을 바가지를 씌워서 팔았고, 그 약은 케이트의 증상을 오히려 악화시켰다. 그러다 루이스 뉴슨 박사를 만났다. 폐경 전문의인 그 덕분에 케이트는 곧바로 호르몬의 균형을 되찾았다.

"알아보면 알아볼수록 무지와 불평등에 화가 났고, 중장년 여성의 삶의 질에 대한 무관심에 분노가 치밀어 올랐어요." 케이트는 자신의 경험을 바탕으로 뉴슨 박사와 함께 폐경 자선단체를 설립했다. 1,300만 명에 달하는 영국의 갱년기 여성에게 폐경에 관한 더 정확한 정보를 전달하고 그들이 더 안전하게 호르몬 대체 요법을 받을 수 있도록 돕는 것이 목적이다.

케이트는 이런 말도 한다. "더 넓게 보면 갱년기는 제게 새로운 것을 가르쳤고, 겸허하게 만들었어요. 제가 모든 것을 언제나 바로잡을 수는 없다는 것, 항상 잘 대처할 수 없다는 사실을 알게 되었어요. 때로는 호르몬 쓰나미 같은 외부의 작용을 막을 방법이 없다는 걸요."

갱년기라는 주제가 금기어에서 여기저기서 떠드는 주제가 되었지만, 모든 여성이 이런 흐름을 반기는 것은 아니었다. 커리어에서 중요한 시기에 자칫 갱년기의 프레임으로만 인식될 수 있다는 두려움 때문이다.

갱년기는 풀어나가기 어려운 주제다. 이런 논의에서 격한 감정을 불러일으키는 낙인들이 너무 많다. 또한 50~64세 여성 10명 중 한 명이 갱년기로 인해 직장을 떠났다고 말할 정도로 갱년기는 점점 더 직장 관련 쟁점으로 부상하고 있다.

정오 공동체의 여성 건강 전문가 니갯 아리프 박사의 말에 따르면 여성의 약 4분의 1이 심각한 갱년기 증상으로 고통받는다. 심지어 조울증과 불안증을 넘어 자살 충동을 느낄 정도의 우울증에 빠지기도 하고, 빈맥, 홍조, 근육통, 기력 소진과 같은 증상으로 인해 신체 활동에 제약을 받기도 한다. 직장을 떠나는 갱년기 여성이 그토록 많다는 사실은 고용주가 전환기에 놓인 여자들이 직장에서 살아남도록 도울 필요가 있음을 보여준다.

수십 년간 폐경에 관한 논의는 조심스러운 속삭임으로만 이어졌다. 세대가 변해도 여자들은 침묵 속에서 고통받았고, 폐경과 그 증상에 관해 거의 교육받지 않은 산부인과 의사들은 도움이 되지 않았다(다행히 캠페인을 통해 이런 문제는 바로잡히고 있다). 이런 배경지식을 바탕으로 기업들은 폐경이 실질적인 문제라는 점을 인정하고 조치를 취해야 한다. 이것은 그동안 아주 오래 간과된 부당함을 바로잡는 조치일 뿐이다.

다만 지나치게 배려해서 오히려 본질을 놓치는 일이 없도록 경계해야 한다. 퀸에이저를 오로지 갱년기 렌즈로만 들여다보면 그들이 경험과 능력이 풍부한 인재라는 사실을 잊기 쉽다. 홍조, 불면증, 기억력 감퇴와 같은 증상에 대한 논의만 활발해져서 중년 여성이 중요한 인력자원이라는 사실이 간과되어서는 안 된다. 2022년에 비전익스프레스와 정오 공동체가 공동으로 실시한 설문조사 결과 50~64세 여성 인구집단에서 78퍼센트가 자신을 갱년기로 규정하지 않기를 원하는 것으로 나타났다. 그 이유는 다음과 같다. 10대 딸을 가리키면서 '월경기'라고 말하는 경우는 결코 없을 것이다. 중년 남자에게 "당신은 이제 비아그라 구간에 들어갔어"라고 말하는 사람도 절대로 없을 것이다. 이와 마찬가지로 50대 여성은 오로지 걸어 다니는 열감, 히스테리를 부리는 호르몬 덩어리로 취급되기를 원하지 않는다. 이런 시각이 강조되면 결국 여자는 리더가 되기에 좋은 나이가 없다는 논리가 도출된다. 20대는 너무 어리다. 30대는 아이를 낳고 기를 가능성이 크다. 40대도 마찬가지다. 게다가 갱년기를 앞두고 있다. 50대는 홍조에 시달린다. 60대는 이미 전성기가 지났다. 당연히 이것은 헛소리다.

중장년 여성의 서사를 바꿀 필요가 있다. 우리가 주변의 도움으로 갱년기를 무사히 극복해내는 이야기, 이어서 오는 인생 후반기에 우리의 경험과 지혜로 인정받는 이야기를 퍼뜨리는 것이

다. 그렇게 할 때 여성의 가능성이 점점 더 커진다. 이것이 퀸에이
저 혁명이다.

갱년기에 대한 감춰진 정보들을 발굴해서 널리 알린 케이트 뮤어와 같은
운동가들에게 정말 고맙다. 그들 덕분에 우리 모두가 필요한 도움을 제공받을
수 있게 되었다. 다만 그것만으로는 충분하지 않다. 갱년기 증상에 대처하기
위해 잠시 병가를 내도 해고당하지 않기를 원한다. 그러나 그에 못지않게
우리는 마침내 퀸에이저 힘을 온전히 누리려는 찰나에 "히스테리를 부린다"고
무시당하지 않기를 원한다. 우리의 모든 면이 다 합쳐진 전체로서 평가받기를
원한다.

시작하기에
너무 늦은 때란 없다

뽀드득, 눈을 밟는 소리, 스키가 쉬익 지나가는 소리. 내 앞에서 여덟 명의 퀸에이저가 산을 따라 내려가고 있다. 위로는 아이거산의 북사면이 불가사의를 품고서 한결같이 그 자리에서 내려다보고 있다. 여자들이 우아하게 스키 기술을 선보이면서 앞서 나간다. 그중에는 상급자도 있다. 우리 어머니도 그중 한 명이다. 80살이 된 어머니는 가능성의 기적 그 자체다. 나머지 사람들은 막 스키를 배웠다. 50살에 나무판자를 발에 묶고서 생전 처음 낯선 경사로를 미끄러져 내려가는 그들이 나는 존경스럽다.

이런 방식으로 우리 몸을 사용하는 것, 중년에 새로운 열정을 찾는 것은 단순히 체력과 생존을 위해서만 필요한 것이 아니다. 쓰지 않으면 잃는 것도 사실이지만 무언가 새로운 것을 시도하고, 넘어지고, 새 기술을 연마하며, 세상을 살아가는 생소한 방식을 배우는 것 또한 젊게 살기 위해서는 매우 중요하다. 여기서 젊게 산다는 것은 삶과 가능성을 열린 태도로 대하는 것을 말한다.

새로운 기술을 배울 때 뇌는 딴생각을 할 수 없다. 스키를 익히기 위해서, 또는 패들보드, 서핑, 테니스 등 처음 해보는 것을 숙달하기 위해서는 현재에 집중해야 한다. 산을 따라 빠르게 내려가면서 나는 어린아이처럼 즉흥적으로 즐거움의 환호성을 내지른다. 속도와 햇살과 공간을 온전히 느끼면서 크게 웃는다. 스위스에서 최초로 스키를 탔다고 알려진 목사는 산에 있으면서 신에게 더 가까워진 느낌을 받았다고 말했다. 멀리 융프라우를 바라보면서, 눈길이 닿는 먼 곳까지 펼쳐진 눈 쌓인 높다란 산봉우리를 보면서 나는 그 아름다움에 감동한다.

이곳에서 머무는 마지막 날 아침, 생전 처음 스키를 탄 두 명이 떠나기 직전까지 스키를 타겠다고 고집을 부린다. 취리히로 가는 오후 2시 기차표를 예매했는데 오후 1시에도 우리는 여전히 산에 있다. "그냥 영원히 멈추고 싶지 않아요. 마법 같아요. 하늘을 나는 것 같아요. … 스키를 배우길 잘했어요." 키티가 말한다. 열정으로 불타오르는 눈이 광신도가 따로 없다.

우리 몸과 하나가 되는 것, 뭔가 새로운 것을 배울 기회를 얻는 것. 지금 이 순간에 머무는 것. 이것이 우리가 해야 하는 것들이다. 기술을 배우면 새로운 경로가 생긴다. 우리 삶에서 예전과는 다른 새로운 행동을 추적하기 위한 지도가 생긴다. 삶이 축소되는 것이 아니라 확장되고 있다는 감각.

론다는 팬데믹 기간에 조정을 배우기 시작했다. 그 과정에서 12킬로그램이 빠졌고, 난생처음 근육이 생겼고, 템스강에서 새로운 친구들을 얻었다. 스포츠, 운동, 몸을 쓰는 것은 50대 이상이 되어도 우리가 새로운 것을 하면서 자유롭게, 즐거움을 느끼면서 살 수 있다는 것을 보여준다. 그리고 우리가 새로운 것을 배우면서 우리 삶의 다른 부분도 혁신할 수 있다는 사실을 환기시킨다.

캘리포니아에 사는 대니엘은 수십 년간 태평양 해안에서 파도를 타는 서퍼들을 부러운 눈길로 바라보기만 했다. 그러다 아이들이 전부 독립하고 폐경이 임박했을 때, 마침내 해변에 앉아서 지켜보기만 하는 걸 멈추고 그 무리에 합류하겠다고 결심했다.

쉽지는 않았다. 서핑을 배우는 데 걸림돌이 너무 많았다. 수온이 섭씨 10도로 내려간 얼음장처럼 차가운 물, 무시무시하고 예측 불가능한 파도, 흔들리는 좁은 서프보드, 그리고 마지막으로 머릿속에서 쉬지 않고 떠들어대는 부정적인 건강염려증 목소리까지.

물에 빠지고 부서지는 파도 아래로 빨려 들어간 가혹한 첫 몇 주 동안 대니엘은 두 가지 원칙을 지켰다. '첫째, 서핑 강사가 뭔가를 시킬 때 그 말을 신뢰할 것. 둘째, 아무리 기가 꺾이고 지쳐도 계속 마린 카운티로 나가서 수업을 받을 것.'

그렇게 20회 수업을 마치고 2인 서핑 워크숍을 마무리한 후, 대니엘은 매일 새벽에 깜깜할 때 버클리에 있는 집에서 나와 차를 몰고 해변까지 30여 킬로미터를 오가면서 많은 시간을 보낸 뒤에야 높이 솟아오르는 초록빛 파도로 힘차게 패들링해서 튀어 올라 파도 정상에서 두 발로 파도를 타고 흘러내릴 수 있었다. "기뻐서 종종 소리를 지르고 승리감에 두 팔을 번쩍 들어요."

중년에 열정을 불태울 수 있는 새로운 신체 활동을 찾은 많은 퀸에이저처럼, 대니엘은 정말로 푹 빠져들었다. 그리고 자신처럼 최근에 서핑을 시작한 퀸에이저 동지들과 함께 매주 서핑을 한다. 그중 한 명은 해양학자로, 바다를 수십 년간 연구해서 바다에 대한 깊은 존경심을 지니고 있다. 다른 한 명은 유방암 4기에서 완치된 40대 후반에 서핑을 시작했다. 또 다른 한 명은 10대 때 롱아일랜드에서 잠깐 파도를 탄 경험을 되살린 대니엘의 30년 지기 친구다.

여자들은 일주일 내내 일기 예보, 조석 예보 소식을 문자로 주고받는다. 그리고 새벽에 동이 틀 때 해변 주차장에서 만난다. 그곳에서 두꺼운 웨트슈트로 갈아입고, 롱보드에 왁스 칠을 하고, 얼어붙은 모래사장을 재빨리 가로질러 물가로 가서 삐걱거리는 몸을 스트레칭하면서 파도로 들어가기에 최적인 지점을 찾아 수평선을 훑는다. 대니엘은 1년 전 서핑 초보자가 되었을 때 서핑이 분명히 즐거울 줄 알았다고 말한다. "하지만 이렇게까지 푹 빠질 거라고는 예상하지 못했어요."

대니엘만 그런 게 아니다. '서핑하는 여자들'이라는 페이스북 그룹에는 2만 3,000명의 서퍼들이 모여 있고, 그 외에도 많은 여자들이 서핑을 즐긴다.

"이렇게 한순간에 중독된 이유는 아마도 제 난소가 폐업하고 얼굴에서는 콜라겐이, 머리카락에서는 색소가 빠져나가는 동안 뭔가 새롭고 강력한 것이 제 안에서 꽃을 피웠기 때문인 것 같아요. 그리고 그게 매주 점점 더 강해졌어요. 지난 10년 동안 중년 여성으로 점점 투명인간이 되어가고 있었어요. 하지만 지금은 몇십 년 만에 더 아름다워지고 강해진 느낌이에요. 물론 두려움, 자기 의심, 건강염려증이 사라지지는 않았어요. 제 머릿속의 부정적인, 파국을 기대하는 목소리가 서핑 실력을 향상시키고 싶은 제 욕구와 끊임없이 싸워요. 특히 처음 간 낯선 해변에서는 이런 감정의 롤러코스터가 심해져요. 하지만 깊은 호흡을 몇 번 하고 수면에 손바닥을 대고 잠시 멈춰서 마음을 다잡은 다음에 그날의 첫 파도를 잡으러 가요. 그 파도를 잘 타고 넘으면 부정적인 느낌도 타고 넘을 수 있어요."

그녀는 갈림길에 서 있거나 다음에 뭘 해야 할지 잘 모르는 상태인 50대 여성에게도 메시지를 전한다. "서핑은 신체 능력을 발달시키는 데 도움이 되었을 뿐 아니라 용기라는 역량도 키워줬어요. 제가 확실하게 아는 건 오래도록 꿈에 머물렀던 서핑을 마침내 실현했다는 사실이 아주 감사하다는 거예요. 누구나 자기 내면을 들여다보면서 오래도록 품었던 꿈이 무엇이었는지 찾아볼 가치가 있어요. 그렇게 찾은 꿈 중 하나를 선택해서 실현해 보세요. 오늘 시작하세요. 바로 지금이 그 시간이에요."

새로운 걸 배우기에 너무 많은 나이나 너무 늦은 때라는 건 없다. 중년에 신체적인 도전에 나서는 건 신경 경로를 재배선하고 더 넓게는 자신감을 키우는 훌륭한 방법이다. 우리 어머니가 80살에도 스키를 탈 수 있다면 당신 역시 한 번도 해본 적이 없는 뭔가를 할 수 있다.

나이 들수록
섹스가 즐거워진다

텐트 안은 덥고 땀 냄새와 장미 향이 난다. 내 주위에 20대부터 70대에 이르는 여자들이 카펫과 쿠션 위에 누워 있다. 공기 중에 팽팽한 긴장감이 맴돈다. 이 워크숍의 제목은 '신성한 자기 쾌락'이다. 죄책감이나 우리의 섹슈얼리티가 성과를 내야 한다는 강박을 불러일으키는 조건화를 해제하는 것이 목적이다.

우리는 차례차례 사연을 풀어낸다. 자기 몸을 즐기거나 편안하게 대하지 못하도록 막는 트라우마를 밖으로 꺼내는 과정이다. 많은 여자들이 자기 몸을 애무하는 것은 '불결한' 행위라서 하면 안 된다고 배운 사실을 토로했다. 자위를 할 때면 수치심을 느끼고 자위라는 것을 최대한 빨리 해치우고 잊어야 하는 찰나의 욕구 배출로 여기는 사람이 많았다. 모든 참가자가 그런 것은 아니었다. 두어 명은 촛불을 켜놓고 아주 천천히 절정으로 가는, 멋지게 들리는 자기돌봄 루틴을 가지고 있다고 말했다. 그러나 대다수는 그런 식으로 쾌락에 쏟을 시간도, 에너지도, 자원도 없다고 말했다. 아이가 넷이거나, 일을 하거나, 나이 든 부모를 돌보거나,

이 세 가지를 모두 하고 있기도 했다. 많은 퀴어이저가 그런 여유로운 자기쾌락 루틴이 자신에게 가능한 것인지 생각조차 해보지 않았다.

이 워크숍을 운영하는 성행태학자 매들린은 우리에게 섹스 중에 우리 몸이 무엇을 좋아하고, 무엇을 원하고, 어떤 것이 쾌락을 주는지 생각해보라고 요구한다. 그러면 다수는 자신이 무엇을 좋아하거나 원하는지 모른다고 말한다. 그들의 섹스는 (대개) 남성 파트너가 무엇을 원하는지, 그들이 어떤 것을 해주기를 바라는지에 초점이 맞춰져 있었다. 자신의 반응은 단 한 번도 진지하게 파고들어 보지 않았다. 매들린은 우리에게 자신을 애무하고, 자기 살갖을 어루만지고, 새로운 곳으로 진출해보도록 했다.

작고 후텁지근한 텐트 안에서 35명의 여자들이 나지막하게 기쁨의 탄식을 내뱉는다. 팔 안쪽, 목덜미를 만지면서 부드럽고 기분 좋은 감각의 가능성을 발견한다. 여자들이 사회의 통념에 의해 혐오하게 된 자신의 신체 부위를 아무런 선입견 없이 어루만진다. 나는 내 우람한 허벅지 안쪽을 부드럽게 문지른다. 허벅지 사이에 틈이 있는 걸 숭배하는 문화에서 내 출렁거리는 살들을 나는 얼마나 자주 혐오했던가. 그다음으로 터질 듯한 뱃살을 어루만졌다. 이 배에서 두 명의 인간이 나왔다. 이런 '외적 결함'들에 혐오를 표출하도록 훈련된 냉혹한 내면의 목소리를 평소처럼 느끼는 대신 나는 내 배와 허벅지를 훑으면서 건장하고 든든한 몸에 감사를 표한다.

우리 사회가 날씬하고 탄력 있는 몸을 가지지 못한 나를 실패자로 규정하지만, 허벅지의 지름은 우리 인생에서 그다지 중요하지 않다. 그렇다. 나는 내가 조건화되어 있다는 것을 인정한다. 그런 생각들을 하자 너무 들떠서 창피할 정도로 엄청난 해방감이 느껴졌다!

내 주위에서 젊은 여자들이 섹스는 남자의 필요, 욕구를 충족시키는 것일 때가 많았다고 말한다. 자신의 성적 쾌락은 고려되지 않았다. 가슴이 큰 몇몇 여자들은 어릴 때부터 가슴에 남자들의 시선이 몰렸기 때문에 자신들이 남자들과 맺는 관계가 왜곡될 수밖에 없었다고 설명한다. 그리고 가슴을 숨기기 위해 별별 짓을 다 했다고 말하거나 자기 가슴인데도 오랫동안 외부에서 성적 대상화가 되다 보니 자신의 일부로 느껴지지도 않는다는 이야기를 했다. 나도 그런 이야기에 공감한다. 남자들이 내 눈이 아니라 내 가슴에 관해 이야기하는 데 신물이 났다. 텐트 안에서 한 여성이 아주 오랫동안 자신의 몸이 어떻게 조각조각 나뉘어서 논평의 대상이 되었는지 이야기한다. 미끈하게 빠진 다리, 탱탱한 가슴, 풍성한 머리카락. 그중 어느 것도 자신과 관련된 것 같지 않았고, '나'라는 사람과는 무관한 말들로 들렸다고 말한다. 여기저기서 동의하는 들썩임이 있다. 깊게 공감하며 나지막이 맞장구친다. 그것이 대상화의 효과다. 우리 몸이 우리 자신의 것, 우리의 신체적 보금자리처럼 느껴지지 않게 된다. 그냥 남자들이 심사하고 거래하는 재화가 되어버린다.

어떤 여자들은 자신의 몸과 관계 맺기가 왜곡되고 두려움의 대상이 된 이유가 성적 학대를 받은 기억 때문이라고 설명하면서 눈물을 훔친다. 그들은 아버지나 남자 형제, 부모의 지인, 자신들을 보호해야 하는 어른들에게 성적 학대를 당했다고 말한다. 분명한 것은 이런 어린 시절에 당한 이런 학대로 인해 그들에게는 즐거움의 원천이어야 할 음부가 수치와 고통의 원흉이 되었다는 점이다.

워크숍을 이끄는 지혜로운 리더 매들린은 스스로를 애무함으로써 자신의 쾌락, 자신의 섹슈얼리티와 더 긍정적인 관계로 돌아갈 수 있다고 설명한다. 어쨌거나 우리가 주도권을 쥐면, 스스로에게 즐거움을 주고 항상 안전하게 진행될 것이며, 언제든 멈출 수 있다. 우리에게 상처를 줄 수 있는 외부인이 없다. 매들린은 자신에 대한 감각적 자기 인식을 획득하면 그 감각의 주인이 될 수 있고 그런 통찰을 파트너에게 전달할 수 있다고 지적한다.

여자들은 자신을 천천히 부드럽게 어루만지는 것이 얼마나 기분이 좋았는지 말한다. 남자들이 애정을 쏟는 음부나 가슴이 아닌 자신의 몸 곳곳을 부드럽게 어루만지는 것이 얼마나 즐거웠는지. 몇몇 여자들은 이 경험을 통해 자신감을 얻었다고 말한다. 파트너에게 돌아가면 자신이 정말로 어떤 걸 좋아하고 원하는지 알려주고 요구할 것이라고 덧붙인다.

30여 명의 여자들과 함께 누워서 스스로를 한 꺼풀씩 벗겨내면서 자기 몸 구석구석을 탐색하는 것은 매우 이상하고도 특이한 경험이었다. 우리는 모두 안전하고 내밀한 공간을 공유하고 있었다.

여자들이 사춘기 때부터 성적 쾌락에 대한 '기대'를 품도록 교육을 받았다면, 여성의 성적 만족이 우리의 권리라고 교육받았다면 여자들이 더 큰 즐거움을 가질 수 있을 것이라는 생각이 들었다. 처음부터 섹스에 여자들의 오르가슴, 즐거움도 필수사항이라고 배웠다면, 섹스가 오로지 남자들에게 즐거움을 주고, 그들만을 만족시키는 것이 아니라 상호적인 것이라고 배웠다면 어땠을까. 우리는 있는 그대로의 자신보다는 남자가 바라는 여자가 되어야 한다고 조건화되고 세뇌당했다. 특정 남자들을 탓하는 게 아니다. 우리가 사회를 구성한 방식, 가부장제의 문제를 지적하는 것이다. 가부장제에서는 남자의 필요가 최우선순위에 놓이며 여자가 남자를 모시는 존재에 불과하다. 여성의 섹슈얼리티는 남자의 만족을 추구해야 한다고 주장한다.

이런 현실에서 나이 들면서 우리의 섹슈얼리티는 어떻게 되는 걸까? 길을 잃는다. 그동안 퀸에이저와 섹스를 짝지어 생각하는 것 자체가 일종의 금기사항이었다. 나이 든 사람이 섹스하는 걸 떠올리기만 해도 끔찍하다고 말하는 사람이 많다. 그러나 이것은 현실과는 거리가 멀다. 정오 공동체에서 이 주제로 논의를 자주 진행하면서, 그리고 중년 여성을 위한 성인용품을 개발하는 여성 팀과 공동으로 실시한 조사 결과에서, 중장년 여성의 삶에서 섹스가 여전히 매우 중요하고 활발한 활동이라는 것을 확인했다.

물론 그렇다고 모두가 적극적으로 성생활을 즐기는 것은 아니다. 나란히, 그러나 서로 분리된 삶을 사는 커플의 이야기도 많이 듣는다. 부부 관계는 유지하지만 더는 방을 같이 쓰지는 않는다. 몇십 년을 함께한 많은 부부에게는 성적 친밀함이 더는 중요한 요소가 아니게 된다. 그것도 충분히 이해가 간다. 그러나 그 일부가 아닌 전체 그림을 봐야 한다.

최근에 나는 정오 공동체에서 설문조사를 실시하면서 50대의 섹스가 어땠는지 설명해달라고 요청했다. 그 답 몇 가지를 소개하겠다. '따뜻하고, 오렌지색이고, 깊고 안전하다.' '남편과 아주 깊이 연결되었다고 느낀다. 우리는 아주 오래 함께했으니까.' '우리가 젊었을 때보다는 훨씬 더 열정적이고 훨씬 더 대담하다.' '지금의 섹스는 애정이 담겨 있고 차분하고 자연스럽다.' '빛이 바래고 있지만 쨍한 색깔의 점들이 찍힌.' '열정, 정신이 나가는, 에로틱한, 불경하고 놀라운.' '환상적이고, 믿을 수 없을 만큼 좋다.' '지금의 나에게 섹스는 설레고 가슴 벅차고, 따뜻한 행복이다.' 가장 마음을 움직인 답은 '지금은 섹스가 더 부드럽다. 더 오래 지속되고 때로는 뜻하지 않게 격렬한 무지개색 오르가슴이 찾아온다'였다.

이런 답에서 알 수 있는 것은 성적 화학반응, 예컨대 열정과 친밀함이 오랜 시간이 지난 후에도 계속 활발하게 유지될 수 있다는 것이다. 다음에 소개할 어맨다의 이야기는 퀸에이저에게서 자주 듣는 전형적인 이야기다. 그러면서도 우리가 주류 미디어에서는 결코 들을 수 없는 이야기이기도 하다.

어맨다는 56세이고 늘 섹스를 좋아했으며, 살면서 여러 섹스 파트너를 만나는 행운을 누렸다고 말한다. "가슴에 손을 얹고 솔직하게 이렇게 말할 수 있어요. 50대 후반인 지금만큼 좋았던 적이 없었다고요." 오르가슴이 더 오래, 더 격렬하게 지속되기 때문이다. 모든 감각이 통합되는 일종의 공감각이 살아난다고 한다.

"마치 완전히 다른 차원에서 남편 주위를 떠다니는 것 같아요." 어맨다는 젊을 때는 단 한 번도 이런 감각을 느껴본 적이 없다고 말한다. 그런데 남편과 20년을 함께 보낸 지금은 서로를 아주 잘 알게 되었고 함께 있을 때 모든 제약에서 벗어날 수 있기에, 자의식에 얽매이거나 튀어나온 살을 부끄러워하거나 자신이 제대로 하고 있는지 걱정하는 일이 없다고 말한다.

"우리 부부가 사랑을 나눌 때 유쾌하면서도 완벽한 결합이 일어나요. 완전해졌다는 감각, 사랑과 친밀함의 감각을 느껴요. 그리고 모든 것이 허용되고 완벽하게 이해되었다는 느낌. 이전에 경험한 그 어떤 것보다도 더 아름다운 감각이에요."

우리는 어맨다가 젊었을 때 섹스를 하면서 느낀 감각과 요즘 느끼는 감각의 차이에 관해 이야기했다. 어맨다는 그 차이가 신뢰에 있다고 말한다. 25년간 사랑하면서 쌓아온 친밀함과 신뢰. "우리는 늘 강력한 화학반응을 일으켰어요. 하지만 아이들이 독립하고 제가 폐경을 맞은 뒤에 섹스가 달라졌어요. 더 격렬하고, 더 자유로운 것이 되었어요. 남편을 서둘러 들이기보다 조금씩 천천히 들어오도록 기다리는 것, 여유를 가지고 그 순간을 느끼는 것, 그게 달라진 점이에요"

어맨다는 젊을 때는 이런 것들에 관해 생각해보거나 알지 못했지만, 이런 수용에 대한 열린 태도, 그 순간에 온전하게 머문다는 감각에 더 깊이 몰입한 것이 차이를 만들어냈다고 말한다. "성생활이 완전히 달라졌어요. 섹스에 대한 제 생각도 달라졌고요. 어디에서 읽어본 게 아니고 스스로 찾아냈죠. 하지만 예전만큼

서두르지 않게 된 것이 크게 작용한 건 사실이에요.”

오로지 젊은 몸만이 대단한 섹스를 할 수 있다는 것은 거짓이다. 모든 사람이 이 가을의 개화에 관해 알았으면 한다. 나이가 들면 우리 몸이 즐거움을 더 잘 받아들일 수 있게 되고, 이전보다 환희를 더 잘 주고받을 수 있게 된다.

어맨다의 통찰에 친구들이 증인이 되어줬다. “젊었을 때는 피곤하거나 바빴고, 그날 해야 하는 일 목록을 처리하는 과정 같았어. 얼른 해치우고 자고 싶다고 생각할 때도 있었겠지. 아니면 아래층 아이들 소리에 정신이 팔렸을 수도 있고. 그런데 돌아보면 그냥 절정에 도달해야 한다는 목표를 보고 달렸던 것 같아. 그 과정에서 내가 맡은 역할이 무엇인지 생각해보지 않았어. 느긋하게 기다리는 것이 좋을 수도 있다는 걸 이제야 알게 되었어. 예전에는 한 번도 그런 걸 시도해보지 않았어.”

우리는 오래된 부부 관계에서는 성생활이 필연적으로 단조로워진다는 이야기를 많이 듣는다. 어떤 커플에게는 맞는 말이다. 폐경, 폐경 후 증상과 질건조증으로 인해 섹스가 고통이 된 친구들도 있다. 하지만 나이 든 여자들이 섹스를 원하지 않는다는 이야기는 사회가 그런 믿음을 주입하려고 지어낸 이야기라고 생각한다. 심지어 50세 이상 여자들을 불쾌하고 혐오스러운 존재로 취급하는 중년 남자들도 만났다. 그들은 마치 여자들만 유통기한이 있고 자신들은 그런 게 없다는 듯 군다! 하지만 나는 동갑인 아내가 아직도 아름답다는 동년배 친구들의 이야기를 통해 그게 결코 모두의 이야기가 아니라는 것을 안다. 내 사촌은 80대에 결혼했고 만족스러운 성생활을 한다.

물론 나이가 들면서 적극적으로 성생활을 유지하고 싶지 않으면 그렇게 해도 된다. 다만 성생활의 만족도가 나이와는 상관없다는 진실을 밝히고자 한다. 그러므로 중년의 삶에서도 기대해볼 만한 부분이다.

나이가 들면 섹스가 더 즐거워진다. 자기 몸에 대해 더 잘 알게 되고 섹스가
숙제 같은 느낌이 들지 않기 때문일 것이다. 그리고 젊을 때와는 다르게
쾌락을 주고받는 감각을 즐긴다. 가을 여왕의 강점을 최대한 살려라! 파트너와
함께하는 섹스든, 혼자 쾌락을 추구하든. 자신의 쾌락을 최우선순위에 두라.
어쨌거나 인생은 한 번이다.

늙어가는 행운

영국 외딴 시골에서 열린 작은 여성 축제에 참석했을 때의 일이다. 내가 머무는 텐트의 문을 열었더니 공원에 안개가 자욱했다. 계곡 반대편의 나무들이 거의 보이지 않았다.

그로부터 2시간 뒤, 해가 밝게 빛난다. 선선했던 8월이 가고 여름 무더위가 뒤늦게 기승을 부린다. 나는 광활한 들판 한가운데에서 여기저기 돌아다니면서 발을 구르고 춤을 춘다. 내 주변에 거리를 두고 선 다른 여자들이 자신만의 박자로, 자신만의 흐름에 맞춰 춤을 추고 있다. 내 머리에는 '무아지경 댄스' 시간을 위해 선곡한 노래들이 스트리밍되는 헤드폰이 씌워져 있다. 헤드폰을 벗으면 사방이 고요하다. 새소리와 간간이 들리는 즐거움의 비명이 들릴 뿐이다. 헤드폰을 다시 쓰면 가상 댄스클럽으로 돌아간다. DJ가 매력적인 노래로 던진 미끼가 나를 움직이고, 행진하고, 팔을 휘젓고 발을 구르게 만든다. 즐거워하며 빙빙 돌게 만든다.

나는 늘 열정적인 댄서였지만, 이 춤은 다르다. 한낮에 사슴 공원 한가운데서 몸을 흔든다. 나는 외부, 즉 남자들의 시선을 신경 쓸 필요가 전혀 없다. 아마도 난생처음으로, 적어도 내가 어느 정도 자란 뒤로는 처음으로 오롯이 나 자신을 위해서 춤추고 있다.

나를 보는 사람은 아무도 없다. 그저 내가 움직이고 싶기 때문에 움직인다. 내 몸이 내가 느끼는 건 뭐든 하도록 허락한다. 매력적으로 보이도록 팔다리를 움직일 필요가 없다. 내 마음대로 움직이면서 내가 그동안 나이트클럽이나 파티에서, 정도의 차이는 있어도 잠재의식에 의해 춤추고 움직였다는 걸 깨닫는다. 지금의 나는 어릴 적에 한 것처럼 뛰어다닌다. 가만히 서서 발아래 부드러운 초록빛 잔디와 그 아래에 있는 흙을 느낀다.

내 주위의 많은 여자들도 나처럼 즐기고 있다. 아무런 제약 없이 마음 가는 대로 춤추는 것은 좀처럼 경험하기 힘든 평가, 압박, 비판적 시선이 사라진 순간처럼 느껴진다(내면의 검열장치도 꺼져 있다).

전날 밤, 빨간 라자스탄식 텐트 안 바닥에 누웠다. 한 예술가가 크리스털 그릇과 싱잉볼과 징을 연주하며 노래했다. 낯설고 불협화음처럼 느껴지는 소리 속에서 나는 짧은 순간의 완전한 고요함을 포착했다. 소리를 따라 바닥으로 녹아들어서 더 이상 대지 위에 누워 있는 것이 아니라 지각 속으로 흡수된 느낌이었다. 내 복부 위에 완전히 자란 보리와 밀이 파도치고 있었다. 나는 흙더미, 잔디, 대지의 일부가 된다. 식물과 나무가 나로부터, 나를 뚫고 자라고 있다. 그런 감각이 더 뚜렷해졌고 마치 내 안 깊은 곳에서 강물이 흐르고 파도가 부서지고 있는 것 같았다. 내가 모든 것인 동시에 아무것도 아닌 것 같았다. 내 몸 안에 우주가 담겨 있었다. 내 몸이 지구의 일부였다. 설명하기 힘든 아주 이상한 감각이었다.

그동안 요가 강사들과 명상 선생님들이 말했던 땅에 단단히 박으라는 말이 떠올랐다. 그들은 내 골반에서 전선들이 내려와 땅속으로 들어가는 모습을 떠올리라고. 땅과 연결됨을 느끼고, 땅의 기운을 느끼고, 중력이 나를 땅으로 끌어당기는 것을 느끼라고 했다. 당연히 나는 그들이 말하는 대로 하려고 노력했다. 그러나 이전까지는 땅과 하나가 된, 말 그대로 땅의 일부가 된 느낌을 전혀 받지 못했다. 그런데 지금, 축제 안에서 그걸 느끼고 있다.

여성 축제에서 보낸 사흘 전체가 재조건화 과정처럼 느껴졌다. 아마도 땅바닥에 너무 오래 누워 있었기 때문일 수도 있고, 나와 같은 생각을 가진 많은 여자들과 함께 있었기 때문일 수도 있다. 그러나 마치 뇌의 한 영역 전체가, 평소에는 위험을 탐지하느라 경계 태세에 있는 영역이 작동을 멈춘 것 같았다. 내가 오롯이 나로만 있을 수 있게 된 것 같았다. 우리 몸이 다른 사람이 평가하거나 즐길 수 있는 성적 대상화된 '부분'으로 여겨지는 환경에서 벗어난 감각. 날씬함이나 기타 우리 몸이 뭔가 고민의 대상이 되는 환경에서 벗어나는 것. 우리 몸을 외부에서 명령한 모양 안에 억지로 욱여넣어야 하는 환경에서 벗어나는 것. 반세기 동안 나를 충직하게 운반한 내 튼튼한 다리에서 기쁨을 느끼는 것. 여자들에게 뭔가를 사게 만들려는 화려한 잡지의 유혹에서 해방되고 자유로워지는 것. 그리고 무엇보다 스스로를 땅에 단단히 박고, 현재에 머물고, 나라는 소중한 틀 안에서 진정으로 하나 된 감각을 느끼는 것. 나 자신 또는 주변 사람에게 건강 이상 문제가 생기면 우리는 그냥 여기 있다는 것, 중년과 그 이후에도 여전히 잘 작동하는 몸이 있다는 것이 선물이라는 사실을 저절로 알게 된다. 나이 들어간다는 것이 특권이라는 사실을. 평생을 투쟁을 벌인 후에 마침내 나는 무기를 내려놓고 나 자신의 살갗 안에 머물면서 기쁨을 느끼게 된 것 같다.

당신도 그렇게 될 수 있을 것이다.

마음 깊은 곳에서부터 우러나는 자기 몸 긍정의 핵심은 땅에 뿌리를 단단히 박는 것이다. 우리가 이 짧은 시간 동안이나마 여기에 있다는 것이 얼마나 큰 행운인지를 기억하는 것이다. 우리 육체는 기적이다. 영혼이 지구를 체험할 수 있는 것은 우리 몸 안에 그것이 있기 때문이다. 우리를 배를 비판하기보다는 그 배를 존중하고 즐겨야 한다. 몸은 우리가 받은 유일한 집이다.

6부

영혼
의
성찰

❧

퀸에이저로서 내 경험 중 아직 들려주지 않은 부분은 영적인 부분, 내면, 즉 마음의 이야기다. 냉소적인 기자, 증거의 경중을 가늠하고 진실 검증을 해야 하는 편집자로 지내면서 나는 '영혼'이라는 개념 자체를 배척했다. 처음부터 신실한 무신론자로 키워졌다. 우리 가족의 종교는 무교였다. 내 교육은 철저하게 계몽주의에 기반을 두고 있었다. "나는 생각한다, 고로 존재한다cogito, ergo sum." 옥스퍼드 대학교에서 나는 감정보다 지성을, 직관보다 이성을 중시하도록 배웠다. 신문사에서 보낸 25년이라는 시간은 그런 배움을 강화하는 방향으로만 작용했다.

그러나 퀸에이저로 변신하기 위해 나는 새로운 앎의 방식, 새로운 존재 방식을 발굴해야 했다. 한때는 육체가 오로지 뇌의 명령을 받아 뇌를 운반하는 수단으로만 여겼다. 지금은 내 몸의 신호를 더 잘 감지하게 되었다. 예를 들어 떨림, 피부에 돋은 소름을 위험을 측정하는 지표로 사용하는 법을 배웠다. 이를 두고 직관, 즉 체화된 앎의 감각에 주파수를 맞추는 것이라고 설명할 수도 있을 것이다. 어쨌거나 인간도 동물이니까.

예전에 내게 "영혼이 있다고 생각합니까?"라고 물었다면 코웃음을 쳤을 것이다. 지금은 당연히 그렇다고 말한다. 명상할 때면 영역을 뛰어넘어 다른 세계로 들어간다는 감각을 느낀다. 그런 감각을 깨우고 주파수를 맞추기 위한 명상은 내 일상 루틴의 필수 부분이 되었다. 또 명상하면서 더 광범위한 세계와의 연결성을 느끼고 받아들인다. 이 이야기는 다른 영역으로의 여정, 존재하기의 다른 방식들을 찾는 과정을 다룬다. 고요함에 머물기. 살아 있다는 것, 그 엄청난 선물을 확인하는 여정이다.

경험은
직감을 날카롭게 한다

〈선데이 타임스〉 편집자로 일할 때, 49세 생일을 맞이한 나는 생일 주간에 자메이카의 실로시빈(환각버섯) 수련회에서 감독관의 지도 아래 환각버섯을 먹었다. 그 여행을 하게 된 이유는 동료 저널리스트 데카가 PTSD, 즉 외상후스트레스장애를 앓고 있었기 때문이다. 데카의 남편은 5년 전 그녀와 어린 두 아들의 눈앞에서 익사했다. 그런 일이 겪었음에도 그녀는 인터뷰어로 복귀해 화려한 경력을 이어갔고, 나와 함께 일하게 되었다. 데카는 두 아이를 혼자 키우면서 계속 일했고, 남편의 죽음뿐 아니라 남편이 죽은 지 1년 후에 진단받은 유방암도 극복했다. 어느 날 환각버섯에 관한 칼럼을 쓰고 싶다고 말했을 때, 데카는 자신이 현재 기능적으로는 정상의 삶을 살고 있지만 이전에 겪은 격랑들로 인해 감정이 마비된 상태라고 인정했다. 아주 끔찍한 감정들도 느끼지 않지만, 좋은 감정들도 느낄 수 없다고 했다. 아이들이 안아줄 때도 기쁨을 느끼지 못했고, 친구들과 함께 있어도 행복을 느낄 수 없다고 말이다.

우리는 둘 다 마이클 폴란의 책 《마음을 바꾸는 방법》을 읽었는데 거기에 환각제, 특히 실로시빈이 우울증과 PTSD 치료에 도움이 된다는 내용이 나온다. 폴란은 실로시빈의 효과를 마치 깊게 팬 경사면에 눈이 쌓이는 것과 같다고 묘사했다. 정신에 생긴 팬 부분을 덮어서 정신이 새로운 자국을 낼 수 있게 해준다는 것이었다. 도저히 벗어날 수 없는 부정적인 회상의 순환고리에 갇혀 있을 때 특히 유용하다고 했다.

데카는 실로시빈을 합법적으로 섭취할 수 있는 자메이카의 수련회를 찾아냈다. 그녀는 치료 목적으로 실로시빈을 먹어보고 그 경험을 칼럼으로 써서 당시 내가 편집하는 잡지에 싣겠다고 제안했다. 나는 아주 좋은 글감이라고 생각해서 그 제안을 즉시 수락했다. 다만 조건을 하나 붙였다. 나도 함께 가는 조건이었다. 나는 당시의 내 결정을 이런 식으로 정당화했다. 수련원의 다른 사람들이 취재에 응하지 않을 수도 있으므로 내가 익명의 인터뷰 대상자가 되겠다는 아이디어였다. 또한 이 체험은 매우 위험하므로 편집자인 내게 그녀를 보호할 의무가 있다고도 말했다. 그러나 그것은 내가 함께 간 진짜 이유가 아니었다.

당시에는 함께 가는 것에 내가 왜 그토록 단호한 입장을 취했는지 그 이유를 정확하게는 몰랐다. 지금이라면 내 직감, 다른 말로 하면 '깨어 있는 자아'가 나를 불렀기 때문이라고 말할 것이다. 그 자아는 그 운명적인 여행이 내 새로운 삶의 시작점이 될 것이라는 걸 알았다. 그러나 나는 왜 내가 그렇게까지 적극적으로 나선 건지 다소 혼란스러웠다. 당시에 데카와 나의 관계는 저널리스트와 상사의 관계였다. 우리는 서로 호감을 갖고 있었지만, 썩 친하지는 않았다. 그냥 가야만 한다는 느낌에 압도되었던 기억이 난다. 마치 내 안 가장 깊숙한 곳에서 이렇게 외치고 있는 것 같았다. "그래! 이거야! 이유는 묻지 마, 그냥 가!"

나는 그전까지는 단 한 번도 실로시빈을 복용하겠다는 생각을 하지 않았다. 대학에 다닐 때도 나는 늘 LSD를 비롯한 모든 환각제에 두려움을 느꼈다. 마약에 취한 사람들이 환각 상태에서 창문 밖으로 뛰어내렸다는 무시무시한 이야기들을 듣고 자랐기 때문이다. 나와 같은 세대인 대다수 퀸에이저처럼 나는 10대 후반에 전자음악이 요란하게 울려대는 파티에서 엑스터시를 먹었고, 대마를 조금 피워봤다. 그러나 내 머릿속에서 환각제는 헤로인과 함께 마약으로 분류되어 있었다. 우리는 마약류는 '무조건 거절'하라고 배웠다. 나는 그 사실을 받아들였다.

그런데 데카가 자메이카에 관해 이야기한 그날 내 영혼 깊숙한 곳에서 뭔가가 환호성을 질렀다. 나는 가기로 결심했다. 겁이 났고 왜 가고 싶은지도 알 수 없었지만(남편은 내가 정신이 나갔다고 생각했고, 나는 내가 정신이 나갈지도 모른다고 생각했다). 그러나 진실은 그 여행이 정말로 내 삶을 바꿨다는 것이다.

수련회는 자메이카 남쪽 해안의 급격한 경사면에 세워진 식민지 시대 고택에서 진행되었다. 그 저택에서는 바다가 한눈에 내려다보였고, 정원에는 야자수와 벌새, 분꽃을 비롯해 무지개를 연상시키는 다채로운 색의 꽃들… 생명과 아름다움으로 가득했다. 수련회의 슬로건은 '설정과 무대'였다. '무대'는 완벽하게 안전한 환경을 만드는 것을 의미했다. 깜짝 놀랄 일도, 책임도 없었다. 믿을 수 있는 직원들이 아무도 다치는 일 없도록 항상 지켜보고 있고, 겁이 나면 언제든 대화를 나눌 사람이 있었다. 실로시빈의 복용량은 신중하게 계산되었으며, 환각 상태에 들어갈 때마다 매번 그에 앞서 그날 할 체험의 분위기와 목적을 정하기 위해 안내자를 따라 명상을 했다.

첫 번째 환각 수련을 하는 동안 우리는 머리 위에 밝은 하얀 빛이 있다고 상상해보라는 지시를 받았다. 안전하다는 느낌을 주는 장소, 상황이 나빠질 때 우리가 돌아가는 장소를 떠올려 보라고 했다. 두 번째 환각 수련에서는 젊은 시절의 나를 떠올리면서 그 젊은 나와 함께 여정에 나서는 모습을 상상하도록 지시받았다. 이런 설정이 끝나고 실로시빈을 복용한 뒤에 우리는 배경음악을 들으며 그늘 아래 펼쳐둔 의자로 갔다. 우리는 그 주에 환각 수련을 세 번 실시했다. 진정한 깨달음의 순간은 마지막 환각 수련 중에 찾아왔다. 우리는 바다가 내려다보이는 곳에 동그랗게 원을 그리고 앉아 있었다. 저 아래 밀려드는 파도가 바위에서 부서졌다. "당신의 삶에서 더 이상 필요 없는 것을 절벽 아래로 던지세요. 아니면 폭파시키세요." 환각 수련 조력자 한 명이 부드러운 목소리로 말했다. 별생각 없이 나는 어느새 지난 20년간 내 삶이었던 언론계 커리어 전체를 상자에 넣었다. 그리고 전부 폭파시켰다. 내 모든 야망, 편집자로서 내가 들인 모든 노력과 결과물이 전부 날아갔다.

기분이 무척이나 좋았다. 하늘을 날아갈 듯 상쾌했다. 안도했다. 마음이 가벼워졌다. 의식적으로 한 것은 아니었다. 나는 내가 언론계에서 벗어나고 싶어 한다는 것을 전혀 몰랐다. 즉흥적으로 커리어 전체를 날려버렸고, 그 순간에는 그게 어울린다고 느꼈다. 필수적이라고까지 느꼈다.

그러나 데카에게 내가 뭘 했는지 말하자 데카는 심각해졌다. "당신의 언론 커리어 전체를 날려버리면 어떡해요." 데카가 말했다. "당신은 내 상사잖아요! 당신이 필요하다고요!"

나는 크게 웃었다.

"미안해요, 친구. 이미 날려버렸는걸요."

그 명상이 끝나고 20여 분 뒤에 내 마지막 환각 체험이 시작되었다.

나는 실로시빈 8그램을 복용했다. 슈퍼히어로에게나 적당할 법한 용량이었다. 첫 두 번의 환각 체험에서는 황홀경에 빠졌다. 에너지가 넘쳐서 춤을 추면서 돌아다녔다. 하지만 마지막 회차에는 몸이 무거워서 누워야 했다. 고독, 평화를 깊이 갈망했다. 데카를 비롯해 모든 사람에게서 벗어나고 싶었다.

나는 바다를 내려다보는 수영장 옆 울타리 너머에 있는 야자수 아래 평온하고 조용한 자리로 물러났다. 대자로 드러눕자 나를 짓누르던 무게가 즉시 사라졌다. 밥 말리의 노래 〈원 러브〉를 반복 재생했다. 내 위로는 초록색 야자수 잎들이 파란 하늘을 배경으로 나부끼고 있었다. 잎들이 너무 천천히 움직여서 마치 시간이 멈춘 것 같았다. 초와 초 사이의 간격으로 떨어질 수 있을 것만 같았다. 눈을 감자 눈꺼풀 안쪽으로 황금색 빛이 쏟아져 들어왔다. 마법의 재생 물약에 푹 잠겨 있는 느낌이었다. 내가 어디에서 끝나고 황금색 액체가 어디서부터 시작되는지 알 수 없었다. 그러나 중요하지 않았다. 분리는 없으며 내가 모든 것이고 모든 것이 내 안에 있다는 것을 깨달았다. 모든 것이 하나였다. 모든 빛, 모든 에너지. 모든 것이 맥동하는 생명이었다.

우주적 충전기에 연결된 그날, 내 감각이 살아났다. 그날 나는 우주에 의해 재부팅되었다. 충전기에 꽂힌 채 완전히 새로운 시대, 완전히 새로운 삶과 사명을 위해 회전 속도를 올렸다. 혁명적이었다. 나는 그곳에 45분 넘게 누워 있었다. 완전한 충만감을 느꼈다. 밥 말리의 노래가 배경에 흐르고 있었다. 무아지경.

다시 움직일 수 있게 되었을 때 나는 수영장에 들어가 몸을 물에 띄웠다. 호흡에 맞춰 내 몸이 가라앉았다가 떠오르기를 반복했다. 물과 하나가 된 나는 완벽하게 행복했다. 환각이 끝나고 해가 질 때쯤 나는 데카 옆에 앉아서 함께 청록색 바다를 내려다봤다. 마치 마법처럼 〈돈 워리, 비 해피〉가 흘러나왔다. 무작위 재생 목록이었지만, 완벽한 순간에 그 노래가 불쑥 튀어나왔다. 모든 것이 조화를 이루는 것 같았다. 모든 것이 예비된 그대로, 조금의 어긋남도 없이 전개되고 있었다. 완벽했다. 우리는 나란히 앉아서 손을 잡았다. 데카는 웃고 있었는데 그녀의 뺨을 타고 눈물이 흘러내렸다. 다시 감정을 느낄 수 있다는 안도감에 흘리는 눈물이었다. 마비의 댐이 무너졌다(그 여행에 관해 쓴 데카의 글은 2020년에 BBC가 선정한 올해의 칼럼 후보에 올랐다).

우리는 맹세했다. 그날 이후로 즐거움에는 무조건 예스라고 답하기로.

무척이나 간단한 일처럼 느껴졌다.

그날 나는 나를 위한 새로운 길을 내기로 마음먹었다. 다른 사람들도 그 길을 갈 수 있도록 돕기로 했다. 그것이 중년에 완전한 변화를 꾀하는 것, 세계관을 바꾸는 것이 가능하다는 사실을 깨닫고, 정오 공동체라는 아이디어를 떠올린 나의 '황금 순간'이었다. 나는 우리가 50대 이상으로 넘어가는 시기에도 새로운 자신을 찾고 새로운 자신이 될 수 있다는 확신이 들었다. 황금색 빛이 나에게 그 길을 보여줬다. 내 삶의 진정한 목적. 내가 되어가기의 결정적인 순간이었다.

물론 그로부터 3개월 뒤에 해고를 당하고 신문사에서 보낸 내 삶 전체가 정말로 끝장났을 때, 나는 전혀 기분이 좋지 않았다(해고를 당한 건 엄청난 충격이었다). 나는 밑도 끝도 없이 추락하고 있었다.

그러나 그런 최악의 순간에서도 명상을 하면 그 황금색 빛의 감각, 모든 것과 연결된 감각으로 돌아갈 방법을 찾을 수 있었다. 그래서 나는 최악의 어둠 속에서 보낸 시기에 "황금색 빛, 황금색 빛"을 주문처럼 외웠다. 다시 연결되었다는 느낌, 하나가 되는 느낌은 어둠 속에서 정말로 빛이 되어주었다. 모든 의심과 앞으로 닥칠 시련을 헤쳐나갈 수 있도록 나를 인도하는 등대였다. 그 황금빛 환상 여행은 해고를 당한 후에 나를 빨아들인 어둠에서 벗어나도록 도왔다.

그날 자메이카에서 명상을 지도했던 드니스는 더 이상 내게 도움이 되지 않는 모든 것을 버리라고 권했다. 60세인 드니스가 그 곳에 있었던 이유는 무난하게 사는 데 지쳤기 때문이었다. 그녀는 미국에서 심리치료를 하는 사회복지사라는 안정된 직장을 그만두고 떠나왔다.

수련회가 끝난 뒤 드니스는 나를 바닷가에 있는 작은 집으로 데려갔다. 방에는 짐가방이 한 개 있었다. 마치 학생 여행자 같았다. 나는 방이 다소 소박하다고, 다소 우울하다고 생각했다. 드니스는 동의하지 않았다. "소유물이 없는 상태에서 나는 자유를 느껴요." 어쩌다 이곳에 오게 되었는지 묻자 드니스는 자기도 같은 질문을 스스로에게 종종 한다고 말했다. 그래서 나는 '깨어 있는 자아'라는 관념에 관해 생각하게 되었다. 새벽에 일어나는 드니스, 잠자리들과 대화를 나누고 자메이카 해안에서 요가하는 드니스는 미국 동부에서 심리치료사로 일했던 드니스와 같은 여자일까? 드니스는 상실의 시기를 겪었다고 설명했다. 남편과 오빠가 죽었다. 어머니는 치매에 걸렸고 자녀들이 둥지를 떠났다. 껍질이 하나둘씩 벗겨지고 있었다. "그 사람들을 모두 잃었더니 저를 붙잡아 주는 것이 하나도 없는 것처럼 느껴지더라고요. 그래서 항해에 나서기가 오히려 더 쉬웠죠." 드니스가 말했다.

데카와 나처럼 드니스는 폴란의 책을 읽고 나서 자메이카의 실로시빈 수련회에 참가했다. 심리학자인 드니스는 환각제 보조 치료법이 미래 유망 기술이라고 확신했고 그 미래에 속하고 싶었다. "실로시빈이 내 세포에 도달해서 수십 년 동안 쌓인 슬픔, 아픔, 수치심, 후회를 쥐어짜냈어요." 드니스는 자신이 겪은 첫 수련회에 관해 이렇게 말했다. "울부짖고 통곡했어요. 내가 털어놓는 상실의 경험은 조력자의 눈에서조차 눈물을 흘리게 만들었어요. 극복할 수 없을 것 같아서 하늘에 애원했죠. 도와달라고. 내가 느끼는 슬픔에 관해 이야기할 때면 두 발이 진흙탕 속으로 가라앉는 나무 같은 기분이었어요. 하지만 수련의 일부로 감사에 관해 말할 때 그 나무가 꽃을 피웠어요. 가장 중요한 것은 깊은 자기애를 느꼈다는 거예요."

드니스도 나처럼, 그 깨달음의 순간 이후 꿈을 실현하기 위해 나섰다. 나는 늘 퀸에이저들이 걷는 경로의 차이에 관심이 있었다. 우리가 변화를 결심하게 되는 과정과 이유, 일상이라는 관점에서 그것이 어떤 모습을 띠는지, 우리가 거친 단계, 우리가 종착역까지 길을 잃지 않고 잘 나아갈 수 있게 해주는 조약돌들. 드니스에게도 불안함과 의심 뒤에 전구가 탁 켜지듯 머릿속이 환해지는 순간이 있었다. 친구들은 드니스가 심리치료사라는 안정된 직장, 연금, 예쁜 집, 시 낭독 클럽, 신중하게 설계한 삶을 포기하는 건 미친 짓이라면서 만류했다. 그러나 드니스의 아들만은 매우 기뻐하면서 "엄마의 영혼이 외치는 소리"에 귀를 기울이라고 말했다.

그래서 드니스는 뛰어들었다. 첫 주는 한가로웠다. 뒷마당 벌집에서 신선한 꿀을 채취하고, 블루마운틴 커피를 음미하면서 일기를 쓰고, 새벽에는 바다에서 헤엄쳤다. 그러나 끝까지 순탄한 항해라는 건 없다. 하루에도 12시간씩 실로시빈 수련회 참석자들을 돌보느라 드니스는 피로로 거의 탈진하다시피 했다. "나는 팀에서 가장 나이가 많은 팀원이었어요. 바로 밑 팀원과의 나이 차도 가장 컸죠. 그래서 뒤처지지는 않을지 다들 걱정했어요. 우리는 다양한 수련회 조력자 역할을 돌아가면서 수행했어요. 어떤 역할은 좋았고, 어떤 역할을 할 때는 예민해졌어요. 《피터 팬》의 고아들을 보살피는 웬디가 된 것 같았거든요. 빨간 줄무늬 해먹에서 뒹굴거리는 게 전부가 아니었던 거죠." 어떤 날은 향수병을 앓았고 외로웠다. 또래 여자들과 시간을 보내지 못하는 것이 특히 아쉬웠다. 그러나 그렇게 가벼운 몸으로 여행을 다니는 것에서 해방감을 느꼈다. "마침내 여유가 생겼어요. 어린 시절에 부모님이나 선생님들이 만든 틀이라는 조건화를 돌아볼 수 있었어요. 내 삶을 체로 걸러가며 샅샅이 살펴봤어요. 어떤 것이 보석이고 어떤 걸 버려야 하는지"

이것은 중년이 되면 우리 모두가 해야 하는 일이다. 이제 와서 돌아보면 나를 인생의 다음 장으로 안내한 것이 동료 퀸에이저라는 사실이 자연스럽게 느껴진다. 드니스의 지혜로운 말, 그리고 버려야 하지만 내가 의식조차 못 한 것들을 버리도록 만든 그녀의 호소 덕분에 내가 이 새로운 길 위에 서게 되었다. 아마도 이 이야기의 교훈은 이런 게 아닐까? 기회가 생기면 이성적으로는 말이 안 되고 당신이 평소에는 하지 않을 것이라도 자신의 직관적 반응에 귀를 쫑긋 세워야 한다. 나는 살면서 그런 끌림을 서너 번 느꼈다. 인도에서 남편 데릭을 만났을 때 나는 내 영혼의 짝을 찾았다는 것을 그냥 알았다. 데카와 자메이카로 갈 기회가 생겼을 때도 내 영혼은 무작정 예스를 외쳤다.

지혜로운 여자를 만나라. 나는 지혜로운 여자에게 도움을 받았다. 그 여자의 말이 당신에게도 도움이 될 거라고 확신한다.

살다 보면 새로운 길이 나타나는 순간을 마주한다. 새로운 나로 가는 길과 내가 될 수도 있었던 것으로 가는 길이 우리 앞에 열리는 순간들이 있다. 돌아보면 그런 순간이었다는 게 명확해진다. 그 순간에는 그저 낯설고, 그러면서도 왠지 강하게 끌리는 느낌이 있을 것이다. 내 조언은 그런 끌림을 받아들이라는 것이다. 오히려 두 손으로 꽉 붙들자. 그리고 그 순간을 놓치지 마라. 그 순간을 깨뜨리거나 밀어내지 마라. '깨어 있는' 자아의 호출을 놓치지 않도록 귀를 쫑긋 세우자.

우리는 자연의 일부다

그 실로시빈 수련회는 내 전환기 성찰 여정의 시작에 불과했다. 그 경험이 일종의 방아쇠가 되어 내 정신의 다른 영역, 다른 가능성들을 보여주는 창문을 열었다. 신문사를 떠난 후 침울한 상태에서 나는 요크셔의 한 수련회에 참가했다. 그곳에는 나를 붙잡아 줄 친구는커녕 아는 사람이 아무도 없었다. 취재를 위해 간 것이 아니었다. 탈출구를 찾으러 간 것이었다.

수련회 장소로 차를 몰고 가면서 나는 망망대해에 둥둥 떠 있는 느낌이었다. 도대체 내가 뭘 하고 있는지 알 수 없었다. 나는 수련회의 시작일을 놓쳐서 다음 날 도착했고 양 떼에 둘러싸여 들판 한복판에 서 있는 무리에 합류했다. 자상한 눈매의 여자가 요크셔 사투리로 눈을 감고 바람을 느끼라고 말했다. 우리에게 어떤 것이 감각에 포착되는지 느껴보라고 했다. 양 한 마리가 음매 하고 우는 소리, 풀 냄새 같은 것이 느껴질 거라고 그녀는 확신하는 듯했다. 하지만 나는 가축의 분뇨 냄새와 도로에서 기어를 바꾸는 트럭 소리를 들었다. 이 수련회는 실로시빈에서 내가 깨달음을 얻은 뒤였지만, 나는 해고와 추방의 소용돌이 한복판에 있었다. 내 기자적 냉소주의가 극대화된 상태였다.

어쨌든 우리는 그 뒤 근처 숲으로 안내되었다. 지시사항은 그냥 있는 것이었다. 그건 우리가 1시간 동안 그 숲을 어정거리고 다녔다는 걸 말한다. 그녀는 이걸 '산림욕'이라고 불렀고, 일본에서 특히 유행 중이라고 했다. 나무들은 화학물질을 내보내면서 서로 소통하는데, 이 화학물질이 우리의 신경 시스템을 차분하게 가라앉힌다고 설명했다. 내게는 별 효과가 없는 것 같았다. 내 뇌는 시속 수천 킬로미터의 속도로 회전하고 있었다. 심심해진 나는 계속 핸드폰을 찾았다. 핸드폰과 나는 탯줄로 연결된 사이였다. 그러나 수련회에 도착하자마자 규정에 따라 핸드폰을 제출한 상태였다. 핸드폰에 묶여 있지 않으니 기분이 이상했다. 애착인형을 빼앗긴 아이, 담배를 빼앗긴 흡연자가 된 기분이었다. 말 그대로 그 60분을 어떻게 보내야 할지 몰랐다. 나는 발을 질질 끌면서 몇몇 여자들에게 '이게 도대체 뭔 삽질?' 표정을 지어 보였다. 나는 타고난 반항아이고 무리의 말썽꾼이었으므로 공범이 되어줄 사람을 찾고 있었다. 그러나 모두 내 시선을 피했다. 한 여자는 버드나무 가지를 어루만지며 서 있었다. 다른 여자는 나무둥치를 껴안거나 황홀한 듯 둘러보고 있었다. 거기서 동료 냉소주의자를 만날 가능성은 없어 보였다.

그때 개울이 눈에 들어왔다. 그리고 내가 고무장화를 신고 있다는 사실을 깨달았다. 어릴 때 집 근처 개울을 오르내리면서 몇 시간이고 보내던 기억이 났다. 자갈을 차고, 댐을 짓고, 진흙으로 그릇을 만들었다. 오랫동안 잊고 지냈다. 나는 개울로 갔다. 물가에서 미끄러지듯 들어가 첨벙거렸다. 고무장화 위로 흐르는 물이 시원했다. 물결과 소용돌이를 지켜보기도 하고, 심지어 썩은 나무를 가져다가 댐을 쌓아서 큰 웅덩이를 만들었다. 햇살 한 줄기가 내리꽂혀 물을 반짝이게 만들었다. 나무에 기대어 그 단단함에 대고 조금 울었다. 나무가 위로가 되었다. 마치 남편의 품 같았다. 나는 나무를 마주 보고서 몸을 한껏 펼쳐 두 팔로 나무를 안았다. 고개를 들어 줄기가 나뭇가지로 변하는 곳을 바라봤다. 머리 위 높은 곳에 달려 있는 마지막 이파리 몇 장이 바람과 하늘과 함께 춤추고 있었다. 아래쪽으로는 발바닥 아래에 깔린 물과 돌이 느껴졌다. 휘파람 소리가 들렸다. 1시간이 지났다는 신호였다. 처음에 어떻게 보내나 걱정했던 시간이 놀랄 정도로 빨리 지나갔다는 걸 깨달았다.

우리를 안내한 여자, 리즈가 빈터에 모닥불을 피우고 주전자를 올려 차를 우려냈다. 반짝이는 초록빛 이끼가 보였다. 리즈는 우아한 일본식 도자기 찻잔에 뜨거운 찻물을 부었다. 그리고 통나무 위에 앉은 우리 한 명, 한 명에게 의식을 갖춰 찻잔을 건넸다. 존경심을 표하면서. 리즈의 평온함이 전달되었다. 이 순간에 그녀가 얼마나 편안하게 숲에 머물고 있는지 느낄 수 있었다. 그것이 나를 감동시켰다.

리즈가 처음부터 숲 구루였던 건 아니다. 9년 전에 리즈는 런던 최상위 로펌 중 한 곳에서 변호사로 일하고 있었다. 많은 쿼인에이저처럼 리즈는 사회가 자신에게 요구하는 모든 해야 할 일 목록을 차례차례 완수하고 있다고 생각했다. 대도시에서 일하고 있었고, 브랜드 옷을 입었으며, 연봉도 높았다. 그런데 아무리 해도 충분하지 않았다. "소속감을 느낀 기억이 전혀 없어요. 솔직히 말하면 제가 늘 부족하다고 느꼈어요. 저는 유머감각도 있었고 늘 웃는 팀원이었어요. 사교 행사에서 항상 빛나는 사람이기도 했어요. 속으로는 절망적으로 외롭고 슬프고 미숙한 기분이었지만, 제 진짜 모습은 절대로 보여주지 않았어요."

리즈의 부모는 워커홀릭이었다. "저 역시 주말에도 나가서 일했고, 사무실에 저 혼자일 때가 많았죠. 야근을 밥 먹듯이 했고, 아침에도 일찍 출근했어요. 당시에는 몰랐지만 다른 사람을 기쁘게 하려고 일했어요." 끝없는 업무량, 긴 근무시간, 스트레스, 불안이 자주, 감당할 수 없을 정도로 리즈를 짓누를 때가 많았다. 술이 점점 더 리즈의 목발이 되었다. 금요일 퇴근 후 술자리는 밤샘 폭주로 돌변했고, 술에서 깨면 자기혐오에 빠지고 수치심에 휩싸이는 악순환이었다. 이대로는 안 된다는 생각에 리즈는 힐링 센터 호프먼 프로세스에 등록했다. 호프먼 프로세스의 일주일짜리 합숙 프로그램에는 '변화를 심각하게 고려하고 있다면'이라는 슬로건이 붙어 있었다.

그로부터 한 달 뒤 리즈는 사표를 내고 살던 아파트를 부동산에 내놓았다.

마음챙김을 공부한 뒤 네팔로 가서 히말라야를 걸었다. 산의 아름다움에 감동받은 리즈는 깨달았다. 자신의 본질이 자연에 있어야 함을. "제 새로운 삶에서는 자연이 아주 큰 부분을 차지할 수밖에 없었죠." 이미 많은 이들이 지나간 영적 경로를 따라 리즈는 네팔에서 인도의 성스러운 도시 바라나시로 갔다가 다시 리시케시로 갔다.

당시에는 몰랐지만 리즈는 인도 고전 사상에서 바나프라스타라고 부르는 인생 경로를 따라가고 있었다. 바나프라스타는 25년이 걸리는 단계로 '숲으로 은퇴하기'라는 의미다. 이 시기는 대개 50~74세 사이에 일어난다. 전통적으로 원로들이 그 나이가 되면 지혜를 발견하기 위해 자연으로 들어간다. 바나프라스타는 힌두교에서 말하는 생애주기 네 단계 중 하나다. 학생기, 가정기, 은둔기 또는 숲으로의 귀환기, 금욕기 또는 성인聖人기. 바나프라스타는 아비바가 3/4분기라고 부른 것의 힌두교 버전이다. 세속에서 점차 물러나 자연과 하나 되어 자신의 영혼에 더 집중하는 고독한 삶을 사는 시기다. 부와 쾌락, 가족과 같은 물질적 목표를 추구하는 삶에서 벗어나 내면, 자아실현, 그리고 궁극적으로는 자연 및 신성과의 통합으로 시선을 돌리는 근본적인 전환을 의미한다. 내가 인터뷰한 인도인 퀸에이저 치트라는 이 시기가 자신에게는 동물, 새, 자연의 패턴을 발견하고, 자연에서 더 오래 머물고, 자연의 목소리에 더 세심하게 귀 기울이는 시기라고 말했다. "저는 항상 일만 하고 있지 말라고 스스로를 다잡아야 했어요. 우리는 자연의 주기를 따르고, 전환하면서 살아가요. 자연의 세계도 그렇게 돌아가죠. 뭔가를 채워주지 않은 채로 계속 뽑아내기만 할 수는 없어요. 그러고는 자연스럽게 재생될 거라고 기대할 수도 없고요. 끝없이 샘솟는 우물은 없어요. 휴지기가 필요해요. 뒹굴뒹굴하면서 내면을 들여다볼 수 있는 시간 같은 거요. 14년 동안 방랑하면서 '삶의 목적은 무엇인가?' '나는 왜 여기에 있으며, 무엇을 하고 있는가?' 하고 스스로에게 질문을 던졌던 부처처럼요."

리즈는 인도에서 보낸 휴지기 동안 자신의 내면 깊숙이 파고들어 외로움에서 비롯된 고통, 남들을 기쁘게 해야 한다는 끝이 없는 압박감에서 비롯된 고통, 계속해서 분투하면서도 늘 부족하다는 생각에서 비롯된 고통을 탐색했다. 이것은 모두 내가 정오 공동체에서 많은 퀸에이저들의 이야기를 들으면서 익숙해진 주제들이다. 내가 그 모든 상처들과 함께 앉아 있으면서 배운 것은 그런 고통의 원천이 우리의 고유하고 한심한 약점이 아니라는 사실이다. 그 고통은 구조적인 것이다. 여자들은 사회와 문화에 의해 그렇게 느끼도록, 그렇게 행동하도록 조건화되었다. 다른 사람의 필요와 욕구를 우리 자신의 필요와 욕구보다 우선시해야 한다고 배웠다. 나를 비롯한 많은 퀸에이저가 그랬던 것처럼, 리즈도 그런 슬픔과 고통을 이해하는 작업을 하면서 울고 또 울었다. 그리고 결과적으로 분노를 분출하면서 해방감을 느꼈다.

영국으로 돌아간 리즈는 여행을 다니면서 산림욕에 관해 들은 이야기가 기억났다. 그래서 6개월짜리 훈련 과정에 등록했다. 이를 통해 리즈는 마음의 평화를 위한 필수 루틴으로 산속 산책을 매일 하기 시작하면서 새로 발견한 어머니 대자연에 대한 사랑을 섞었다.

가장 간단한 형태의 산림욕은 자연에서 천천히 걷는 것이다.

현장에서는 훨씬 더 많은 일이 벌어진다. 산림욕 프로그램에서는 시간을 일부러 내서 자연을 거울삼아 오랫동안 잊고 있었던 우리 자신의 부분들과 대면한다. 내가 그 프로그램에 참가했을 때는 물속에서 놀면서 어린아이로 돌아갔고 나무를 껴안으면서 지지와 조력을 받고 있다는 깊은 신뢰를 발견했다. 아무 계획이 없는 채로 시간을 보내면서 오로지 자연 속에 머무는 데만 집중하면 저절로 속도를 늦추게 되고, 자연과 다시 연결된다. 가장 좋은 것은 이 모든 것이 직관적으로 이루어진다는 점이다. 내가 그 개울에서 고무장화를 신고 첨벙거리면서 경험한 것처럼.

4년 전부터 리즈는 산림욕을 가르치고 있다. 사람들을 자연과 다시 연결시키고 그들이 속도를 늦추거나 그곳에 머물 수 있도록 돕는다. 리즈는 이것이 자신의 사명이라고 말한다. "런던 로펌에 사표를 쓰고 나왔을 때 저는 엄청난 믿음의 도약을 감행했어요. 그리고 그 선택을 단 한 번도 후회하지 않았어요. 제 삶에는 여전히 '완벽'하지 않은 부분들이 있어요. 하지만 지금 저는 하루하루가 단순히 견뎌내야 하는 것이 아니라 살 만한 것이라고 생각해요. 그리고 이 삶을 사랑해요."

리즈가 하고 싶은 말은 자신이 단순한 것에서 기쁨을 찾는 법을 배웠다는 것이다. 리즈는 지금도 종종 내게 영상을 보낸다. 영상 속의 리즈는 요크셔 계곡에서 발라드곡을 틀어놓고 춤을 추고 있거나, 둥그렇게 둘러 앉은 참가자들에게 자의식을 벗어던지고 북을 치면서 얻는 엄청난 자유와 북소리가 내는 리듬을 느끼도록 가르치고 있다. 모닥불을 피우든, 전염성 강한 웃음소리로 즐거움을 퍼뜨리든, 리즈는 자연을 통해 세상에 머무는 그 자체가 가진 평온한 감각과 다시 연결되도록 요구한다. 사회의 요구와 기대로 인해 깨졌던 그 감각을 되살린다.

당신이 사랑하는 삶을 시작하기에 늦은 때란 없다. 자신감을 가지고 직감을 믿으라. 만약 지금 행복하지 않고 일이 잘 풀리지 않는다면 떠날 때가 된 것일 수도 있다. 고대 힌두교 전통에 따라 휴지기를 가지고 자연으로 들어가 뒹굴면서 시간을 보내는 것이 좋은 출발점이 될 수 있다.

거듭나기

자연은 때로 계절을 알아보지 못하게 만드는 재주가 있다. 그날은 간밤에 격렬한 폭풍우가 몰아친 후에 해가 다시 모습을 드러낸 날이었다. 비에 씻긴 하늘, 나무, 구름이 모두 개운하게 반짝거렸다. 연못에 도착했을 때 추분을 맞이해 나뭇잎과 꽃이 장식되어 있었고, 물빛이 무척이나 짙은 초록빛으로 반짝거려서 크리스마스트리 장식물처럼 보였다. 기온은 영상 13도였지만, 물속 온도는 18도였다. 수면 위로 열기가 피어올라 마치 입김처럼 보이는 안개가 떠다니고 있었다.

평소에 나는 수면을 떠다니는 것에 만족한다. 물 위에 누워서 하늘과 연못을 둘러싼 숲의 광활함 안에서 머무는 느낌을 만끽한다. 그러나 이날 아침에 나는 계속해서 다이빙하면서 물속 깊이 들어갔다. 물개가 된 것처럼 눈을 크게 뜨고 수면 위로 돌아오면서 황금색으로 반짝이던 물이 수면 위로 고개를 내밀 때 파란색으로 바뀌는 순간을 즐겼다.

헤엄치고 잠수하면서 나는 연못의 입김과 내 주변의 살아 있는 모든 생물들에 경탄한다. 그동안 연못은 늘 이 자리에 있었지만, 내가 너무 바빠서 보지 못했다는 것이 새삼 놀라웠다. 지금은 하루도 그냥 지나치지 못하는 내 일상의 일부가 된 연못, 자연과 그렇게까지 단절되어 있었다니 놀랍기만 하다.

자연의 어떤 면 때문에 퀸에이저로 거듭나는 시련의 시기에 우리에게 자연이 스며드는 걸까? 왜 새들의 노랫소리가 더 크게 들리는 걸까? 왜 장미꽃이 더 만개한 것 같고, 나뭇잎이 파도치는 것 같을까? 나는 이 모든 것이 우리를 겹겹이 에워싼 허물을 벗는 것과 연결되어 있다고 생각한다. 단단한 껍데기, 무장을 해제하는 것과 연결되어 있다. 이 껍데기는 조직의 요구에 나를 맞추기 위해 끊임없이 나를 깎아낸 결과다. 다른 사람의 필요와 요구가 무엇인지 탐지하는 일에 너무 집중한 나머지 자아의 목소리에 귀 기울이는 걸 소홀히 했다.

실로시빈 수련회에서 시작된 무장 해제 작업은 여전히 진행 중이다.

때로는 우리가 전혀 고려하지 않았던 방법들도 도움이 된다. 나의 경우 '가족 세우기' 요법이 그랬다. '별자리'라고도 불리는 이 요법은 1990년대에 독일 심리치료사 버트 헬링거가 고안한 심리치료법이다. 약간 미신처럼 보이는 이 방법의 핵심은 우리를 구속하는 신념을 탐색하는 것이다. 심리적 문제가 개인이 아닌 가족 시스템 속에서 비롯되었을 수 있다는 전제하에 참여자들을 엄마, 아빠 같은 역할을 붙여 특정한 자리에 세우기 때문에 '가족 세우기'라고 부른다. 또한 실제로 이렇게 세워놓는 모습이 별자리를 닮았다고 해서 별자리라고도 불린다. 우리 안에 감춰진 신념을 외부로 꺼내고, 거기에 의문을 제기하고, 그 신념을 놓아주고 수정하는 이 요법은 앎의 다른 방식을 추구하기에 이성과 과학으로 무장된 우리에게 다소 의심스럽게 들린다. 하지만 때로는 이성보다 다른 것이 해결책이 될 때도 있다. 그렇기에 한번 시도해보라고 권하고 싶다.

처음에는 직관에 주파수를 맞추면서 시작한다. 마중물 질문은 다음과 같이 매우 간단한 것으로 이루어진다. "고양이를 좋아하나요? 개를 좋아하나요? 둘 다 좋은가요? 아니면 둘 다 싫은가요?" 상담 집단은 그 답에 따라 나뉘어 상담실의 각기 다른 곳에 모인다. 나는 알레르기 때문에 개도, 고양이도 그다지 좋아하지 않는다.

그 결과 레이철과 제인이 있는 그룹에 들어갔다. 레이철이 먼저 시작하겠다고 자원해 별자리의 주인공이 되었다. 종이 세 장이 바닥에 한 줄로 놓였다. 첫 번째 종이는 현재의 나를 나타낸다. 레이철이 그 종이 위에 섰다. 또 다른 종이는 나의 미래 자아, 내가 되고 싶은 사람을 나타낸다. 제인이 그 종이 위에 섰다. 레이철과 제인 사이에 놓인 종이는 레이철이 자신이 되고 싶은 사람이 되는 걸 막는 모든 것을 나타낸다. 내 역할은 공간을 주재하는 것이다. 레이철이 자신이 되고 싶은 사람이 되지 못하도록 막는 것들을 성찰하는 동안 나는 그녀를 유심히 지켜보고 있었다.

어느 순간 무척이나 기이한 느낌이 들면서 흑백 이미지가 머릿속에 들어왔다. 앞머리가 짧은 백금색 머리카락을 지닌 여자가 떠올랐는데 본 적은 없는 사람이었다. 레이철에게 그 모습을 묘사하자 그녀가 놀라운 사실을 말해줬다. "제 친구 멜리예요." 레이철이 눈물을 흘리면서 몇 년 전에 암으로 죽은 멜리가 레이철을 끔찍한 상황에서 구해냈다고 말했다. 그 끔찍한 상황이 레이철이 미래 자아로 가는 걸 막는 장애물들을 보면서 다시 살아나는 상황이었다. 레이철이 핸드폰을 꺼내 보여준 멜리의 사진은 바로 그 여자였다.

나는 이것을 어떻게 받아들여야 할지 모르겠다. 그나마 가장 쉬운 설명은 내가 온 정신을 집중하고 있던 레이철에게서 받은 이미지라는 것이다. 그때 나는 누가 봐도 혼란에 빠진 상태였다. 가족 세우기 심리치료는 우리가 모두 평소에는 인지하지 못하는 방식으로 연결되어 있다는 것을 깨닫게 해주었다. 현재의 과학자들은 사람들이 서로를 감지할 수 있을지도 모른다고 생각한다. 비행 방향 변경을 즉각적으로 소통하는 것처럼 보이는 철새 무리처럼, 멀리 떨어져 있어도 서로의 위치를 감지해서 찾아갈 수 있는 고래처럼.

역사 속에서 많은 문화가 이런 연결성의 힘을 알았다. 현실에서도 우리는 이것을 경험할 때가 있다. 예를 들면 누군가를 떠올렸는데 그 사람에게서 전화가 온다든가 하는 것이다.

이 가족 세우기 활동은 매우 근원적이면서도 인생을 변화시키는 작업의 출발점이었다. 수련회에 참석했던 그 주에 나는 티슈를 무척 많이 썼다. 나만 그런 것은 아니었다. 많은 참석자가 전환기에 있거나 뭔가 충격적일 정도로 새로운 것 또는 좀처럼 벗어날 수 없는 오래된 것을 마주하고 있었고 그래서 슬픔에 잠겨 있었다. 그런 시기에는 동료 여행자들 사이에 우정과 연결성이 생겨난다.

어느 날 오후, 우리는 벗어버리고 싶은 것을 전부 적은 목록을 작성하라는 권고를 받고 방으로 돌아왔다. 그날 저녁 그 목록을 태우는 상징적인 의식을 치를 예정이었다. 고통스러운 모든 것을 남겨두고 앞으로 나아가기 위해서였다.

나는 울먹거리면서 어린 시절의 충분하지 않다는 느낌, 사랑받지 못한다는 느낌, 그냥 나와 함께 있고 싶은 사람이 없다는 느낌을 전부 목록에 적어넣었다. 그와 더불어 존재감을 드러내야 하고 세상으로부터 가치를 인정받아야 한다는 절박한 욕구로 인해 내가 하게 되는 것들도 전부 적었다. 어떤 항목에서는 죄책감을 느꼈다. 사회생활을 하면서 타인에게 상처를 주는 행동을 한 것도 분명한 사실이었다. 그런 행동을 탐지하고, 살펴보고, 반성하고, 그 결과 다르게 행동하는 것도 내 퀸에이저 전환에서 큰 부분을 차지했다. 나는 내가 다른 어떤 것보다 성취를 더 중시하게 된 이유가 무엇인지 깨달았다. 성취가 내가 자랄 때 집에서 유일하게 통용되는 화폐였기 때문이다. 내가 뭔가를 성취했을 때가 가족이 내 존재를 알아차리거나 나를 인정해준 유일한 순간이었다. 그러나 그런 성취는 결코 내 마음의 빈공간을 채울 수 없었다. 그런 과거와 화해하는 것은 매우 감정적인 작업이다. 그리고 매우 고통스럽다.

그날 저녁 의식에서 내 차례가 되었을 때 나는 앞으로 한 발나가서 내가 작성한 목록을 소리 내 읽고 그 목록을 불 속으로 던졌다. 그 모든 고통, 나의 옛 모습이 불에 타서 재가 되는 것을 지켜보는 건 기분 좋은 일이었다. 그 목록이 사라지는 것을 목격할 수 있어서 개운했다. 비록 그 당시에도 나는 그것이 그렇게 쉽게 마무리되지는 않을 거라고 의심했지만(그리고 실제로도 그렇게 쉽게 마무리되지 않았다). 화형식을 했다고 해서 그런 감정들이 사라지지는 않았다. 전혀 아니었다. 옛 패턴은 좀처럼 쉽게 바뀌지 않았다. 그러나 우리가 그런 패턴을 볼 수 있게 만든 것, 그런 패턴을 글로 적게 한 것, 새로운 방식으로 행동하겠다는 결심을 이끌어낸 것은 분명히 변화의 출발점이 되었다.

그곳에서 기존의 내 모습을 반복하는 것을 멈추고 새로운 나를 찾기 시작했다. 자매되기 워크숍의 클레어 뒤부아가 '번데기'라고 부른 것이 되었다. 고치에 들어갔다. 일종의 과도기, 이것도 저것도 아닌 상태. 그렇게 일단 시작은 했다. 앞서 이미 말했지만, 다시 한번 말하겠다. 변화는 어렵다. 우리가 피하고 싶은 곳으로 깊숙이 들어가는 것, 오래된 상처를 파내는 것, 우리의 감각을 마비시키는 흉터조직을 잘라내는 것을 의미한다. 그러나 그동안 내내 다른 사람이 원하는 존재로 살던 내가 수련회에서 더 깊이 파고들고, 내가 정말로 느끼는 감정을 해석하고, 내가 정말로 어떤 사람인지를 파악한 것이 나의 재탄생, 내가 되어가기의 시작점, 고된 작업의 첫 단계였다. 내 삶의 새로운 주기의 시작, 아프고 불확실한 시작이었다. 이후 진행될 재탄생과 성장 과정의 새로운 날개를 펼치기 위해 꼭 필요한 고치, 번데기의 시기였다.

우리 그룹에는 미국에서 온 다이앤이라는 여자도 있었다. 다이앤은 내가 울 때 말없이 안아주고 손을 잡아주었다. 나는 다이앤이 나를 이해하고 있다는 걸 알았다. 다이앤도 거부당한 경험이 남긴 깊은 상처를 안고 있다는 것을. 어느 날 저녁식사 시간에 우리는 같은 테이블에 앉았다.

다이앤은 로스앤젤레스의 엄격한 모르몬교 공동체에서 자랐다. 입양아인 다이앤은 자신을 낳아준 부모에 관해 아는 것이 전혀 없었다. 그녀는 어린 나이에 엄마가 되었다. "그냥 누군가와 진정으로 연결되고 싶었거든요. 첫 아이가 태어났을 때, 난생처음으로 사랑받는 느낌이 들었어요. 그 아이는 저와 피를 나눈 사이니까요."

다이앤은 생후 4개월에 입양되었다. 이제는 네 명의 아이를 낳은 다이앤은 자신을 낳아준 엄마와 헤어졌을 때 자기 내면 깊숙한 곳에서 어떤 파열이 일어났을지 안다. "깊은 슬픔이에요. 말로 표현할 수 없는 감정이죠."

다이앤은 하프 연주자였고 병원에서 음악 치료에 참여하는 연주단에 소속되어 있다. 어느 날 LA 화이트 메모리얼 병원에서 연주하게 되었는데, 다이앤은 그 병원이 자신의 출생증명서에 기록된 병원이라는 것을 깨달았다. 그래서 친부모를 찾아보기로 했다.

다이앤은 50세가 된 그날 생모를 처음으로 만났다. "강렬한 연결성이나 친숙함을 느낄 수 없어서 실망했어요." 알고 보니 다이앤은 생모가 입양 보낸 네 명의 아이 중 한 명이었다. "그래도 생부의 이름을 알려줬어요." 다이앤의 생부는 서퍼였고, 두 사람은 같은 고등학교를 다녔다고 했다.

다이앤은 그 고등학교에 전화해 생부를 찾았다. 다이앤의 생부는 노숙자였는데, 서핑을 같이 했던 친구들이 그를 약속장소로 데려왔다.

그 만남은 달랐다. "저는 곧장 친밀함을 느꼈어요. 마치 첫 아이를 만났을 때와 같았어요. 이 사람에게서 내가 나왔구나. 그 사람은 저처럼 생겼어요. 혈연이 느껴졌어요. 저를 입양한 가족은 늘 다정했지만 결코 혈연관계라는 느낌은 들지 않았어요. 그 남자는 곧장 그런 느낌이 들었어요. 그 사람이 나를 안고서 말했어요. '우리 딸!' 집에 돌아온 기분이었어요."

그날 이후 모든 것이 변했다. "저는 아버지와 시간을 보내기 시작했어요. 아버지가 살고 있는 캘리포니아의 계곡으로 놀러 가서 그냥 같이 누워 밤하늘의 별을 봤어요. 아버지는 자연 안에서, 파도의 흐름 안에서 살았어요. 아버지는 자신이 모든 것과 연결되어 있다고 느꼈어요. 아버지와 친구들은 새로운 삶의 방식을 시도하는 사람들이었어요. 직접 채소를 키우고, 채식주의를 실천했고, 미국 주류 사회 밖에서 공동체를 이뤄 살았어요."

다이앤의 남편은 모르몬교 주교였고 다이앤은 미국의 '올해의 어머니'로 선정되기도 했다. 생부를 만나기 전 그녀의 삶은 의무, 가족, 교회의 관점에서 흠잡을 데가 없었다. 그러나 생부를 만나면서 모든 것이 변했다. 다이앤은 '탈옥' 카드가 손에 들어왔다고 생각했다. 생부는 평범한 서퍼가 아니었다. 미국에서 손꼽히는 규모의 마약 거래 집단, 영원한 사랑의 형제단 일원이었다. 계곡에 사는 서퍼와 히피들은 티머시 리어리와 어울리면서 서핑보드에 대마를 숨겨서 밀반입했다. 티머시 리어리는 '오렌지 선샤인'으로 알려진 순도 높은 정제 LSD를 만든 사람이었다. 그 계곡에서 열린 축제에서 록밴드 그레이트풀데드와 기타리스트 지미 헨드릭스가 공연했고 그동안 화물 비행기가 하늘에서 '오렌지 선샤인' 알약 2만 5,000개를 떨어뜨렸다. 다이앤의 생부는 65회 체포된 이력이 있었고, 자연에서 자유롭게 살고 싶었기 때문에 아무것도 소유하지 않았다. 다이앤은 부랑자가 차 옆을 지나가면 차창을 올리는 엄마였다. 하지만 상황이 달라졌다. "아버지가 내 집처럼 느껴졌어요."

50이 되어 생부를 찾은 다이앤은 삶을 완전히 바꿨다. "심리치료사와 상담했어요. 치료사는 이렇게 말했어요. '당신은 그동안 덤불 속에서 살다가 마침내 빠져나와서 달을 본 거예요. 다시 덤불 속으로 돌아가 그 달을 못 본척할 수도 있고, 변화를 도모할 수도 있어요.'"

다이앤의 생부는 두 사람이 만난 뒤 몇 달도 되지 않아 죽었다. 그녀가 아버지를 찾았을 때 그는 이미 병을 앓고 있었다. 그러나 다이앤은 아버지가 자신과 늘 함께하고 있다고 말한다. 아버지와 만남으로써 다이앤은 사랑이 무엇인지 처음으로 이해했다. "아이들을 사랑하지만 남편이 이끄는 삶으로부터 떠나야겠다고 결심했어요. 무척이나 고통스러웠어요. 모든 것을 두고 떠났으니까요."

자녀들에게 큰 충격을 주었지만, 다행히 아이들은 다 자란 어른이었다. 그리고 엄마가 더 행복해졌다는 사실을 즉시 알아챘다. "완벽하게 깨끗한 백지를 받았어요. 다시 시작해서 전혀 다른 사람이 되었어요. 저는 50년간 자신의 의무를 다하는 사람, 살아 있다고는 할 수 없는 사람이었어요. 그리고 생각했어요. 이제 그만. 우리는 모든 여성들과 후대의 여성들에게 여자가 언제든 변화를 추구할 수 있다는 것을 보여줘야 해요. 어떤 새로운 사람도 될 수 있다고요."

내가 그랬듯이 다이앤은 바빠서 못 한 게 아니라 무감각해진 것이었다. 그리고 자신이 놓치고 있는 것이 무엇인지 알아차리지도 못하고 있었다. "많은 여자들이 남편, 커리어, 아이 등 중대한 인생의 결정을 무엇을 선택하기에는 너무 어린 나이에 해요. 저는 저에게 전혀 맞지 않는 삶을 선택하고 말았어요. 다행히 우리는 50세에도 신체가 건강해서 다른 인생 결정을 할 수 있는 기회를 얻은 첫 여성 세대예요."

때로는 이성적인 뇌의 스위치를 끄고 직감을 따라야 한다. 그러면 마음이 우리를 그동안 내가 생각했던 나라는 사람과는 다른 사람에게 데려다줄 수도 있다. 앎의 다른 방식을 시도해보라. 자연에서 시간을 보내라. 평소의 안전지대 밖으로 나가라. 자신의 두려움과 마주하고 그 두려움을 버려라. 그렇게 하면 훨씬 더 행복해질 수 있다! 나는 그랬다.

우주는 우리 편이다

지금 시점에서 내 삶은 이전의 삶과는 매우 다르다. 매일 아침에 30분간 명상하면서 하루를 열고, 정오에는 날씨가 좋든 나쁘든 연못으로 나간다. 매일 하는 명상과 연못 수영 외에 일주일에 두 번 하는 필라테스까지, 매일 자기돌봄에 시간을 너무 많이 써서 다른 걸 할 시간이 부족하다는 농담도 한다. 그러나 흥미롭게도 나의 생산성은 엄청나게 올라갔다. 내가 무슨 말을 하고 싶은지 더 확실하게 알았기 때문에 글을 더 빨리 쓸 수 있었다. 의심과 불안이 줄어들었다. 또한 인간관계에서도 좋은 일들이 일어나기 시작했다는 걸 알 수 있었다. 나는 더 느긋해졌다. 흐름에 나를 맡기자 더 차분해지고 단단해졌으며, 스스로에게 충실해지자 내가 애써 붙들지 않아도 더 많은 것들이 내게로 왔다. 새로운 나로 가는 길을 찾아가고 있었다.

그러나 여전히 슬픔이 엄습할 때가 있었다. 워크숍이나 수련회에서 그동안 나를 붙들던 뭔가를 벗겨내고 자아를 찾았다. 그러다가도 다시 슬픔과 좌절의 장소로 돌아가 있었다. 마치 악순환의 고리에 갇힌 것 같았다.

어느 겨울, 그날도 연못으로 가다가 20년 전에 임산부 요가를 가르쳐주던 요가 선생님과 우연히 마주쳤다. 아얄라에게 신뢰하는 법, 모든 것을 내려놓고 호흡하는 법을 배운 덕분에 나는 두 딸을 자연분만으로 낳을 수 있었다.

함께 수영하면서 내 고민을 들은 아얄라는 자신이 진행하는 일주일짜리 침묵 워크숍이 도움이 될 거라고 했다. 솔직히 일주일 동안 침묵한다는 아이디어가 썩 끌리지 않았다. 나는 수다쟁이다. 그렇게 오래 입을 다물어야 한다니, 생각만으로도 두려웠다. 그리고 나는 요가 수련자도 아니다. 수다가 금지된 상태에서 매일 7시간씩 요가와 명상을 하는 일정이 혹독하게 느껴졌다.

그러나 퀸에이저의 여정 자체가 새로움을 받아들이는 것, 그 계기가 생겼을 때 이를 놓치지 않는 것이 중요했다. 우연은 우주가 나에게 뭔가를 내민 것이고, 나는 예스라고 말할 타이밍이었다. 그래서 나는 침묵에 대한 두려움을 억누르고 눈 딱 감고 가기로 결심했다.

토트네스로 가는 긴 기차 여행 중에 SNS 알림이 간간이 울렸다. 내가 얼마나 오래 말하지 않고 버틸지를 두고 내 형제자매들이 내기하고 있었다. 내가 침묵할 수 있을 거라고 생각하는 사람은 아무도 없었다(나조차도 그랬다). 단순히 참가자들과의 대화만 금지된 것이 아니었다. 그곳에 있는 내내 핸드폰을 제출하도록 '권장'되었다. 이것은 실제로는 권장사항이 아니었다. 일종의 지시사항이었다. 다가올 일주일은 디지털 및 기기 소통 금지의 시간이기도 했다. 마침 친구가 수련원 근처에 살고 있어서 기차역으로 마중을 나왔다. 친구는 앞으로 다가올 침묵 수련을 내가 잘 해낼 수 있을 거라고 다정하게 나를 설득했다.

친구가 옳았다. 그 뒤로 며칠간 나는 스스로에게 놀랐다. 침묵이 실제로 황금이라는 걸 알게 되었다. 소음과 번잡스러움이 사라진 곳에서 나는 원숙하고 사려 깊은 사람이 되었다. 워크숍 기간에 우리는 매일 아침 6시 25분에 하루를 시작했다. 가장 먼저 침묵 명상 산책을 하면서 다트강으로 가서 유속이 빠른 물에 뛰어들었다.

보름달이 뜬 다음 날 아침 나는 하늘 높이 뜬 달이 수면 위에 띄운 진줏빛 쌍둥이를 보러 멀리까지 헤엄쳤다. 커다란 물개가 다가왔다. 여자 한 명이 겁에 질려 비명을 질렀지만, 내게는 물개가 무해하게 보였다. 야생에서 자유롭게 활보하는 생물, 그것도 나만큼이나 몸집이 큰 생물과 물속에 함께 있는 것은 경이로움의 순간이자 축복의 순간이었다.

그러나 빛과 어둠, 음과 양이 늘 함께 존재한다고 냉정하게 상기시키는 듯, 물개와 함께 헤엄치면서 느낀 기쁨이 일시에 공황 발작에 가까운 것으로 바뀌었다. 제방으로 돌아가려는데 강물의 강한 흐름이 나를 끌어당기는 것이 느껴졌다. 조수에 의해 강물이 바다로 흘러나가고 있었다. 나는 열심히 헤엄치기 시작했다. 머리를 물에 집어넣고 안전한 제방을 향해 재빠르게 팔을 휘저었다. 두려움의 파동이 몸과 마음을 헤집었다. 추운 나머지 움직일 수 없게 되면 어떡하지? 물은 차가웠고 나는 계획했던 것보다 더 오래, 그리고 기온을 고려하면 지나치게 오래 물속에 있었다.

빠른 속도로 물장구를 치는데도 반대편에 있는 참나무는 좀처럼 가까워지지 않았다. 앞으로 나아가지 못하고 있었다. 심장이 마구 뛰었다. 나는 경로를 바꿨다. 강한 물살에서 벗어나기 위해 제방 반대 방향으로 헤엄쳐 다른 흐름으로 옮겨갔다. 그제야 천천히 앞으로 나아가기 시작했다.

때로는 앞으로 나아가기 위해 옆으로 가야 할 때가 있다. 그리고 때로는 그냥 믿고 계속 가야 한다. 우리를 가로막는 물살이 결코 거스를 수 없을 것처럼 느껴질 때도.

나는 침묵 속에 식사하는 법을 배웠다. 주의를 뺏는 다른 것이 없으니 음식이 더 맛있었다. 음식의 각 재료가 어떤 여정을 거쳐서 여기까지 왔는지 생각했다. 병아리콩이 재배된 곳, 우유를 내준 젖소, 누군가가 딴 사과. 이 모든 좋은 것들이 내 접시에 올라오기까지의 과정과 노력. 말하지 못하는 우호적인 여자들에 둘러싸여 있으니 편안했다. 나는 내가 어떤 사람을 좋아하는지 알게 되었다. 내게 웃어주거나 눈을 마주치는 사람. 유머나 이해가 통하는 사람. 때때로 우리는 울면서 서로를 위로했다. 아무 말 없이 손을 꼭 잡아주거나 미소를 지어 보이거나 잠깐 안아주었다.

스몰토크에서 해방되니 아주 좋았다. "어디서 사세요? 무슨 일을 하세요? 아이가 있나요?" 같은 정상적인 상호작용 속에서 일어나는 불협화음이 없으니 더 깊은 상호작용이 시작되었다. 우리는 함께 거친 숨을 몰아쉬고 다운 도그 포즈를 하면서 매일 7시간에 걸친 명상과 요가를 했다. 엄청나게 많은 시간처럼 들리지만 충분히 할 만하다고 느껴졌다. 3시간짜리 요가 수련을 두 번 했고 아침식사 전과 저녁식사 후에 각각 30분씩 명상을 했다.

그래서 나는 무엇을 배웠을까? 주로 자기연민이었다. 나는 살면서 종종 남편이나 아이들을 붙들고 이렇게 물었다는 걸 깨달았다. "기분이 어때?" "뭐가 필요해?" "정말로 괜찮아?" 그러나 그때까지 그런 질문을 나 자신에게 물을 생각을 거의 못 했다. 나는 스스로에게는 엄격한 작업반장이었다는 사실을 깨달았다. 폭군이었다고도 할 수 있었다. 늦게까지 일하는 것을 당연하게 여겼다. 내 몸 상태, 피로감, 직관을 무시했다. 더 나아가 수십 년간 내가 하는 것이 잘못되었다는 자각을 억눌렀다. 나는 성취의 신을 만족시키기 위해 자기부정 상태로 살면서 스스로를 몰아붙였다. 남자다움과 광기, 신랄한 혀와 경쟁이 지배하는 거친 세계에서 일했다. 지금에 와서 돌아보니 나도 남들을 몰아붙였다.

아마도 그때 스스로에게 정말로 괜찮은지 단 한 번도 묻지 않았던 것은 그 답을 알았기 때문이리라. 나는 그 답을 들을 준비가 되어 있지 않았다. 당시에는 성취욕이 아주 컸다. 내 안에 있는 커다란 구멍을 더 큰 직업적 성취로 채우는 일이 절박했다. 지금의 나는 내가 그토록 오랫동안 내 진짜 자아와 그렇게 분리되어 살았다는 사실이 믿기지 않는다.

나는 워크숍 첫날 핸드폰을 제출했고 누구와도 말하지 않았다. 이메일도, 통화도 할 수 없었다. 멍하니 화면을 스크롤도 할 수도 없었다. 시간을 보낼 때 평소에 하던 것들을 전부 빼앗겼다. 심지어 책도, 라디오도 없었다. 그곳에서 일주일간 나는 내 몸속 깊이 뛰어들었다. 요가는 내 몸 안에서 긴장이 존재하는 곳과 슬픔을 붙들고 있는 곳을 자각하는 내면 경청하기를 위한 길을 내주었다. 《몸은 기억한다》를 읽어본 사람도 있을 것이다. 그 책에서 말하는 건 사실이다. PTSD를 일으킬 정도의 큰 트라우마를 겪지 않아도 우리 몸에는 내적 상처들이 새겨진다.

아얄라 선생님은 그곳에 있는 것을 애정을 품고 대면하라고 힘주어 권했다. 그 앞으로 다가가라고. 그 옆에 앉으라고. 그 주변을 부드럽게 녹이라고. 눈물을 흘린 한 여성은 그 경험에 관해 눈물이 마치 자신을 어루만지는 손길 같았다고 말했다. 몇 개월 동안 어머니의 죽음으로 인해 느끼는 슬픔을 꼭꼭 억누르고 있었는데 그런 슬픔을 놓아주니 해방감을 느꼈다고 했다. 나도 내 몸에 묻혀 있던 오래된 상처를 찾아냈다. 그 상처를 온전히 느낌으로써 치유와 깨달음을 얻을 수 있다는 걸 알게 되었다.

어떤 상처는 치유가 불가능하다. 그런 상처는 극복할 수 없지만, 나무둥치의 옹이처럼 우리를 이루는 일부가 된다. 슬픔의 근원을 찾고 그것을 이해하자 그렇게 하기가 더 쉬워졌다. 그 슬픔은 여전히 그곳에 있고, 여전히 나를 급습한다. 그러나 나는 그 슬픔이 나를 전멸시킬까 봐 두려워하지는 않는다.

워크숍을 시작하면서 아얄라는 메리 해스캘이 《예언자》를 쓴 칼릴 지브란에게 부친 헌사를 읽었다. "당신이 무엇이 되건 저는 실망하지 않을 거예요. 당신이 무엇이 되거나 했으면 좋겠다는 선입견이 없으니까요. 저는 당신을 예측하고자 하는 마음이 없습니다. 오로지 당신을 발견하고 싶습니다. 당신은 저를 실망시킬 수 없어요." 많은 사람들이 상대를 기쁘게 해주도록 조건화되어 있다. 남들이 원하는 내가 되도록 조건화되어 있다. 그런데 이 헌사에서 우리가 우리 자신이 되어도 좋다고 하는 게 매우 마음에 들었다. 모든 모습이 허락되며, 모든 것이 괜찮다. 우리가 무엇을 하든, 우리가 어떤 사람이든, 결코 실망시킬 수 없다.

내게 중년의 여정은 추락하는 순간에조차 우주가 우리 편이라는 것을 배우는 과정이었다. 불확실성에 뛰어들고, 미지를 반기고, 흐름에 몸을 맡기는 법을 배웠다. 생존수영에서 물 위에 몸을 띄우듯이, 살려고 노력하는 법을 배웠다. 물이 나를 보호해줄 거라고 믿는 법을 배웠다. 절망, 슬픔, 불안에 빠지기는 쉽다. 그러나 지금 나는 그런 좌절을 겪으면 잠시 멈추고, 호흡하고, 리듬을 되찾으려고 노력한다. 나는 가장 치명적인 타격도 시간이 지나면 옳은 것, 빛나는 것이 될 수 있음을 세포 단위에서 느꼈다. 어떤 순간에 실망과 고통을 느꼈다고 해도 그것이 곧 희망이 사라졌다는 것을 의미하지는 않는다. 실제로 더 큰 그림에서는 그것이 결국 가장 좋은 것이 될 수도 있다.

가장 암울한 순간에 가장 밝은 빛이 나온다. 자신을 진정으로 내보여서 그런 자신이 위로받을 수 있게 할 때, 상처로부터 도망치기보다는 상처를 향해 다가갈 때, 치유가 일어난다. 고통은 입구다

7부

내가
되어
가기

가마우지의 검은 날개가 아슬아슬하게 스쳐 지나가면서 내 머리카락을 헝클어뜨린다. 물속으로 뛰어든 가마우지가 사라진다. 기름 막을 씌운 듯 번들거리는 수면을 훑으면서 속으로 천천히 숫자를 센다. 검은 수면에 아른거리는 초록색 얼룩들이 눈에 띈다. 탁한 물 아래에서 가마우지는 뭘 볼 수 있기는 해서 먹이를 잡는 걸까? 어디서 다시 나타날까? 언제?

나도 물로 뛰어들었다. 물속은 음침하다. 갈색이고 흐리다. 눈을 뜬다 한들 아무것도 보이지 않는 상태로 헤엄쳐야 한다. 수면을 향해 나아가자 다시 보이기 시작한다. 수면 위로 미끄러져 올라오는 동안 나 또한 물속에서 휙휙 날아다닐 수 있을 것 같은 기분이 든다. 중력 따윈 개의치 않고서. 나는 한 마리 새 같다. 무게가 느껴지지 않는, 위풍당당하고 자유로운 새. 그러나 그런 기분은 오래 가지 않는다. 내가 잠수해서 버틸 수 있는 시간은 다섯 내지 열 셀 때까지다. 그다음에는 수면 위 대기로 다시 돌아가야 한다. 가마우지는 50을 셀 때까지도 잠수할 수 있다. 가마우지가 사라졌다가 저 멀리서 튀어나오는 걸 지켜보는 일은 즐겁다.

가마우지는 아름답지만, 또한 불길하다. 까마귀처럼. 물 속에 도사리고 있는 심연과 그 속으로 뛰어드는 우리를 연상시킨다. 수면 아래 깊은 곳을 흐르는 물살과 무의식에서 나오는 동기들. 우리가 스스로에게 감추는 부분들. 언제든 수면 위로 떠올라 우리를 흔들 수 있는, 우리의 균형을 무너뜨릴 수 있는 부분들. 우리가 전혀 예상하지 못한 순간에, 그것들이 사라졌다고 생각할 때, 아무리 애써도 치유되지 않는 것처럼 보이는 깊은 상처들.

그래서 내게 가마우지는 곧 수면 아래 도사리고 있는 것들을 의미한다. 밑바탕에 깔린 설정과 조건화의 깊숙한 흐름. 여자의 정의를 만들고 다듬은 도구지만 우리는 결코 깨닫지 못한 것들. 가부장제라는, 지난 2,000년 동안 세상을 지배한 제도가 만든 모양틀에 여자들은 욱여넣어졌다. 우리는 신체적으로 더 약했고, 정서적으로 더 불안정했다. 그러나 우리는 출산과 가족에 대해서는 권력을 휘둘렀다. 그렇게 우리는 통제되고 결혼을 통해 남자의 법적 소유물이 되었다. 그 세력이 지혜로운 노파, 치유자, 산파의 이야기들을 우리 문화의 서사에서 지워버렸다. 대신 그 자리를 마녀, 무시무시한 할망구, 못된 계모와 악녀의 설화들로 채웠다.

우리가 반드시 명심해야 하는 것은 그게 우리 탓이 아니라는 거다. 그저 우리가 키워진 세상의 산물이다. 우리 세대의 어린 시절을 장식한 위대한 여성 아이콘 중 한 명은 다이애나 영국 왕세자비였다. 다이애나는 신문 1면과 방송 시간을 그 누구보다도 많이 차지했다. 우리 부모 세대는 케네디 대통령이 총에 맞았을 때 자신이 어디에 있었는지 이야기한다. 우리 세대에게는 그와 비슷한 순간이 1997년 파리에서 다이애나 비가 교통사고로 사망한 순간이다. 신문 편집자로 나는 9/11 테러, 전쟁 등 큰 사건을 많이 다뤘다. 다이애나 왕세자비의 죽음은 그중에서도 단연 대형 사건이었다. 다이애나 비의 죽음에 대한 사람들의 반응은 특별했다. 사람들은 다이애나 비를 사랑했고, 그녀를 안다고 느꼈으며, 자신의 삶과 분투를 다이애나 비에게서 봤다. 다이애나 비는 영국 전역에서 여성성의 상징으로 칭송받았다. 그것이 다이애나 비가 사망했을 때 군중이 거리로 쏟아져 나온 이유다. 웨스트민스터 사원에서 다이애나 비가 묻힌 섬까지 그녀의 마지막 여정에 수백만 명이 늘어서서 배웅했던 이유다.

다이애나 비가 지금도 살아 있다면 퀸에이저가 되었을 것이다. 1981년 찰스와 약혼했을 때 다이애나 비는 19살이었다. 아직도 아이였다. 찰스와 약혼하고 나서 미래에 어떤 희망을 품고 있는가 하는 질문을 받았을 때 그녀는 "그냥 좋은 아내, 좋은 엄마가 되고 싶어요"라고 답했다.

당시 나는 10살이었다. 전 세계에서 가장 유명한 여성, 다이애나 비의 포부는 많은 여성의 포부이기도 했다. 그들의 정체성에서 중심이 되는 것은 여전히 남편과 자녀를 지원하는 돌봄 제공자 역할이었다. 다이애나 비는 여성의 완벽한 모범으로 추앙받았다. 우리가 추구하는 모습이라고 주입된 여성상 그 자체였다. 한 세대의 여성들이 다이애나 비처럼 유리 마차를 타고 주름이 잔뜩 잡힌 거대한 드레스를 입고 넘실대는 베일을 쓰고서 결혼식 장에 들어서는 장면을 상상했다. 지금 내게는 그런 장면들이 충격적일 정도로 고리타분하게 느껴진다. 할머니가 말이 끄는 마차를 타고 교회에 가서 결혼식을 올렸다는 이야기를 듣는 것처럼 말이다. 내가 내 딸들에게 여자의 역할에 관해 그런 식으로 이야기하는 일은 결코 없을 것이다.

그러나 퀸에이저 세대는 여자가 어떤 모습이어야 하는가에 관해 그런 낡은 태도를 끊임없이 주입받았다. 전 세계적인 현상이었던 걸스카우트만 봐도 알 수 있다. 내 어린 시절 보물로 남아 있던 걸스카우트 지침서를 들여다봤더니, 여자들이 좋은 안주인이 되어야 하고, 이타적으로 셔츠를 다리고 요리하고, 가능한 한 그 모든 것을 조용히 해내는 것에 관한 내용이 태반이었다. 이것은 가부장제의 선전 캠페인이다. 1950년대의 이야기가 아니다. 그 지침서는 1970년대 말에 출간되었다. 우리 같은 퀸에이저가 자라던 시절의 이야기다.

당시에 영국 총리가 마거릿 대처, 즉 여자였어도 우리는 여전히 스스로를 내세우면 안 되고 최선을 다해 조용히 겸손하게 다른 사람을 돌봐야 했다. 보상을 바라서는 절대 안 된다. 그토록 많은 퀸에이저가 지금까지도 직장에서 목소리를 내거나 앞에 나서라는 요청을 받으면 안전지대에서 벗어난 것 같은 기분이 드는게 당연하다. 사방으로 분주하게 뛰어다녀야 한다고 느끼는 것도 당연하다. 한 여성은 자신의 머릿속 풍경을 이렇게 묘사했다. 직장, 가족, 어머니의 알츠하이머를 다 돌보느라 컴퓨터 화면에 페이지를 50개는 띄워놓은 것 같다고. 그토록 많은 퀸에이저가 자신의 필요와 욕구를 가장 마지막으로 미뤄두는 것도 당연하다. 심지어 자신에게 필요와 욕구가 있다는 걸 잊기까지 한다!

이렇게 일찍부터 진행되는 조건화는 주체성과 자아 둘 다에 치명적이다. 우리의 겉면을 벗겨내면 자신이 부족하다는 감각, 나로는 충분하지 않다는 감각, 옳은 방식으로 하고 있지 않다는 감각에 압도된 경우가 많다. 더욱더 노력해야 한다고 자책하는 여자가 많다.

그게 우리가 원하는 것을 하기가 힘든 이유다. 우리가 되고 싶은 여자가 되기 힘든 이유다. 그런 조건화가 앞으로 나아가지 못하게 우리를 붙든다. 전환기에 그런 내면의 속삭임에서 벗어나려면 그 속삭임의 기원을 이해해야 한다. 스스로에게 더 상냥하고 다정해져야 한다. 자신이 무엇을 좋아하는지, 무엇을 원하는지 대담하게 자문하라. 한 여성은 이렇게 표현했다. "저는 제가 기억하는 한 평생을 일하고, 아이들을 키우고, 나이 든 어머니를 보살폈어요. 더는 제가 뭘 좋아하는지 모르겠어요." 또 다른 여성은 이렇게 말했다. "몽유병 환자인 채로 살아가고 있는 것 같아요. 제 삶에서 제가 선택한 게 아무것도 없다고 느껴져요." 그녀는 아이들, 상사, 남편이 아닌 자신을 위해 뭐 하나라도 한 게 아득한 옛날 일 같다고 말했다. 자신이 어떤 사람이었는지, 무엇을 좋아하고 원했는지를 다 잊은 것 같다고 했다. 아이들을 독립시키고 현재 혼자 사는 또 다른 여성은 슈퍼마켓에서 장 보는 걸 이렇게 묘사했다. "다른 사람이 원하는 건 샀어요. 딸아이를 위해서는 블루베리, 막내를 위해서는 코울슬로. 제가 뭘 좋아하고, 뭘 원하는지를 아주 오랫동안 잊고 지냈어요."

그런 건 이제 그만할 때가 되었다. 우리 자신을 무대 중앙에 둘 때가 되었다.

페미니즘 혁명은 그곳으로 가는 길의 한 조각에 불과하다. 우리는 이제 평등한 사회가 되었다는, 모든 것이 바로잡혔다는 거짓말을 끊임없이 듣는다. 대학에 입학했을 때 그 말을 처음 들었다. 다 헛소리였다. 1989년에 옥스퍼드 대학교에 여학생을 받기는 했지만, 나는 여자 교수에게 강의를 들은 적이 없고, 학교 건물에 장식된 초상화 중에 여성은 없었다. 완벽한 남자들의 영토였다. 못마땅하지만 어쩔 수 없이 여자들을 들여준 것뿐이었다. 우리에게 동아줄은 내려줬지만, 그것이 평등을 의미하지는 않는다. 지금도 평등이 이뤄지지 않았다. 지난 100년간 투표를 했지만, 영국에서는 여성 총리가 단 세 명밖에 배출되지 않았고, 미국에서는 여성 대통령이 한 번도 나오지 않았다. 법이 그렇게 만든 것이 아니다. 영국에서 1970년대부터 동일임금법이 적용되고 있지만, 여자들은 동일한 업무를 하는 남자들에 비해 여전히 돈을 적게 받는다. 그리고 2022년 미국 연방 대법원이 로 대 웨이드 판례_{임신 24주 내 낙태를 합법으로 인정한 1973년 판례}를 폐기한 것에서 볼 수 있듯이, 너무나 힘들게 쟁취한 자기 몸에 대한 여성의 권한을 보장하는 법적 장치조차도 무력화될 수 있다. 평등을 위한 투쟁은 현재진행형이다.

우리가 우리의 강점을 온전히 받아들이고, 우리의 전성기로 나아가려면 이런 힘들을 이해하고, 우리를 빚고 있는 흐름을 제대로 파악해야 한다. 우리는 냄비 안에서 서서히 익으며 죽어가는 랍스터와도 같다. 수온이 올라가는 것을 알아차리지 못한 채 치명적일 정도로 뜨거운 물 속에서 살아가고 있다. 그 안에서 우리는 붉게 익고, 뼈와 살이 뒤틀리고 있다. 오로지 우리가 그런 물 속에서 태어났다는 이유로.

그것이 우리가 이 판에 작용하는 더 큰 흐름을 이해해야 하는 이유다. 우리가 무슨 일을 겪고 있는지 의식하고 있어야 한다. 시몬 드 보부아르가 혁명적인 저서 《제2의 성》에서 말했던 대로다. '여자는 태어나는 것이 아니라 만들어지는 것이다.'

이제 너무 늦기 전에 랍스터를 끓이는 냄비에서 스스로 나와야 한다. 우리가 푹 익기 전에! 우리 중 많은 이가 퀸에이저가 되기 전까지는 우리가 얼마나 익었는지를 제대로 깨닫지 못한다. 가부장제가 우리에게 부여한 역할, 성적 매력과 생식력에서 나오는 권력에서 힘이 빠지면 우리는 비로소 깨닫는다. 이 역할이 사라지고 나면 우리 사회를 지배하는 남성 렌즈가 여자들의 다채로운 개성, 능력, 지능, 다정함, 지식, 직관에는 전혀 관심을 갖지 않는다는 사실을. 그것이 우리 사회에서 나이 든 여성이 영향력이나 존재감이 그토록 적은 이유다. 정오 공동체 모임에서 한 퀸에이저가 이 상황을 아주 명확하게 잘 요약했다. "저는 20대에 결혼해서 아이 다섯을 낳고 키웠어요. 그러나 이제 그들이 모두 집을 떠나버리니 제게 남은 역할이 없어요. 해변에 떠밀려온 배가 된 것 같아요. 이제 뭘 하지, 이런 생각이 드는 거죠." 이런 상황을 해부하고 이해하는 것, 남자들이 원하는 면만이 아니라 여자를 이루는 모든 면에 가치를 부여하는 것이 중요하다.

퀸에이저가 된다는 것은 가부장제의 기준에서 여성에 관해 갖는 기대와 여성의 가치에 관해 내리는 정의에서 벗어나 우리 자신의 가치를 평가하는 새로운 방식을 받아들이는 것을 의미한다. 즉 우리 삶을 충만하게 만들고 우리에게 동기를 부여하는 일이나 사명을 찾는 것이다. 생명을 낳는 것만이 아니라 아이디어, 사업, 책, 자선단체, 예술 등 창의성의 모든 가능성을 받아들여야 한다. 젊은 여성들에게 여자가 어떤 사람일 수 있는지를 보여주는 새로운 롤모델이 되어야 한다. 먹고사는 문제로, 다른 사람들을 보살피느라 뒤로 밀렸던 어릴 적 꿈으로 돌아감으로써 우리 자신의 힘을 찾고 그 힘을 향해 손을 뻗어야 한다.

이 책에 등장하는 아이가 없는 일부 여성들은 여자의 가치에 관한 다른 서사가 필요하다고 말한다. 여성이 창의성을 발휘하고, 멘토링을 통해 미래 세대를 양성하고, 자신이 중요하다고 생각하는 일에 열정을 쏟는 이야기를 담은 서사. 일단 50세를 넘어 남자들의 시선, 그리고 우리가 스스로 착용했던 남성 렌즈가 보지 않는 대상이 되면 우리는 아이가 없는 여성이 된 것과 같아진다. 우리에게 아이가 있다고 해도 그 아이는 이미 다 자라서 떠났고, 자기 삶을 살아간다. 이것은 퀸에이저에게 자아실현에 매진할 기회를 준다. 우리가 늘 되고 싶었던 여자가 될 여유가 생긴다. 이를 위한 성공사례가 아직 우리 사회에 없다. 이전에는 우리처럼 50 이후에 새로운 장을 열고 나아갈 수 있는 수명과 자원을 가진 중년 여성집단이 없었던 탓이다. 그러나 이제 우리는 여기에 있고, 새로운 지도, 새로운 표지판, 새로운 지형을 만들고 있다. 우리 다음에 올 여성들을 위해서. 여기에는 우리 딸들도 포함된다.

명상 강사가 한번은 내게 이렇게 말했다. "당신의 두 팔로, 당신의 날개로 다른 사람들을 꼭 안고 있으면, 천사처럼 날 수도 없고 자기 힘과 지혜의 영역을 탐험할 수도 없어요." 나는 이 말을 무척 좋아한다. 아주 많은 여자들이 지난 30년 이상을 다른 사람을 보살피면서 보냈다. 자기 날개로 다른 사람을 꼭 안고 있었다. 이제는 다른 사람을 위해 우리의 두 팔을 쓰는 걸 멈추고 우리의 늘어난 수명과 우리의 힘과 가능성을 좇을 때다. 날개를 펴고 높이 솟아올라 다른 사람들이 뒤따를 수 있도록 영감을 주는 내가 되어갈 때다. 이것이 이 책의 핵심 본질이다.

새로운 시작

수백 명이 연못에 들어가려고 줄을 서 있다. 이런 날에는 가끔 짜증이 나기도 한다. 날씨가 좋고 기온이 올라가면 수영하러 연못을 찾는 사람들도 늘어난다. 매일 연못에 와서 수영하는 우리도 기다림은 피해갈 수 없다. 화창한 날에는 다른 사람들과 마찬가지로 끝없이 이어지는 줄을 서야 하는 것이 부당하게 느껴진다. 그러나 여기 투덜거리면서 줄을 서서 기다리는 중에도 나는 머리 위에서 새들이 노래를 부르는 걸 어느새 즐기고 있다. 줄을 서면서 인내심을 기르는 게 내게 좋다는 것을 안다. 솔직히 말하면 이렇게 행동하는 새로운 '나'는 온전히 받아들이기에는 다소 낯선 모습이다. 예전의 나라면 1시간 동안 줄을 선다는 것은 상상도 못 할 일이다.

나는 내가 '세상에서 가장 참을성 없는 여자'인 것을 자랑스러워했다. 하루를 아주 빠른 속도로 보냈다. 조금이라도 지연되면, 기다려야 할 때면 모욕을 당했다고 느꼈다. 예전에는 이렇게 호통치고 싶었다. "내가 얼마나 바쁜지 알아? 매 순간에 얼마나 많은 걸 욱여넣어야 하는지 아느냐고? 내 시간이 얼마나 귀한지?” 마치 피곤해서 비명을 지르면서 관심을 구하는 아이 같았다. 특권 의식에 절어 있었다. 엄청나게 분주한 사람은 지위를 얻는다. 내 시간에 대한 수요가 넘치다 보니 내 시간이 귀해졌고, 그러다 보니 나 또한 귀한 사람이 된 것 같았다. 하지만 실제로는 그 무엇도 느끼지 못했다. 그저 정신없을 뿐이었다. 필요한 사람, 중요한 사람이 된 기분을 빼면 무감각했다. 분주함과 권력은 중독성이 강한 마약이다. 건강에 해롭다는 경고문이 붙어 있지 않았지만.

그런 사람으로 사는 걸 멈추기까지, 속도를 늦추는 법을 배우기까지 3년이 걸렸다. 연못에 매일 몸을 담그면서 나는 이런 순간들이 가능하다는 걸 배웠다. 익숙함에서 새로운 걸 찾아내는 감각, 미묘한 변화를 감지하는 감각을 각성시켰다. 이제는 다른 사람들에게 이를 알려주면서 연못의 경이로운 세계로 안내하곤 한다.

우리는 살면서 스스로에게 ‘막’을 씌운다. 진짜 본성을 숨긴다. 우리가 정말로 어떤 감정을 느끼는지를 정확하게 말하지 않고, 네모난 자신을 동그란 구멍에 억지로 쑤셔 넣기도 한다. 또 자신이 부족하다고 생각하거나 자격이 없다고 생각하거나 거절당할까 봐 두려워서 진짜 모습을 스스로 검열하고, 원하는 것을 밝히지 않는다. 어느 정도 시간이 흐르면 우리를 둘러싼 막이 아주 단단해져서, 무감각해져서, 우리의 모습이 지나치게 왜곡되어서, 자신의 진짜 모습을 보지 못하게 된다.

시인 마크 네포의 표현을 빌리자면 나는 ‘탈피’했다고 생각한다. 그동안 나를 세상으로부터 보호한 굳은살, 장벽, 무장을 벗겨냈다고 생각한다. 그런 가지치기는 매우 고통스러운 과정이었다. 때로는 후회와 상처에 압도당할 때도 있었다. 특히 주의를 분산시켜주는 것들이 모두 사라지고 오로지 나 자신과 며칠이고 시간을 보내야 하는 묵언 수행 중에 그런 순간이 더 강하게 나를 짓눌렀다. 나의 죄를 대면하면서 슬픔에 마비되고 내게 연민을 느낀 낯선 사람에게 위로를 받고 나 또한 그들의 감정을 보듬어줄 때도 있었다. 눈물을 흘린 뒤에 얻은 것은 세상을 느끼는 놀랍고도 새로운 세밀한 감성이다.

내 여정은 '탈피'의 과정이었다. 느끼고, 연결되고, 성찰하는 법을 다시 배웠다. 나 자신의 몸 안에서, 그리고 주변 사람과 함께 있을 때 평안하고 안전하고 편안해지는 법을 발견했다. 내면에 공간적 여유를 지닌 채 세상에 다시 태어나는 법을 찾았다. 나 자체로 충분하다고 느꼈다. 마침내 안전해지고 완전해졌다.

더 열린 마음을 가지고 더 균형 잡힌 사람이 되고, 더 진실되고 목적의식이 뚜렷한 사람이 된 나는 더 용감해지기도 했다. 그래서 내가 세상에 더 크고 더 유익한 영향력을 행사할 수 있다고 믿게 되었다.

그리고 우리는 모두 연결되어 있다. 우리가 각자 역할을 수행하는 초연결된 하나의 지구에 속해 있다. 각자 자신을 바로 잡으면 우리 모두가 달라진다. 우리는 사랑을 받고, 또 사랑을 줄 수 있다. 우리가 변한 것처럼, 다른 사람도 그렇게 되도록 영감을 주는 이야기를 퍼뜨려라. 우리가 보고 싶은 변화를 우리 자신이 시작하면 된다.

나에게는 그 모든 것이 연못에 있다. 여자들의 공동체. 느긋한 미소. 우정. 진정으로 모든 것을 벗어버렸다는 감각. 좋은 것과 슬픈 것 모두에.

연못은 나를 벌거벗긴다. 내 몸만이 아니라 내 정신도 정화한다. 연못은 자유다. 물속에서는 어떤 모양이든 될 수 있다.

마로니에 나무 아래 질척거리는 길을 따라 집으로 걸어오는데, 세상이 다시 반짝거린다. 나는 기세등등하게 노래하고 휘파람을 분다. 연못에서 수영하고 돌아오는 나의 얼굴에는 웃음이 가득하고, 낯선 사람이 내 웃음에 화답한다. 연못의 즐거움은 전염성이 강하다.

어떻게 하면 당신의 무장을 해제하고 당신의 진짜 모습을 숨김없이 세상에 보여줄 수 있을까? 그런 당신은 어떤 모습일까? 더 이상 두렵지 않다면 당신은 어떤 사람일 수 있을까?

앞으로 올 것이
아직 많이 남았다

크리스마스다. 내가 추락한 직후에 내 곁에 있었던 친구와 함께 앉아 있다. 이번에는 덥지 않은 한겨울이다. 우리는 김빠진 칵테일 캔이 아니라 보온병에 든 따뜻한 차를 마시고 있다. 연못가 벤치에서. 이번에도 벤치다. 그때 그 친구와. 이번에는 눈이 내린다.

우리는 얼음장같이 차가운 물에서 함께 수영하고 막 나온 상태였다. 부츠도 신고, 장갑도 끼고, 털모자도 쓸 만큼 추운 날씨였기에 우리 둘 다 물에 들어가기가 겁났다. 그러나 굳게 결심하고 연못가로 다가가 고드름이 열린 꽁꽁 언 밧줄을 잡고 살얼음 낀 계단을 조심조심 내려갔다. 우리의 따뜻한 몸에서 김이 모락모락 솟았다. 오리들은 술에 취한 듯 얼음 위에서 미끄러졌다. 오늘은 얼어붙은 드넓은 연못에 헤엄칠 작은 구멍이 하나밖에 없었다. 물속으로 들어가는 데 냉기에 살갗이 타올랐다. 오늘은 어딘가로 헤엄치는 것이 목적이 아니라 그냥 물속에 잠수하는 게 목적이다. 애초에 몸을 담글 수 있을지도 모르겠다. 우리는 한 걸음씩 나아간다. 그리고 도로 나온다. 다시 용기를 내 한 걸음 더 나아간다. 미친 짓이라는 생각에 깔깔거리고 웃는다. 뾰족한 얼음에 찔리지 않도록 서로 향해 고함을 내지르면서 경고한다. 냉기에 살갗이 타들어 가는 감각에 물이 뜨겁게 느껴지기까지 한다.

몸을 담그기에 성공한 우리는 마침내 물 밖으로 나와서 휴게 공간으로 기어 올라갔다. 바닥은 미끄럽고 진흙과 소금에 뒤덮여 있다. 우리는 서로를 꼭 안아주었다. 이겨냈다. 그리고 살아 있다! 보온 내의와 점퍼를 겹겹이 껴입었다. 덜덜 떨면서 코트를 입고 다시 나무 의자에 사이좋게 앉는다. 차를 마시고 그날 아침 구운 고기파이를 먹는다. 태양이 환하게 빛난다. 연못이 반짝거린다. 머리 위로 나뭇잎 하나하나, 나뭇가지 하나하나에서 성에가 전구처럼 깜빡인다. 우리는 득의양양하다. 고작 2년 반 전, 코로나 봉쇄 조치 기간 여름날에 만나서 엉엉 울었던 일이 전생인 것처럼 아득하게 느껴진다.

우리는 그날의 이야기를 했다. 내가 얼마나 막막하고, 슬펐는지. 그 뒤로 우리가 얼마나 멀리 왔는지. 나는 그날 거기에 있어준 친구에게 고마운 마음을 전했다. 친구가 얼마나 큰 도움이 되었는지 말했다. 그 여정에서 나를 지지해준 퀸에이저들, 나와 내 사업에 투자해준 에인절 투자자 클레어에 관해 이야기했다. 클레어는 나조차도 나를 믿지 못할 때 내가 게임체인저라고 믿었다. 우리는 우리가 얼마나 달라졌는지 이야기했다. 자신을 재창조하는 것이 정말로 가능하다는 것을 확인했다.

50에도, 심지어 그 이후에도 우리는 더 나은 나를 발견할 수 있다. 옛 삶의 폐허에서 새로운 삶을 세울 수 있다. 다만 용기, 사랑, 지지, 새로운 동지, 기꺼이 다르게 생각하겠다는, 새로운 것을 시도하겠다는 열린 태도가 필요하다. 오래된 것들을 벗겨내는 작업은 고통스럽다. 우리의 죄와 잘못을 깨닫는 것은 특히 더 고통스럽다. 그러나 노력하면 지금 이 순간 당신 자신이 되는 것, 있는 그대로의 모습을 살아가는 것이 괜찮다고 느끼는 때가 정말로 온다.

무엇보다 우리는 우정에 관해 이야기한다. 때로는 서로를 일으켜 세웠고 격려했고 도왔다. 자녀 문제든, 직업 문제든, 사랑 문제든. 지난 25년 동안. 이제 우리는 지금 여기에 있다. 앞으로도 올 것이 아직, 아주 많이 남은 우리는 퀸에이저다.

　이 책을 쓰고 중년의 전환기에 관해 생각하면서 이 시기의 가능성과 이 시기에 일어날 수 있는 변화를 설명하고 구체화하고 이해하기 쉽게 전달하는 데 필요한 어휘 자체가 우리에게 없다는 사실을 깨달았다. 내가 퀸에이저라는 용어를 만든 것은 우리에게 더 희망적이고 긍정적인 새로운 명칭이 필요하다고 생각했기 때문이다. 그리고 거기서 멈추지 않고 지난 몇 년간 나는 전환기 변화의 중요한 측면들을 설명하기 위해 완전히 새로운 어휘 목록을 수집하고 만들었다.

　내게 유용했거나 통찰을 준 핵심 개념 또는 내가 이 책에서 사용한 핵심 개념의 색인을 갈음하고자 이 용어 해설을 제공한다. 그 핵심 개념들이 여자들이 전환기 그리고 그 이후에 무엇이 될 수 있는지에 관한 완전히 새로운 문화 담론의 토대가 되기를 바란다. 재미있게 읽으면서 모두에게 여자의 인생 후반기에 관해 생각하는 완전히 새로운 사고방식의 출발점이 되어주면 좋겠다.

100세 시대　런던 비즈니스 스쿨 교수 린다 그래튼과 앤드루 스콧이 공동 저자인 동일 제목의 책에서 두 사람은 현재 누구나 100세까지 살게 될 가능성이 크지만, 우리가 아직도 그것이 무엇을 의미하는지를 파악하지 못했다고 말한다. 요컨대 그렇게 얻은 추가 시간을 어떻게 접근하거나 구성해야 하는지를 아직 잘 모르고 있으며, 100세라는 길어진 수명이 기후변화와 함께 우리 모두가 직면한 난제 중 하나라고 지적한다. 교육을 받고, 취업해서 일하고, 은퇴하는 기존의 생애주기 모델이 100세 시대에는 잘 맞지 않는다. 그러나 우리는 그 모델을 대체할 새로운 틀을 아직 찾지 못했다(4분기 생애주기 모델 참조).

4분기 생애주기 모델　선구적 사상가 아비바 위튼버그—콕스는 많은 사람이 운 좋게 누리게 될 100세 시대에 관해 이야기한다. 아비바는 100세 시대의 생애주기는 네 단계로 나뉜다고 설명한다. 1분기는 0세부터 25세까지이며, 삶을 시작하고 교육을 받는 시기다. 2분기(25~49세)는 '성취기'다. 이 시기에 우리는 우리가 되어야 하고 원해야 한다고 배운 모든 것을 실행한다. 3분기(50~74세)는 '내가 되어가는 시기'다 ('내가 되어가는 시기'를 참고하라). 4분기(75~100세)에는 끝을 맞이할 준비를 하면서 속도를 늦춘다.

49세　많은 여자가 갱년기 직전에 테스토스테론 수치가 치솟는다. 불륜도 치솟는다….

가지치기　중년을 모든 것이 리셋되는 때로 여겨라. 마치 우주가 커다란 가위를 들고 당신의 기운을 빨아먹으면서 더는 도움이 되지 않는 넝쿨들을 전부 잘라내는 것 같다. 당신의 일부가 잘려 나가는 건 고통스러운 일이다. 아끼던 부분이라면 더욱 그럴 것이다. 그러니 잘려 나간 부분들을 애도하라. 극심한 고통을 느껴라. 그리고 떠나보내라. 그러고 나면 당신의 본질로 돌아가 더 강하게 다시 살아날 것이다. 새로운 삶과 재탄생의 짙은 초록빛 새싹을 내고 싶어 몸이 근질근질할 것이다.

개인적 지속가능성 당신의 개인적 지속가능성을 확보하는 것은 매우 중요하다. 우리 자신에게서 계속 추출만 할 수는 없기 때문이다(번아웃 참조). 고위직 업무를 수행하면서 자녀를 키우거나 나이 든 부모를 돌보거나 문제를 일으키는 10대 자녀가 있거나 이유가 무엇이든 스스로를 몰아붙이고 있다면 언젠가는 연료통이 텅텅 빈다. 이때 우리는 개인적 소생 작업에 들어가야 한다(휴지기와 뒹굴기 참조). 회복하기 위해서는 그저 쉬면서 우리가 다시 채워지기를 기다려야 한다. 몇 해에 걸쳐 경작과 추수를 반복한 뒤에 땅을 쉬게 하는 것과 같다. 인생의 한 단계에서 다음 단계로 넘어가기 위해서는 잠시 쉬는 시간이 필요하다. 아주 깊은 휴식과 회복의 시간이 필요하다. 이 시간에는 대개 고통과 슬픔과 탈피가 뒤따른다. 그래도 괜찮다. 있는 그대로의 감정을 느껴라. 이 또한 지나가리라. 겨울에는 들판이 척박하고 고갈된 진창처럼 보여도 봄이 되면 다시 살아나듯 당신도 다시 살아날 것이다.

건강수명 수명과 비슷하지만, 다만 얼마나 오래 건강한 상태를 유지하는지, 자신의 의지대로 자유롭게 이동하고 하고 싶은 일을 할 수 있는지를 따진다. 건강수명을 늘리고 싶다면 운동을 하고, 실외에서 보내는 시간을 늘리고, 매주 과일과 채소를 15종 이상을 먹자. 식사할 때 발효된 음식(콤부차, 김치 등)을 곁들이자.

내가 되어가는 시기 50이라는 나이는 우리가 늘 되고 싶었던 여성상을 실현하는 시기다. 카를 융은 다음과 같은 말을 남겼다. "인생은 50세에 비로소 시작된다. 그 전까지는 조사 작업을 했을 뿐이다." 50세가 되면 사회가 채운 족쇄를 벗어던져야 한다. 너무 늦기 전에 '해야 하는 것들의 목록'과 '사회적 기대' '부모의 바람'에서 벗어나 내가 무엇이 되고 싶은지를 실제로 찾는 작업을 해야 한다. 설레지 않는가?

덜어내기 일부러 줄이고, 덜 하자. 스스로에게 더 많은 시간을 내주는 방법이다.

동시성 당신이 올바른 방향으로 나아가고 있다고 알려주는 증거와 상징을 알아보는 것은 생각보다 간단할 수 있다. 해 질 녘 새의 노랫소리가 귀에 닿았는데 감동한다든가, 우연이 연달아 일어날 수도 있고, 삶에 갑자기 무언가가 끼어들 수도 있고, 필요할 때 때마침 새로운 사람이 당신 앞에 나타날 수도 있다.

뒹굴기　덜어내기를 참조하라. 있는 그대로의 감정을 느낄 수 있는 여유를 허락한다. 큰 상실을 겪은 뒤에 슬픔에 빠졌다면 그냥 뒹굴면서 슬퍼할 시간, 자신에게 일어난 일이 갖는 의미를 온전히 느낄 시간이 조금 필요할 것이다. 큰 상실을 겪은 뒤에 이를 벗어날 지름길은 없다. 지금 느끼지 않으면, 지금 자신에게 시간을 주지 않으면, 나중에 혹독한 대가를 치르게 될 것이다. 자신에게 힘들어해도 좋다고 허락하라. 초콜릿을 먹고, 영화를 보고, 휴가 여행을 떠나라. 자신에게 사랑을 줘라. '자연' 항목을 참조하라. 도움이 될 것이다.

리스킬링　승진할수록 우리를 대신해서 일해주는 사람이 더 많아진다. 내 경험에 비춰보면 마치 거대한 아기가 된 것 같다. 렌터카가 예약되고, 기차표가 제공되고, 내 소셜 피드는 다른 사람이 관리했다. 내가 스스로 하는 게 하나도 남지 않게 되었다. 내 사업을 시작했을 때 나는 처음으로 인스타 라이브 방송을 해야 했다. 뭘 어떻게 해야 하는지 감도 오지 않아서 무척 힘들었다. 현대사회와 계속 연결되어 있으려면 디지털 기술을 좀 익혀야 한다. 그렇게 어렵지 않고, 배우고 나면 당신의 다음 장에서 주도권을 되찾은 느낌이 들 것이다.

마음의 구멍　성공, 돈, 외적 성취로는 절대로 그 구멍을 메울 수 없다. 그리고 아무도 그 구멍을 대신 채워줄 수 없다.

모임　현대 여자 가장의 역할 중에서 그 중요성이 점점 더 커지는 역할은 여기저기 떨어져 있는 혈연을 연결하는 것이다. 가족과 떨어져 지내는 사람이 워낙 많다 보니 사촌끼리 얼굴이라도 알고 지내고 가족이 친분을 쌓으려면 접착제가 필요하다.

그들을 한자리에 모이게 할 사람이 필요하다. 대개 이런 모임을 어떻게 추진할지, 어떻게 여러 세대와 다양한 개성을 지닌 사람들을 한자리에 모이게 할 수 있을지 골머리를 앓겠지만, 꼭 필요한 일이다.

바나프라스타 50세부터 74세까지 25년간 이어지는 구간. 힌두교에서 말하는 인생의 4주기(학생기, 가정기, 은둔기/숲으로의 귀환기, 금욕기/성인기) 중 하나다. 바나프라스타는 '숲으로 은퇴하기'라는 뜻이다. 가정을 꾸리는 책임을 다음 세대에게 넘기면 시작되는 구간으로, 가정생활에 적극적으로 참여하던 삶에서 내면을 성찰하고 명상하는 삶으로 옮겨간다. 처음에는 지혜로운 원로로 지내면서 도움이 필요한 이들에게 조언하고 방향을 제시한다. 시간이 지나면서 점점 더 세상으로부터 물러나서 더 영적이고 고립된 삶을 산다. 지혜를 발견하기 위해 자연으로 들어간다. 바나프라스타로의 이행은 개인의 목적이 근본적으로 변화했음을 나타낸다. 부와 쾌락이라는 물질적인 것의 추구에 초점을 맞추던 삶에서 벗어나 내면으로 시선을 돌리고 자기실현과 궁극적으로는 신성과의 일체에 초점을 맞추는 삶을 추구한다.

번아웃 자신을 완전히 잃어버린 상태. 자신이 가진 자원을 모두 소진해서 멈춰야 하는 때(휴지기, 뒹굴기 참조).

변신 여자들은 주변 사람들에게 이로운 모양으로 빚어지는 경우가 많다. 중년이 되면 우리에게 덧씌워진 모양이 〈맥베스〉의 대사처럼 '비좁고, 내 것이 아니고, 갑갑하게' 느껴진다. 우리가 떠나는 중년의 여정은 우리의 진짜 모양, 다른 사람의 편의에 맞춘 상자에 끼워 넣어지는 대신 우리가 스스로 선택할 수 있었다면 살았을 삶을 찾기 위한 여정이다. 명심하자. 당신이 변신을 시도할 때 주변의 시스템은 당신을 다시 예전의 모양으로 복귀시키려고 애쓸 것이다. 당신의 변신 작업을 밀고 나가라. 당신은 할 수 있다!

병목 구간 이혼, 사별, 해고, 나이 든 부모의 질환이나 노쇠, 10대 자녀의 문제, 당신 자신의 건강 이상, 갱년기 등은 중년기에 동시에 들이닥친다. 그러나 좋은 소식도 있다. 일단 병목 구간을 지나면 상황이 확실히 나아진다.

부모의 기대 어렸을 때부터 짊어지고 온 부모의 기대를 이 시점에는 버려야 한다. 당신은 이 모든 것을 누구를 위해 하는가?

부부 관계 재조율하기 심리치료사들은 중년 이후에도 결혼생활을 유지하는 커플은 치열한 재조율 기간을 거친다고 말한다. 당신은 그림을 그리고 싶고, 몇 달간 떨어져 지내고 싶다. 남편은 '라이크라를 입은 중년 남성'의 사이클링에 중독되었다. … 두 사람 모두의 필요를 충족하는 합의에 도달한다(도달하지 못할 수도 있다).

불 속에서 단련되기 정오의 조사에 따르면 최악의 상황을 겪어낸 퀸에이저들이 결국에는 가장 큰 행복을 찾는다. 이 책에서 전하는 지혜는 모두 그런 인생 경험과 지식이 축적된 결과물이다. 우리는 살아남을 것이고, 번창할 것이다.

빈 둥지 아이들이 대학에 진학하기 위해 집을 떠나거나 완전히 독립했을 때. 수유를 중단하거나 처음으로 아이를 어린이집에 맡기고 돌아설 때, 아이가 처음으로 초등학교에 입학했을 때와 비슷한 감정이 든다. 극심한 고통을 느끼며, 원치 않아도 눈물이 절로 터진다. 아이는 그런 당신을 부끄럽게 여길 것이다. 하지만 걱정할 필요는 없다. 그런 감정을 느끼는 것은 지극히 정상적이니까.

새로운 소속/새로운 팀 새로운 사람이 되는 과정에서 지금까지 그랬듯이 당신을 좋아하고 또 필요로 하며 당신이 과거와 같기를 기대하는 주변 사람들의 저항에 직면할 수 있다. 변화를 꾀하려면, 당신이 늘 되고 싶었던 여자가 되려면 새롭게 태어난 당신을 이해해줄 새로운 친구들이 필요하다. 새로운 집단을 찾아야 한다. 우리가 정오에서 만들고 있는 것이 그런 새로운 팀이다!

영혼　금기어가 아니다. 중년이 되면 보이지 않는 것에 더 가까이 다가가게 된다. 이전에는 생각해보지 않았던 존재론적 의문들이 생긴다. 이번 생 다음에는 무엇이 올까? 우리는 왜 태어났을까? 이 모든 것에 어떤 의미가 있는가? 정말로 중요한 문제들이 우리 삶과 더 밀접한 문제가 된다. 한때는 당신이 무시했을 것들을 탐색해도 괜찮다. 이성적으로 분석하기보다는 감성적으로 느껴보라. 진정한 의미에서 미개척지를 탐험하라.

은퇴 미끄럼틀　55세에 임원이 되었다. 그런데 회사에서 60세에 은퇴해야 한다고 주장한다. 그래서 임원 1년 차에는 주 5일 근무를 하다가, 2년 차에는 주 4일을 근무하고, 3년 차에는 주 3일을 근무하는 식으로 주당 근무일 수를 줄여나간다. 당신은 실제로 이제 막 시동을 걸었다고 느끼더라도, 몇십 년간 다른 사람들 뒤치다꺼리를 하다가 이제야 비로소 전성기를 맞이했다고 생각하더라도, 당신이 하는 일을 아무리 사랑한다고 하더라도 말이다.

자연　자연 안에 있는 것이 이 시기에 갑자기 중요해진다. 새로 돋은 새싹의 파릇파릇함, 개화의 물결, 수면에 반짝이는 햇빛의 아름다움, 야생화, 왜가리, 오리, 물총새, 사슴 등등이 눈에 들어오기 시작한다. 마치 우리가 갑자기 자연의 경이로움과 그 은혜에 눈뜨게 되었다는 듯이. 우리를 지탱하는 지구와 우리가 연결되어 있다는 느낌, 모든 것들이 서로 연결되어 있다는 느낌. 자연이 타자가 아니고 바로 우리라는 것을 알게 된다. 마침내 자연을 명확하게 볼 수 있게 되고, 자연에 감사하게 된다.

저항　퀸에이저들이 이제 더는 못 참겠다고 느끼는 때가 온다. 즐겁게 해주는 존재, 다른 사람이 우리에게 원하는 존재가 되는 것을 더 이상 못 하겠다고 단호하게 거절하는 때가 온다. "안 돼. 멈춰. 이건 내 시간이야. 내게 남은 시간이 많지 않을 수도 있어. 그러니 이제부터는 나 자신을 위해 살겠어." 열정을 쏟을 새로운 대상을 찾고, 의미와 목적을 위해 살기로 결심한다. 우리는 우리가 늘 되어야 했던 여자가 되어가기 시작한다.

전성기 퀸에이저기는 또 다른 전성기다. 지금까지 했던 모든 노력의 보상을 거둬들이는 시기다. 오스카상을 수상한 양자경은 이렇게 말했다. "숙녀 여러분, 그 누구도 당신의 전성기가 지나갔다고 말하게 내버려두지 마세요." 어려움이 닥치더라도 우리는 이겨낼 지혜가 있고, 차차 좋아진다. 이 시간을 즐겨라.

젠더화된 연령차별주의 성차별주의와 연령차별주의의 교차점. 특히 여자들에게 가혹하다. 당신이 투명인간이 된 것 같은 기분. 어느새 50살이 되었고, 그러자 갑자기 해고를 당한다. (기괴할 정도로 젊어 보이지 않는 한) 나이 든 여자들이 광고와 TV 화면에서 사라진다.

중년의 소용돌이/중년의 충돌 사고 모든 문제가 한꺼번에 터지는 것. 45~55세에 우리를 덮치는 변고의 쓰나미. 퀸에이저의 절반가량이 적어도 다섯 가지 중대한 인생 사건을 겪었다. 여기에는 이혼, 사별, 해고, 파산, 정신건강 문제, 신체건강 이상, 노령의 부모(돌봄, 간병, 죽음), 10대 자녀 문제(불안증, 자해, 식이 장애, 은둔), 빈 둥지, 갱년기가 포함된다. 때로는 이것들이 마비될 정도로 거대한 하나의 덩어리로 발생해서 삶의 경로를 완전히 바꾼다.

즐거움 무엇이 당신에게 즐거움을 주는가? 당신은 무엇을 하는 것을 특히 좋아하는가, 어떤 일을 할 때 사명감을 느끼고 만족감이 드는가? 그런 것들을 더 많이 하고, 우선순위에 두고, 새로운 삶으로 가는 디딤돌로 삼으라. 즐거움은 이행의 핵심 도구다. 당신이 충만함과 행복을 느끼게 하는 수단이고, 당신이 계속 옳은 길로 갈 수 있도록 이끈다. 즐거움과 관련해서는 이런 구호를 외치자. "즐거움에는 '예스'!" 즐거움이 길이요, 진리요, 당신의 생명이다.

찰흙덩이 오랫동안 정형화되었던 모습으로 지내는 걸 멈추고 변신 과정에 돌입하면 전환기가 시작된다. 우리는 찰흙덩이 또는 줄기세포가 된다. 스스로를 새로운 뭔가로 빚는다. 그 유동적인 상태를 즐겨라. 이것저것 많이 시도해보고 모든 것을 열린 태도로 맞이하라. 서두르지 마라. 당신은 찰흙덩이다.

퀸에이저 정오 공동체에서 중년 여성 한 명이 50이 된 자신의 삶을 이렇게 묘사했다. "10대가 된 것 같아요. 다만 제 명의의 집이 있고, 좋은 이불을 덮고, 제대로 된 차를 마시죠." 나는 자메이카에서 꽤 오래 머물렀다. 그곳에서는 나이 든 여성을 '퀸'이라고 부른다. 그래서 30년간 헤드라인을 쓴 경력이 보태져서 '퀸에이저'가 튀어나왔다. 중년 여성을 새롭게 지칭하는 단어다. 이 시기에 당신이 되고 싶은 것은 뭐든 될 수 있다.

황혼 이혼 50대가 현재 이혼율이 가장 빠르게 증가하는 인구집단이다.

휴지기 일부러 휴식, 회복, 재충전을 위한 시간을 가지는 것. 이때 집 안에 머물면서 그동안 시간이 없어서 못 본 드라마를 몰아 보거나 고장 난 것들을 수리하면서 단순하게 보낼 수도 있다. 보통은 그것이 무엇이든 그동안 시간이 없어서 못 했던 것을 하면서 시간을 보낸다. 혹은 자신에게 더 많은 시간과 공간을 허락하는 휴양 여행이나 순례 여행을 떠나기도 한다. 이것은 시간 낭비나 게으름을 피우는 것이 아니다. 에너지 회복과 이행을 위해 꼭 필요한 과정이다. 가장 오래된 신화에 나오는 메소포타미아 여신 인안나는 지하세계로 내려가 어둠 속에 마치 고깃덩어리처럼 갈고리에 걸렸다. 그녀는 기다림 끝에 재생했고 지상과 지하세계 모두를 다스리는 여왕이 되었다. 때로는 은유적 동굴로 들어가 암흑과 침묵 속에 앉아 있어야 한다. 그렇게 재생되어야 한다. 휴지기는 농작지가 휴식을 통해 지력을 회복하듯이 우리가 휴식을 통해 기력을 회복하는 시간이다.

U자형 행복 곡선 경제학자 데이비드 블랜치플라워의 조사에 따르면, 전 세계의 모든 문화권에서 불만족이 47세에 정점에 이르렀다가 그 뒤로는 점점 더 낮아지면서 행복 지수가 올라간다고 한다.

지난 몇 년간 자신의 이야기를 내게 들려주고 내가 하는 일을 열렬하게 지지해준 멋진 퀸에이저 여러분이 없었다면 이 책을 쓸 수 없었을 거예요. 정오 공동체에 합류해준 모두에게, 정오의 수련회와 각종 행사에 참석하고 모임에서 둘러앉아 이야기하고 함께 산을 탄 (그리고 기어서 내려온) 모든 여성에게 감사한 마음을 전합니다. 이 프로젝트를 시작할 수 있도록 자신의 이름, 명예, 조언을 흔쾌하게 내준 정오 자문 위원회 구성원들에게도 감사합니다. "예스"라고 말해준 여러분 모두에게 감사합니다.

당연한 말이지만, 남편 데릭과 두 딸 앨리스와 로라의 깊은 사랑과 아낌없는 지지가 없었다면 이 시기를 살아낼 수 없었을 거예요. 또 한 명의 은인은 클레어 길리스였어요. 내가 궁핍할 때 나타나서 "두렵지 않다면 뭘 해보겠어요?"라고 질문해준 '언니'였죠. 그 후 정오의 공동설립자가 되었고 정오를 설립하는 데 필요한 재원을 확보해주었어요. 고마워요, 클레어. 그리고 또 감사의 인사를 전하고 싶은 사람들로, 함께 긴 산책에 나서준 여동생 페

스킨과 남동생 루크 밀스, 벤치 친구 티파니 다크, 내가 선택한 오빠 제이크 러싱턴, 자메이카로 데려가 준 데카 에이트킨헤드, 내 에이전트 케이티 풀포드와 출판인 리사 밀턴, 편집자 레이철 킬더프, 뛰어난 교정교열자 로레인 제람, 그리고 하퍼콜린스에서 내 책을 담당한 팀원 전원. 나 또한 편집자로 오래 일했기에 이토록 능력이 뛰어나고 배려심 넘치는 사람들과 함께 일하는 게 정말 즐거웠습니다. 이 책을 훨씬 더 좋은 책으로 만들어줘서 고마워요! 내 이름의 원주인이자 이모인 엘리너 파인은 이 책을 쓰는 일이 힘겨워졌을 때 프랑스에 있는 자신의 아름다운 집을 기꺼이 내주었습니다. 감사합니다.

이 책은 많은 퀸에이저와 깊은 대화를 나눈 결과물입니다. 특히 낸시 웨스트, 아비바 위튼버그−콕스, 아얄라 길, 리즈 도스, 탐신 칼리다스, 카티 타운트, 클럽 43 (그중에서도 리즈 실크, 제니 윌리엄스, 위즈). 연못 친구 개비, 리사 매컬리, 티나 백하우스, 마마 비아, 정오 모로코 여행에 함께했던 모든 퀸에이저, 내 정오 팀─재키 내튼, 제니퍼 하우즈, 캐런 스테닝, 앨리슨 페이지, 다이엔 켄우드, 조슬린 크립스, 셀마 멘사, 메건 페이튼. 또한 케렌사 제닝스, 메리앤 맥도널드, 아누시카 힐리, 아차라 테이트, 케이트 맥밀런, 비어트리스 아이딘, 이브 폴라드, 트리 셰리프, 올리비아 랭커스터, 세라 벨필드, 케이티 힉먼, 조 브룩스, 세라 백스터, 마거릿 드리스콜, 니치 해리슨, 샌드라 데이비스, 세라 피튼드리그, 리즈 모슬리, 케이티 밴넥−스미스, 저스틴 로버츠, 셰릴 샌드버그, 로저 템피스트, 패리스 애크릴, 로드리 새뮤엘, 타비사 제임스 크란, 다이앤 두아인, 민리트, 사에이다, 자비스, 레슬리 토머스, 샐리 헨젤, 마이리 매클리오드 의학박사, 랄리타 테일러, 하네케 스미츠, 준 사르퐁, 앤지 목스햄, 소피 니어리, 헬레나 모리시, 다니 휴슨, 다이애나 더그데일, 빅토리아 위트포드, 키어스틴 테이트, 줄리 오언 모일란, 레이철, 페루, 몰리 코크런, 수 피어트, 클레어 뒤부아, 비키 하커(내 첫 퀸에이저 기고문과 〈텔레그래프〉에서 해고당한 일에 관해 쓴 첫 기고문을 실어주었음), 린지 심슨, 케이트 뮤어, 캐럴린 해리스 의원, 재키 애니슬리, 실라 베라즈스카, 구루 에릭, 조한 하리, 드니스, 해나 트체초, 그리고 그 외에도 너무나 많아요!

마지막으로 내 가족과 친척들, 부모님, 계부 피터, 맥스, 테오, 테사, 제시, 매슈, 팬도라, 이모 낸시(집에 머물게 해주고 내 글을 정성껏 읽어주었다), 사촌 언니 탐진. 언제나 내 하루를 밝혀주는 멋진 조카들 전부—롤라, 사스키아, 체스키, 델피, 스카이, 메이, 호티, 히어로, 레일라, 리오니, 그리고 아기 CC. 이 책이 너희들이 앞으로 퀸에이저가 되는 날을 기대하도록 만들었으면 좋겠구나! 결혼으로 나와 자매가 된 브리, 엘라, 조시, 에이시아. 결혼으로 나와 형제가 된 앨런과 핀. 가족은 우리의 가장 위대한 스승입니다.

죽음처럼 느껴졌던 것이 이토록 풍성하고 즐거움으로 가득한 것이 된 일에 무한한 감사와 경이로움을 느낍니다. 이 책에 소개하지는 않았지만, 자신의 이야기를 나와 나눠준 모든 이에게도 감사의 마음을 전합니다. 더 암울하고 더 논란의 여지가 있는 이야기들이 편집 과정에서 덜어내졌지만, 그 이야기들도 언젠가는 세상에 전할 거예요.

이 책을 읽으면서 내 삶이 얼마나 혜택받은 삶인지 새삼 느낍니다. 저널리스트로 활동하면서 역사적인 사건들이 전개되는 것을 1열에서 지켜보는 행운도 누렸고, 아주 뛰어난 인재들과 일하는 영광도 누렸어요. 그리고 돈으로 살 수 있는 최고의 교육도 받았습니다. 모두 아버지 덕분이에요! 비록 그런 특권을 누린 사람의 입장에서 진행되었지만, 제 여정과 이 책에 나오는 여정이 공명을 불러일으키고 여성의 인생 후반기가 어떤 모습일 수 있는지 그 가능성을 보여주는 새로운 지도를 만드는 데 일조했기를 바랍니다. 이야기는 세상에서 가장 강력한 힘을 지닌 도구입니다. 이 책의 이야기가 변화를 가져오기를 바랍니다. 아무리 작은 변화라도요.

정오와 함께 퀸에이저 혁명에 동참하고 싶다면 www.noon. org.uk에 와서 등록하세요.

퀸에이저: 즐거움은 아직 끝나지 않았다

초판 1쇄 발행 2026년 4월 25일

지은이 엘리너 밀스
옮긴이 방진이

펴낸이 허정도
편집장 임세미
책임편집 김혜영 **디자인** 용석재
마케팅 신대섭 김수연 배태욱 김하은 이영조 **제작** 조화연

펴낸곳 주식회사 교보문고
출판신고 제2008-000090호(2008년 12월 5일)
주소 경기도 파주시 문발로 249(10881)
전화 대표전화 1544-1900 주문 02)3156-3665 팩스 0502)987-5725

ISBN 979-11-7061-378-7 03190
책값은 표지에 있습니다.